普通高等教育"十三五"规划教材

中等职业学校设施农业生产技术专业教学法

宁永红　贺桂欣　主编

科学出版社

北京

内 容 简 介

  本教材是职教师资师范生学习的工具书。本教材主要包括专业教学法概述、设施农业生产技术专业教学法选用基础分析、设施农业生产技术专业教学法选用案例、常用的传统教学方法、常用的行动导向教学法等五部分。本教材充分体现了专业科学和教育科学的有机结合，将设施农业生产中的典型工作任务转化为学生的学习任务，选取不同学习任务作为教学案例，充分体现职业教育教学先进理念，以行动为导向设计不同的教学活动并进行教学组织与实施，使师范生在做中学方法、在学中研讨方法、在应用中反思方法。

  本教材适合职教师资培养单位、中高等职业院校、广播电视学校等单位的学生或教师使用。

图书在版编目（CIP）数据

中等职业学校设施农业生产技术专业教学法 / 宁永红，贺桂欣主编．—北京：科学出版社，2017.3

  普通高等教育"十三五"规划教材

  ISBN 978-7-03-052333-4

  Ⅰ．①中… Ⅱ．①宁… ②贺… Ⅲ．①中等专业学校 - 设施农业 - 教学法 - 高等学校 - 教材 Ⅳ．① S62

  中国版本图书馆 CIP 数据核字（2017）第 054136 号

责任编辑：丛 楠 王玉时 马程迪 / 责任校对：李 影
责任印制：张 伟 / 封面设计：黄华斌

科学出版社 出版
北京东黄城根北街16号
邮政编码：100717
http://www.sciencep.com

北京中石油彩色印刷有限责任公司 印刷
科学出版社发行 各地新华书店经销

*

2017年3月第 一 版 开本：787×1092 1/16
2017年3月第一次印刷 印张：15 1/4
字数：362 000

定价：49.00 元
（如有印装质量问题，我社负责调换）

项目研发人员名单

主持人　宋士清

子项目主持人（排名不分前后）

　　王久兴　宁永红　路宝利　武春成　贺桂欣　杨靖

主研人（按姓氏拼音排序）

包艳青	毕开颖	边卫东	曹霞	陈俊琴	陈杏禹	陈秀敏	程超	崔万秋
狄文伟	丁明	董海泉	董慧超	董立娇	范博	冯志红	付蕾	高玉峰
耿立英	龚俊良	胡晓辉	吉志新	贾永霞	靳亚忠	李琛	李政	李集周
李建军	李琳琳	李青云	李双民	李双玥	李晓丽	李育华	李云飞	厉凌云
凌志杰	刘桂红	刘桂智	刘静波	刘素稳	刘伟洋	刘玉艳	刘振林	马爱林
毛秀杰	聂庭斌	齐福高	齐慧霞	秦文	石玉	宋聚红	苏翠军	眭晓蕾
田冬梅	汪洋	王晶	王秀娟	王振玉	王子华	吴佳露	吴素霞	项殿芳
谢兆森	许传强	闫立英	闫志军	杨晴	杨春燕	杨英霞	余金咏	翟陆陆
张毅	张勇	张智	张广华	张会芳	张吉军	张慎好	张卫国	赵瑞
赵帅	赵友	赵会芝	赵建功	郑冠群	周琪	朱京涛	朱玉莲	邹志荣
祖秀颖								

附：

专家指导委员会（按姓氏拼音排序）

　　曹晔　天津职业技术师范大学　　　　　徐流　重庆师范大学
　　卢双盈　天津职业技术师范大学　　　　张建荣　同济大学
　　汤生玲　河北金融学院

专家咨询委员会（按姓氏拼音排序）

　高等院校（所）——

　　刁哲军　河北师范大学　　　　　　　　石伟平　华东师范大学
　　丁德全　承德石油高等专科学校　　　　徐国庆　华东师范大学
　　董存田　江苏理工学院　　　　　　　　赵志群　北京师范大学
　　姜大源　教育部职业技术教育中心研究所　邹志荣　西北农林科技大学
　　刘君义　吉林工程技术师范学院

　中高职院校——

　　陈少华　海南省农业学校　　　　　　　李劲松　日照市农业学校
　　陈杏禹　辽宁农业职业技术学院　　　　连进华　邢台现代职业学校
　　黄广学　北京农业职业学院　　　　　　凌志杰　迁安市职业技术教育中心
　　孙景余　秦皇岛职业技术学院　　　　　王月英　北京农业职业学院

田冬梅	河北省昌黎县第三中学	肖家彪	河北省青县职业技术教育中心
田与光	迁安市职业技术教育中心	杨作龄	河北省卢龙县职业技术教育中心
王秀娟	黑龙江农业工程职业学院	张宏荣	河北省玉田县职业技术教育中心

设施农业行业——

安　学	秦皇岛市润果生态农业开发有限公司	武春成	张家口市蔚县科技局
邱亚林	卢龙县福临瑞果蔬种植专业合作社	项　平	昌黎县农业局蔬菜站
刘兆勇	昌黎县勇正蔬菜种植专业合作社	张　宁	昌黎县农业局蔬菜站
苏俊坡	乐亭县农牧局蔬菜站	张　生	卢龙县德惠种植专业合作社
谭景辉	乐亭县金畅果蔬专业合作社	张立君	抚宁区农业局蔬菜中心
万文来	秦皇岛市金农农业科技有限公司	郑悦忠	秦皇岛市蔬菜中心
王艳侠	秦皇岛市蔬菜中心生产科		

专家顾问委员会（按姓氏拼音排序）

崔万秋	河北科技师范学院	武士勋	河北科技师范学院
房　海	河北科技师范学院	项殿芳	河北科技师范学院
李佩国	河北科技师范学院	辛彦怀	河北科技师范学院
马爱林	河北科技师范学院	赵　友	河北科技师范学院
王同坤	河北科技师范学院	赵宝柱	河北科技师范学院

《中等职业学校设施农业生产技术专业教学法》编写人员名单

主　编　宁永红（河北科技师范学院）
　　　　　贺桂欣（河北科技师范学院）
副主编　赵建功（河北科技师范学院）
　　　　　王秀娟（黑龙江农业工程职业学院）
　　　　　周　琪（河北科技师范学院）
参　编（按姓氏笔画排序）
　　　　　田冬梅（昌黎县第三中学）
　　　　　苏翠军（秦皇岛市抚宁区职教中心）

丛 书 序 一

《国家中长期教育改革和发展规划纲要（2010—2020年）》发布之后，为进一步推动和加强职业院校教师队伍建设，促进职业教育科学发展，教育部、财政部于2011—2015年实施了职业院校教师素质提高计划，在目标任务中明确提出开发100个职教师资本科专业的培养标准、培养方案、核心课程和特色教材，以便完善适应教师专业化要求的职教师资培养培训体系。河北科技师范学院宋士清教授主持的"设施农业科学与工程专业职教师资培养标准、培养方案、核心课程和特色教材开发"即其项目之一。

作为教育部、财政部"职业院校教师素质提高计划职教师资培养资源开发项目专家指导委员会"成员，我曾数次接触宋士清教授主持的这个项目。2014年3月22日，在云南大学"项目阶段成果推进会"上，该项目做了大会典型发言，给我留下了初步印象，感觉该团队是一个严谨、实干、开拓、创新的团队。特别是在2015年9月20日，我受邀到河北科技师范学院参加该校组织召开的"培养开发包项目汇报研讨会暨项目结题验收准备会"，听了该项目的汇报，顿觉眼睛一亮，切实感到该项目准备充分，理念先进，特色明显，定位准确，逻辑清晰，亮点颇多。足以看出宋士清教授作为国家级精品课程负责人的功底，思路尤为清晰，思维尤为缜密。

2015年11月10日，在苏州"项目结题验收试评会"上，我全力推荐宋士清教授做大会典型发言。遗憾的是，我因事未能现场听到他的发言。但从专家指导委员会反馈回来的信息得知，该项目获得与会领导、专家及其他培养包项目负责人的广泛认可和颇多赞许，成为诸项目学习之典范，且成为第一批顺利结题验收的项目。

主干课程特色教材的开发，作为该项目的核心成果之一起到了关键作用。该项目共开发出7部特色教材，包括5部专业类课程教材：《无土栽培》《设施蔬菜栽培》《园艺设施设计与建造》《工厂化育苗》《设施果树栽培》；1部教育教学类课程教材：《中等职业学校设施农业生产技术专业教学法》；1部教育实践类课程教材：《中职教师教育理论与实践：设施农业科学与工程专业》。另外，该项目组还开发了1部研究专著：《职教师资培养资源开发研究——以设施农业科学与工程专业为例》，待后续出版。

该套教材阅后印象深刻，从编写理念、编写体例到内容组织皆契合了职业教育师资培养的内在要求，主要特色如下。

其一，工作过程导向与本科要求相融合。工作过程导向教材虽为学界所熟知，但仅限于中、高职领域使用，在本科层次未曾发现。在一直固守学科型教材的传统理念之下，对于本科教材进行工作过程系统化改革，难度可想而知。一方面需消除"理论是高职与本科之间区别"的误读；另一方面则需规避将本科教材开发为高职水平。该项目组在认真研习职业教育课程与教材原理基础之上，准确找到了高职与本科教材之间的异同，相同之处是二者皆基于工作过程系统化课程观，典型工作任务自然成为本科教材开发的逻辑原点，原有"命题"收聚的传统编撰方式被完全颠覆；不同之处则是高职与本科之间典型工作任务的难易程度不同，遂典型工作任务之中知识点、技能点亦不相同，该特征在本套教材中多有彰显。

其二，教材内容选取与职业资格标准相对接。一般而言，教材属于学校范畴，职业资格标准则属于职业范畴，由于编写人员不同、目标不同，因此二者鲜有融合。但职业教育属于"跨界"教育，本科职业教育如是。因此只有将教材内容选取与职业资格标准相对接，方有可能消除学校与工作之间的鸿沟，犹如美国STW运动（School To Work）即"从学校到工作运动"所奉行的理念。基于此，本套教材既体现了教育性，又体现了职业性。如此，根据特定的工作情景需要来选择课程内容，既注重知识的系统性，又强调内容的实用性和技术的可操作性，写作风格上则注意阐明材料用量、产品规格、操作步骤、技术指标、动作要点等。

其三，教材逻辑体现"从新手到专家"秩序。该特征在《中等职业学校设施农业生产技术专业教学法》和《中职教师教育理论与实践：设施农业科学与工程专业》两部教材中体现尤为明显。作为提升师范生素养的部分核心教材，业已突破原有的教材编撰思路，体现了现代教育思想和职业教育教学规律，展示出教师应具有的先进教学理念和方法，尤其是按照教师从师技能形成特点："示范—模仿—练习—创新"即"从新手到专家"的成长规律组织教材内容，从而增强了实用性、可操作性，便于学生自我指导学习，既遵循"理实一体"原则，又使专业技能与教学技能"同步"传递，有令人耳目一新之感。

宋士清教授率其团队以严谨的学术态度及脚踏实地的工作作风圆满完成了研发任务，并将此项目研发实践及成果系统化为职教师资培养方面的学术著作，作为学界同仁，我愿意为之作序。这套教材的出版一定能为职教师资培养单位进行课程与教学改革提供借鉴与帮助，也将对提高职教师资的专业技能及教学能力起到积极的推动作用。

2016年2月2日

附：石伟平先生简介

石伟平，上海人，1957年12月生，文学学士（英语专业）、教育学博士（比较教育专业），现任华东师范大学长三角职业教育发展研究院院长、华东师范大学职业教育与成人教育研究所所长、亚洲职业教育学会（AASVET）会长，华东师范大学终身教授，是我国职业技术教育学专业第一位博士生导师。

主要社会兼职：上海师范大学天华学院院长，澳门城市大学教授，中国职业技术教育学会副会长兼学术委员会主任，中国职业技术教育学会科研工作委员会副主任，教育部、财政部中等职业学校教师素质提高计划专家指导委员会副主任，中国职业技术教育学会学术委员会副主任，中国职业技术教育学会科研工作委员会副理事长，全国教育规划领导小组职业技术教育学科评审组成员，中国职业技术教育学专业学科建设与研究生培养协作组组长，国务院学位办全国中等职业学校教师在职攻读硕士学位工作专家指导小组成员，教育部全国中等职业教育教学指导委员会委员，教育部高职高专人才培养工作水平评估委员会委员，上海市教育学会职业教育专业委员会主任，上海市中等职业教育课程教材改革专家咨询委员会副主任，英国伦敦大学教育学院客座研究员，美国富布莱特高级研究学者，美国加州大学伯克利分校高级访问学者，香港大学教育学院"田家炳"高级访问学者，重庆房地产职业学院特聘客座教授。

主要研究领域：职业教育国际比较研究，职业教育发展战略研究，职业教育政策研究，职业教育课程研究，现代职业教育体系研究，现代学徒制研究，职业教育办学模式改革研究，面向农村的职业教育研究，高等职业教育研究，培训与就业政策研究，职业院校校长师资专业化发展研究等。

主要研究成果：自1995年以来，主持了教育部哲学社会科学研究重大课题攻关项目"职业教育办学模式改革研究"，国家社会科学基金项目"职业教育的国家制度与国家政策比较研究"，教育部职业教育战略研究重大课题"职业教育战略问题的定位、定性、作用与发展研究"和"中国特色的职业教育体系研究"等50项科研项目；出版了《比较职业技术教育》《时代特征与职业教育创新》《职业教育课程开发技术》等14部著作；主编并且出版了《现代职业教育研究丛书》与《职业教育经典译丛》各1套；在国内外期刊发表了170多篇学术论文，并向教育部、上海市教育委员会等政府部门提交了30多项政策咨询研究报告。2006年，所著《比较职业技术教育》被评为"第三届全国教育科学研究优秀成果奖"二等奖（职业教育领域的最高奖）；2011年主编的《现代职业教育研究丛书》获"上海市第十届教育科学研究成果奖（教育理论创新奖）"一等奖；所著《职业教育课程开发技术》获"第四届全国教育科学研究优秀成果奖"一等奖。

丛书序二　研发说明

《国家中长期教育改革和发展规划纲要（2010—2020年）》发布之后，我国职业教育改革进入了加快建设现代职业教育体系、全面提高技能型人才培养质量的新阶段。为加强职教师资培养体系建设，提高职教师资培养质量，教育部明确提出，要以推动教师专业化为引领，以加强"双师型"教师队伍建设为重点，以创新制度和机制为动力，以完善培养培训体系为保障，以实施素质提高计划为抓手，统筹规划，突出重点，改革创新，狠抓落实，努力开创职业教育教师工作的新局面。正是在这一背景下，教育部、财政部决定"十二五"期间实施职业院校教师素质提高计划（教职成〔2011〕14号），经严格遴选、评审，确定43个全国重点建设职教师资培养培训基地作为项目牵头单位，选定"职教师资本科专业培养标准、培养方案、核心课程和特色教材开发"88个专业项目、12个公共项目，开发周期为3年（2013—2015年）。

"设施农业科学与工程专业职教师资培养标准、培养方案、核心课程和特色教材开发"（项目编号：VTNE058）即其100个项目之一。本项目包括6个子项目："职教师资设施农业科学与工程专业教师标准的研发"、"职教师资设施农业科学与工程专业教师培养标准的研发"、"职教师资设施农业科学与工程专业培养质量评价方案的研发"、"职教师资设施农业科学与工程专业课程大纲的研发"、"职教师资设施农业科学与工程专业主干课程教材的研发"、"职教师资设施农业科学与工程专业数字化资源库的研发"。

1. 研发团队的组建　按照教育部、财政部及项目办（职业院校教师素质提高计划培养资源开发项目管理办公室）、专指委（职业院校教师素质提高计划职教师资培养资源开发项目专家指导委员会）的要求，依据项目申报书和委托开发协议中明确的研发思路、研发内容、研发目标，项目组首先组建了"能干事、干实事、干成事"的研发团队。宋士清为项目主持人，王久兴、宁永红、路宝利、武春成、贺桂欣、杨靖6人（排名不分先后）为子项目主持人，形成核心组；项目组研发人员达98人，分布于高等院校、中高职学校、农业管理部门、设施农业行业企业等单位，有一线专业教师、职教专家、教育教学管理专家及一线生产经营者、设施农业企业管理专家等，具有广泛的代表性。项目组明确了成员职责，理顺了合作机制，制订了研发计划，设计了技术路线，明晰了时间节点，制订了工作制度、奖惩办法、经费使用办法等。另外，项目组还聘请了全国职业教育、中高职学校、本科高等院校及设施农业行业企业的专家49人，形成咨询委员会和顾问委员会。在3年的研发实践中，项目组达成了"必须依靠专家，但不唯专家"的基本共识，凝练了"追根溯源，有依有据"的研发品质，塑造了"精益求精，勇于创新"的团队精神。以上措施保障了本项目研发方案的顺利实施和最终顺利结题验收。

2. 调研、访谈、咨询、论证　项目研发的第一步是进行广泛、深入的调研。尤其是基于专业教师标准、专业教师培养标准、专业课程大纲的主干课程教材，前期调研论证是其研发的源泉。为充分体现教材的职业性、技术性、师范性，以及适切性、科学性、先进性，项目组设计了6套调研问卷和6套访谈提纲，成立了8个调研组，分赴全国29个省（直辖市、自治区），对4类单位6个层次人员进行了调研，包括培养基地本科院校21所，其中设施农业科学与工程专业一线教师197人、学生864人；中高职学校14所，其中设施相关专业教师148人、教育教学管理人员70人、学生474人；设施农业行业企业31家，相关专家131人；另外，还调研了设施农业生产技术、现代农艺技术、果蔬花卉生产技术、种植4个专业7班次国家级骨干教师、专业带头人培训班，涉及全国126所中等职业学校，收回调研问卷2059份，完成访谈笔记8本。同时，分析了当时全国开设设施农业与工程专业的33所本科院校的培养方案，收集了教材、教案、笔记、论文、课件、录像、技术专著等大量资料。期间，项目核心组召开研讨会35次，子项目专题研讨会32次，专业模块和教师教育模块实践专家研讨会10次，专家咨询论证会5次，参加各种交流、研讨、报告、培训会议46次，对全国职教界、设施农业界知名专家、教授进行了专门单独访谈16次。形成了系列会议纪要、研讨成果等。

3. 教材研发目标与定位　　专业类课程教材：围绕培养师范生"专业实践能力""专业实践问题的解决能力"进行开发。教材内容的选取体现学科的学术要求，并尽可能体现已应用于实际的学科前沿成果。教材内容的组织依照"任务驱动""问题解决"的模式，在真实或模拟的情境下，通过解决问题的方式使师范生提高解决专业问题的能力，着重培养师范生"双师素质"中的专业实践能力。教育教学类课程教材：聚焦职教师范生从事设施农业科学与工程专业教学的专门理论和方法，掌握职业教育教学基本规律，能够选择恰当的教育教学模式和教学方法，具备一定的职业教育教学能力。教育实践类课程教材：聚焦专业实践与教育教学实践相结合，注重专业教学方面的典型课程开发案例、教学设计案例、教学评价案例开发，使师范生在校学习期间就能够掌握专业教学的典型模式。

4. 教材研发指导方针　　项目组认真、深入、审慎地分析了目前流行的各类专业教材体系，发现国内尚无具有本科水平的行动导向型教材范例。项目组重点参考了姜大源、徐国庆两位先生的学术观点，制订了教材研发指导方针：依据职业教育的内在要求，解构传统学科体系教材，重构行动导向型教材。

5. 教材研发理念　　即"能力本位、项目驱动、理实一体"。能力本位，即打破学科体系"命题知识"至上的拘囿，突出能力培养，在操作技能习得基础上，尤其凸显设计能力、研究能力等具有本科水平的能力培养。项目驱动，即围绕项目进行知识、技能、态度等教材元素的选择与组织，既打破学科型教材远离生产世界的痼疾，又避免任务驱动型教材中对于单项技能操作的过度关注，从而在真实项目中培养学生的综合职业能力。理实一体，即打破理论与实践二元分离的格局，凸显实践优先原则，在实践中嵌入知识元素，在"教、学、做"一体化中完成职业胜任力培养。

6. 教材编写体例的研发　　在前期的理论研究准备之后，项目组对教材编写体例进行了反复推敲，在缺少前人经验的情况下不断探索，核心组内专业教师和职教专家之间还曾发生过多次激烈辩论，在观念的碰撞中探索适合中国国情的、具有职教特色的、达到本科水平的专业课程教材的表现方法，最终形成了一套包括样章在内的详细编写体例：依据本科标准，体现职业导向，在广泛社会调研与实践专家研讨会的基础上，准确提炼师资岗位所对应的典型工作任务，且将其转化为学习领域，最终确定学习情境，知识、技能、态度嵌入其中。

7. 教材研发成果 经3年艰苦、扎实的工作,"设施农业科学与工程专业职教师资培养标准、培养方案、核心课程和特色教材开发"项目顺利通过教育部、财政部首批结题验收。作为核心成果之一,项目组开发的5部专业类课程教材——《无土栽培》《设施蔬菜栽培》《园艺设施设计与建造》《工厂化育苗》《设施果树栽培》,1部教育教学类课程教材——《中等职业学校设施农业生产技术专业教学法》,1部教育实践类课程教材——《中职教师教育理论与实践:设施农业科学与工程专业》,1部研究专著——《职教师资培养资源开发研究——以设施农业科学与工程专业为例》,从研发理念、编写体例到内容组织皆契合了职业教育师资培养的内在要求,特色鲜明。

8. 研发成果的影响及专家评价 2014年3月22日,在云南大学"项目阶段成果推进会"上,项目主持人宋士清教授代表本项目做了大会典型发言,介绍了本项目的研发思路和经验;2015年11月10日,"结题验收试评会"在江苏省苏州市召开,本项目经过汇报、专家质疑、答辩、评议等环节,验收专家组对项目组所做的工作及提交的16本研发成果给予了高度评价,一致认为,本项目做了大量深入、细致、开创性的工作,思路清晰,创新性强,对其他项目工作具有示范和引领作用,最终以最高分首轮顺利通过结题验收。当天,经过教育部师范教育司和教育部培养资源开发项目专家指导委员会的严格遴选,本项目作为大会唯一交流项目,由宋士清代表项目组做主题报告,并获得与会领导、专家及其他兄弟项目负责人的广泛认可。会后,有70多个兄弟项目负责人与本项目有关人员联系,索取相关资料,交流研发成果。

教育部、财政部职业院校教师素质提高计划职教师资培养资源开发项目验收专家组对本项目的评审意见如下:"项目推进堪称典范。研发团队的结构合理。研究方法科学,研发过程科学规范;项目各成果之间逻辑关系清晰,各阶段成果之间的相互依存和支撑关系明确;调研工作扎实开展、调研过程形成的资料齐全、数据统计方法比较合理、调研结论真实可信;按照结题验收的要求,全部完成项目成果,质量达标。培养方案开发的依据明确,体现专业教师标准、人才成长规律和当前中等职业教育的要求;开发过程呈现出现代职业教育理念、'三性'融合的理念、强化实践能力的理念;评价体系合理系统;课程设计的总体思路、课程设置的依据、课程内容确定的依据明确;课程基本内容和学时分配科学;科学设计学习性工作任务;实践教学环节设计合理;以职教师资能力素质培养导向,采用各种不同的教学方式。建议提高项目的转化率,在自己校内开始推广使用。"

限于项目组的能力与水平,项目教材肯定还存在很多不足之处,恳请各位专家、同行提出批评意见,不吝赐教,万分感激!

特别感谢专家指导委员会、专家咨询委员会、专家顾问委员会的各位专家,以及兄弟项目对本项目成果的重要贡献!

教育部、财政部职业院校教师素质提高计划
"设施农业科学与工程专业职教师资培养标准、培养方案、
核心课程和特色教材开发"项目组
2016年3月26日

附：项目主持人简介

宋士清，男，汉族，1965年6月生，河北省黄骅市人，中共党员。毕业于南京农业大学园艺学院蔬菜学专业，博士研究生。河北科技师范学院学术带头人，教授，硕士研究生导师，现任河北科技师范学院党委委员、继续教育学院院长。国家科学技术奖励评审专家，教育部高等学校中等职业学校教师培养教学指导委员会委员，国家级精品课程主持人，国家级教学成果奖获得者。河北省科学技术奖励评审专家，河北省第五批高校中青年骨干教师津贴人员，河北省"三三三人才工程"第三层次人选，河北省"三育人"先进个人，河北省重点学科蔬菜学科负责人。秦皇岛市博士专家联谊会农业分会副会长，秦皇岛市现代农业发展协会副会长，秦皇岛市科学技术协会第八届常委，秦皇岛市科学技术普及研究会理事、常务理事、科普理论研究专业委员会副主任。一直从事栽培设施设计、设施蔬菜栽培、精准蔬菜技术、蔬菜逆境生理的教学、研究工作。获教学成果奖国家级二等奖1项，省级一等奖2项、二等奖2项、三等奖1项；主持国家级、省级项目5项，第1作者发表论文42篇，出版系列教材、论著38部，其中主编13部、主审3部、副主编5部；主持的"设施蔬菜栽培学"为国家级精品课程。教育部、财政部"设施农业科学与工程专业职教师资培养标准、培养方案、核心课程和特色教材开发"（编号：VTNE058）项目主持人。

前　言

1979年后，我国开始成立专门培养职教师资的院校和培养基地，主要依托普通高校建立的职业技术学院或职业教育系、独立设置的高等职业技术师范院校承担职教师资的培养工作。这些职教师资培养基地的师范教育课程设置以教育理论为核心，教师素养培养为目的，大多在第四学期开设"职业技术教育心理学"（40学时左右）、"职业技术教育学"（50学时左右）。与我国的普通师范教育历来都有的"教育学""教育心理学"和"学科教学论"这三门核心教育类课程相比，职业师范教育（职技高师）有相应的课程，如"职业教育学""职业教育心理学"等，但只是做为师范生大学学习的一种点缀，课程的比例、课程内容和课程安排都需要做进一步的修改和完善。另外，在职业师范教育中，缺乏对于职业教育专业教师教学能力培养和职业师范教育学科建设十分重要的"职业与专业教学论"或教学方法类课程，即使开设，通常也会被普通教学论所代替。

为提高中等职业学校教师素质，教育部、财政部在"十二五"期间启动了职教师资培养本科专业的培养标准、培养方案、核心课程和特色教材等资源开发项目，正是在这一背景下，编者编写了《中等职业学校设施农业生产技术专业教学法》，作为提升师范生素养的核心教材之一。"专业教学法"是一门必要的实践性很强的课程，教材的编写建立在职业性学习任务的基础上，使"专业教学法"不至过于侧重教育理论而远离职业实践，使师范生能够通过专业教学法的学习熟练掌握专业知识和技能的传授技巧。

本教材的编写首先需要进行两个分析，一个是专业分析，主要分析设施农业劳动组织方式和技术变革特点、设施农业生产技术的典型工作任务，将典型工作任务转化为学习任务，实现从工作领域向学习领域的转变；另一个是教学分析，主要对教学方法选用基础的教学对象、教学环境的分析，突出教学设计与实践教学指导技能培养的分析。其次，专业教学内容的选择要体现教育理论学习与专业教学实践层面的结合。先要充分理解教学方法的内涵及使用要求，然后根据设施农业生产技术专业典型工作过程，选取不同部分内容作为教学案例，对专业教学过程进行设计，使师范生在做中学方法，在学中研讨方法，学会反思，阐释具体运用各种方法应注意的问题。最后，专业教学法的运用注重传统与现代的结合。中等职业学校的教育教学改革，不能全盘否定过去的教学方式和方法，应在前期基础上逐步改进与完善。中等职业学校学生的基础相对薄弱，完全采用新的教学方法，如任务驱动教学法、项目教学法，其自身的学习能力可能不太适应。因此，专业教学法在内容上应突出现代专业教学论理论和方法的应用，尽量反映本学科变化和发展趋势，将传统的讲授法、演示法等与现代方法进行有机融合，在传承中进行创新发展。

目前，适合职业教育的教学方法很多，不同的教学方法对于同样的教学内容和教学目标，可以取得同样的教学效果；而同一个教学方法不同教师运用于不同的学生、不同的学习情景也会产生不同的效果。因此，在教学方法选取上本教材强调设计教法，不拘定法，要灵活运用，追求得法，着重选用行动导向教学法。在教学案例选择上，主要是以工作过程为导向，系统分析典型工作任务，在不同工作任务中能力培养侧重点不同，有的侧重技能培养，有的侧重理论知识的传授，有的侧重工作态度，有的侧重合作意识的培养，等等。根据不同的学习领域，选择适宜的教学方法，同一教学方法可以在不同教学内容中运用，也可以在同一教学内容中灵活运用多个教学方法，体现以学生为本位的教学理念，以活动为载体，让学生在实践中、参与中、行动中习得教学技能，提高从教本领，这些才是编写本教材的根本目的。

本书共分五章二十八节，全书由宁永红、周琪、田冬梅负责第一章、第二章的第二节和第三节、第四章、第五章；贺桂欣、苏翠军负责第二章的第一节；赵建功负责第二章的第四节和第五节；第三章由黑龙江农业工程职业学院王秀娟教授提供案例，宁永红负责活动的设计及方法应用分析；最后由宁永红负责统稿等工作。

本书在写作过程中得到了很多同行、专家的帮助与指导。作为教育部、财政部职业院校教师素质提高计划"设施农业科学与工程专业职教师资培养标准、培养方案、核心课程和特色教材开发"的成果之一，项目专家指导委员会成员多次给予支持、指导和帮助；写作过程中还受益于河北省教育厅主办的中等职业学校教师专业教学法培训活动，新加坡工艺教育局师资学院教学发展中心副署长陈梅珠女士、导师培训主任萧美玲女士举办的讲座为本书专业教学活动的设计提供了借鉴和启发；编者也深受北京大学陈向明教授"学不能被教，需在实践中感悟"的启发；本书还引用汇集了有关专家学者关于教学方法的研究成果，用作学生拓展学习的资料；科学出版社农林与生命科学分社的编辑对本书的出版也投入大量时间和精力，在此一并表示感谢。

由于编者水平有限，教材在编写过程中难免会有些疏漏和不足，恳请读者不吝指教。

编　者

2016 年 8 月

目　　录

第一章　专业教学法概述 ... 1
第一节　专业教学论与专业教学法 ... 1
一、专业教学论的内涵 ... 1
二、专业教学法的内涵 ... 2
三、专业教学论与专业教学法的关系 ... 3
第二节　我国专业教学法的发展历程及趋势 ... 4
一、专业教学法的发展历程 ... 5
二、专业教学法的发展趋势 ... 10
第三节　专业教学法的理论基础 ... 12
一、行为主义学习理论 ... 12
二、认知主义学习理论 ... 12
三、建构主义学习理论 ... 13
四、行动导向学习理论 ... 14
五、加德纳多元智能理论 ... 14

第二章　设施农业生产技术专业教学法选用基础分析 ... 16
第一节　设施农业的发展与职业特点 ... 16
一、中国设施农业的发展 ... 16
二、设施农业生产技术变化迫切需要技能型人才 ... 22
三、设施农业组织方式变化对从业人员的要求 ... 23
四、从事设施农业生产的职业分析 ... 27
第二节　分析设施农业生产技术专业的教学对象 ... 30
一、分析学生原有的基础 ... 31
二、分析学生现有的认知能力 ... 31
三、分析学生的情感 ... 32
四、了解学生的身心特征 ... 32
第三节　分析中职设施农业生产技术专业教学内容 ... 33
一、明确设施农业生产技术专业培养目标 ... 33
二、构建工作过程导向的课程体系 ... 33
三、设计学习情境 ... 43
四、学业评价 ... 49
第四节　设施农业生产技术专业教学媒体及环境 ... 54

一、专业教学媒体 …………………………………………………… 54
　　二、专业教学环境 …………………………………………………… 73
　第五节　专业教学设计 ………………………………………………… 75
　　一、教学设计的概述 ………………………………………………… 75
　　二、教学设计的模式 ………………………………………………… 79
　　三、教学设计的基本要素 …………………………………………… 84
　　四、教学设计的案例 ………………………………………………… 87

第三章　设施农业生产技术专业教学法选用案例 …………………… 90
　第一节　设施建造与维护部分教学方法选用案例 …………………… 90
　　一、课程分析 ………………………………………………………… 90
　　二、教学方法选用及说明 …………………………………………… 90
　　三、教学实施 ………………………………………………………… 90
　第二节　设施蔬菜生产技术部分教学方法选用案例 ………………… 101
　　一、课程分析 ………………………………………………………… 101
　　二、教学方法选用及说明 …………………………………………… 101
　　三、茄果类蔬菜设施生产技术教学实施 …………………………… 101
　　四、瓜类蔬菜设施生产技术教学实施 ……………………………… 117
　　五、蔬菜浸种催芽技术教学实施 …………………………………… 121
　第三节　设施园艺植物病虫害防治部分教学法选用及案例 ………… 125
　　一、课程分析 ………………………………………………………… 125
　　二、教学方法及说明 ………………………………………………… 125
　　三、教学实施 ………………………………………………………… 126
　第四节　植物生长与环境部分教学方法的选用 ……………………… 137
　　一、课程分析 ………………………………………………………… 137
　　二、教学方法选用及说明 …………………………………………… 138
　　三、教学实施 ………………………………………………………… 138
　第五节　设施农产品营销部分教学方法选用 ………………………… 141
　　一、课程分析 ………………………………………………………… 141
　　二、教学方法选用及说明 …………………………………………… 142
　　三、教学实施 ………………………………………………………… 142

第四章　常用的传统教学方法 …………………………………………… 145
　第一节　讲授法 ………………………………………………………… 145
　　一、讲授法的运用要点 ……………………………………………… 145
　　二、教学语言技能 …………………………………………………… 145
　　三、讲解概念技能 …………………………………………………… 146
　　四、板书技能 ………………………………………………………… 147
　　五、教态变化技能 …………………………………………………… 148
　第二节　讨论法 ………………………………………………………… 151

一、讨论法的理论依据 ……………………………………………………… 151
　　二、讨论法的程序 …………………………………………………………… 151
　　三、讨论法的组织 …………………………………………………………… 152
第三节　演示法 ……………………………………………………………………… 155
　　一、演示的概念 ……………………………………………………………… 155
　　二、演示的类型 ……………………………………………………………… 155
　　三、演示的要求 ……………………………………………………………… 157
　　四、演示的实施过程 ………………………………………………………… 158
第四节　谈话法 ……………………………………………………………………… 158
　　一、概述 ……………………………………………………………………… 158
　　二、提问的功能 ……………………………………………………………… 158
　　三、提问的类型 ……………………………………………………………… 159
　　四、提问的要求 ……………………………………………………………… 160
　　五、提问的技巧 ……………………………………………………………… 162
第五节　四阶段教学法 ……………………………………………………………… 162
　　一、四阶段教学法的概念 …………………………………………………… 162
　　二、四阶段教学法的实施过程 ……………………………………………… 163

第五章　常用的行动导向教学法 ……………………………………………… 167

第一节　任务驱动教学法 …………………………………………………………… 167
　　一、任务驱动教学法的产生和内涵 ………………………………………… 167
　　二、任务驱动教学法的特征 ………………………………………………… 168
　　三、任务驱动教学法的教学功能 …………………………………………… 169
　　四、任务驱动教学法的设计和实施 ………………………………………… 170
　　五、任务驱动教学法的注意事项 …………………………………………… 172
第二节　头脑风暴法 ………………………………………………………………… 172
　　一、头脑风暴法的概念 ……………………………………………………… 172
　　二、头脑风暴法的意义和作用 ……………………………………………… 173
　　三、头脑风暴法的设计 ……………………………………………………… 174
　　四、头脑风暴法的实施步骤 ………………………………………………… 175
　　五、头脑风暴法的规则 ……………………………………………………… 176
　　六、头脑风暴法的应用场合 ………………………………………………… 177
　　七、实施头脑风暴法的一些技巧 …………………………………………… 177
第三节　卡片展示法 ………………………………………………………………… 178
　　一、卡片展示法的由来 ……………………………………………………… 178
　　二、卡片展示法的教学特点 ………………………………………………… 178
　　三、卡片展示法的实施步骤 ………………………………………………… 179
　　四、注意事项 ………………………………………………………………… 180
第四节　思维导图法 ………………………………………………………………… 180

一、思维导图法的内涵和特点 …… 180
　　二、思维导图的发散性和记忆性特征及教学意义 …… 181
　　三、思维导图法的学习优势 …… 181
　　四、思维导图法的实施环节 …… 182
　　五、实现思维导图的手段 …… 182
　　六、采用思维导图法应遵循的原则和注意事项 …… 183
第五节　项目教学法 …… 185
　　一、项目教学法的产生和内涵 …… 185
　　二、项目教学法的教学意义和功能 …… 187
　　三、项目教学法的设计和实施 …… 189
第六节　引导文教学法 …… 191
　　一、引导文教学法的产生和内涵 …… 192
　　二、引导文教学法的教学意义和功能 …… 193
　　三、引导文教学法的实施 …… 194
第七节　角色扮演法 …… 197
　　一、角色扮演法的含义 …… 197
　　二、角色扮演法的理论基础 …… 197
　　三、角色扮演法的教育教学功能 …… 198
　　四、角色扮演法的优点 …… 198
　　五、角色扮演法的实施步骤 …… 199
　　六、角色扮演法的注意事项 …… 199
第八节　案例教学法 …… 200
　　一、概念和内涵 …… 200
　　二、教学价值及功能 …… 201
　　三、案例教学法的设计 …… 203
第九节　模拟教学法 …… 205
　　一、模拟教学法的概念及类型 …… 205
　　二、模拟教学法的功能和作用 …… 207
　　三、模拟教学法的设计和实施 …… 208
第十节　情境教学法 …… 210
　　一、情境教学法的产生及其理论基础 …… 210
　　二、情境教学法的意义和功能 …… 211
　　三、情境教学法的实施步骤 …… 213

主要参考文献 …… 215
附录1　以学生为本位的学习策略 …… 217
附录2　实习实训基地条件要求 …… 223

第一章　专业教学法概述

随着我国经济快速发展，社会对职业人才的需求不断变化，职业教育（简称"职教"）的教育教学改革不断深化，教师教学方法的改变对培养符合社会需求的人才至关重要。专业教学法是培养职业学校教师教学能力的重要课程，其与教学论、专业教学论不同，更侧重教学方法在专业教学中的应用，是从事职业教育教学工作者必须掌握的一门专业必修课程，其对教师专业教学能力培养和专业化发展有着重要意义。

第一节　专业教学论与专业教学法

一、专业教学论的内涵

我国普通师范教育发展较早，形成了较为完善的教师教育类课程，教学实践与理论研究成果丰硕，教学论、学科教学论、教材教法方面的教材专著层出不穷，强调的是在某个学科领域的教学。职业教育与普通教育不同，教师是在某个专业领域进行教学，专业涵盖的内容相对数学教学或语文教学等学科教学更宽泛，一个专业包括若干技术课程，涉及不同技术学科，如设施农业生产技术专业，所涉及的课程有"设施蔬菜栽培""病虫害防治""农产品销售""农产品加工"等。也就是说，普通教育的学科教学论与职业教育的专业教学论是不同的，职业学校专业教师是在多个学科的专业领域教学，既包括普通教学论的基本要素，也具有自身的特点。

德国的职业教育在国际上得到普遍认可，在德国大学中与培养职教教师相关的师范专业涉及13个职业领域：机械、电气、建筑、造型技术、印刷技术、纺织与服装、生物技术、化工技术、经济科学、管理科学、食品与家政、农业园林科学、社会科学。其职教师资的培养独具特色，职业和专业教学论研究也非常深入，取得了极具影响力的成果。对于专业教学论，不同学者认识也不同。尚茨（Schanz）认为，专业教学论建立起专业/职业学科、教育科学/教学论及教师教授科目之间的联系。波西（Posch）将专业教学论理解为一门理论与实践旨趣指向某专业的教学关系及其目标和条件的学科。奎恩兰（Koehnlein）认为专业教学论的特征是将包括教育学的和专业学科的问题和认识集成起来并且同时又提出单一教育学者或专业学者不能解决的问题。阿腾哈根（Achtenhagen）则理解专业教学论的任务领域包括一个授课科目的所有问题（徐朔，2008）。

专业教学论可以理解为基于某一专业领域或方向，关于教与学的理论与实践的一门学科，是教学论具体化的体现，涉及单个或多个科目。在教育学科内，职业教育专业教学论是普通教学论、专业领域、职业教育学相交叉或综合的一门学科，其最重要的目标是指向职业学校学生的职业岗位工作。这里的专业领域是与职业学校学生所学专业相对应和结合起来的，而不是大学所设的某一工程或经济专业。这是由职业教育师资工作性质和特点所决定的，也反映了职业教育师资培养的复杂性。参加这类课程学习后要从事职业学校专业教学工作，职业学校专业教学的目标是帮助学生获得岗位职业能力。

综合以上分析，在职业教育专业教学中，专业教学论包括专业教学目标、专业教学内容、专业教学方法、专业教学媒体四大要素，尽管四个要素与普通教学论相似，但是，专业教学在人才培养过程中要使受教育者获得专业能力、个性能力、社会能力和方法能力的全面发展，教学内容是以工作过程为导向的课程，强调行动导向的教学方法，在教学情境中实现有效教学，培养学生自主学习能力，等等。

二、专业教学法的内涵

德国的职业教育较发达，对于专业教学法的研究较早，不断提出新的理念，出现新的思潮。20世纪80年代初，德国通过对《职业教育条例》的变革，行动导向的职业教育教学范式逐渐形成并确立下来，并形成了一套较为完整的专业教学方法体系。该体系从劳动生产组织方式、技术变革、教学方式、教学方法多方面入手，对专业教学法进行阐释。随着社会经济的发展，专业教学法被赋予不同的内涵。

曾任联邦德国教育学会主席的克拉夫基（Klafki）认为，专业教学法是关于专业教学任务、教学内容和教学分类的理论。道贺认为专业教学法是关于教师教和学生学的一门学科。科凌柏阁认为专业教学法是教师为促使学生按照专业教学目标和内容要求进行学习，而有针对性地选择和组织教学技术、教材、教具和教学媒体的一整套教学方法。以发展的观点审视以上定义，可以看出上述两种定义过于宽泛，具有鲜明的普适性，更适用于教育领域，并未凸显出职业教育的特色（徐琳，2009）。

我国的职业教育教学改革也是一个永恒的主题，但在改革开放之初，更强调外部对职业教育发展的推动作用，通过制定各种政策促进职业教育快速发展，如1985年中共中央颁布的《中共中央关于教育体制改革的决定》及国务院颁布的《国务院关于大力发展职业技术教育的决定》（国发〔1991〕55号）等。随着职业教育规模、在校生数量的不断增加，国家开始加强职业教育的内涵建设，不断深化专业教学改革。1999年，国务院批准的《面向21世纪教育振兴行动计划》提出，要实施《面向21世纪职业教育课程改革和教材建设规划》，中央财政安排专项资金2000万元支持这一规划的实施。教育部为认真落实振兴计划，在内蒙古自治区包头召开了全国职业教育教学改革工作会议，出台并实施了《关于全面推进素质教育：深化中等职业教育教学改革的意见》和《关于制定中等职业学校教学计划的原则意见》，启动了职业教育跨世纪教学改革工程。2007年，为准备全国职业教育教学改革工作会议，设立了以就业为导向的职业教育教学改革理论探索等多项专项研究课题，并启动了中职教师素质提高计划项目，在项目研究过程中，专业教学法的研究也越来越受到重视，专业教学法的理论与实践研究成果陆续面世。例如，姜大源将专业教学法看作一门整合了专业学科和教育学科的独立学科，提出"专业教学法事实上是架设在技术科学、经济科学等与教育科学之间的一座桥梁——一座自立于学科专业之外的桥梁"。此观点强调把专业教学法看作一门自成体系的独立设置的科目，应赋予其独立的研究地位。特别是中职教师素质提高计划开发的70本有关专业教学法的书籍，对专业教学法给出了不同的定义，具有代表性的有如下几种。

郑昌江（2012）在《烹饪专业教学法》一书中作出如下定义：烹饪专业教学法是根据教学论的一般原理，结合烹饪专业教学特点，研究烹饪教学的规律、原则和方式方法，用以指导烹饪教学的一门分科教学法。

乔亚科（2012）在《种植专业教学法》一书中指出，种植专业教学法就是为实现种植专业教学目标，在有关教学媒体的支持下，组织、引导种植专业学生进行特定的教学活动所采用的方式、手段和程序的总称。

张建荣（2012）在《工业与民用建筑专业教学法》指出，工业专业教学法即适合专业教学内容并在相应的教学媒体支持下达到专业教学目标的方法总和。

罗峦（2012）则结合农经管理专业自身特点，较有特色地将农经管理专业教学法定义为：为实现农经管理专业教学目标，在农经管理专业课程教学过程中采用的师生间的互动形式、教学内容的传递手段、引导学生学习的途径及教学方式的总和。

根据国内外学者对专业教学法的解释，可以从以下几个方面对专业教学法进行理解。

（1）专业教学法强调"专业"特点　专业教学法与普通教育学科教学法如化学教学法、数学教学法类似，教学法要与专业紧密结合，凸显职业教育专业的职业属性。认真分析本专业所培养学生职业岗位面向及应具备的职业能力，进而选择适宜的教学方法，教学方法也要具有专业特色。同时，这个专业是指中等职业学校的专业，而不是本科院校的专业，所以，通过分析中等职业教育的培养目标，来确定教学目标。

（2）专业教学法体现职业教育"教学"特点　专业教学法既包括教的方法，也包括学的方法，是在教学过程中教与学双边活动所采取的措施。职业教育的教学对象文化基础薄弱、教学内容强调与职业领域相对接、教学过程与生产过程相对接，因此，要充分分析中职学生学习习惯、学习兴趣、动机等非智力因素对学生的影响，选择适宜的教学策略。

（3）专业教学法的选用是有"条件的"　专业教学法是教师教学过程中，为实现教学目标，在一定的教学情景、教学条件、教学媒体支持下，选择适宜的教学方法传递教学内容。也就是说任何一种方法的运用都是有条件的，如在设施农业生产技术专业实施项目教学，如果没有温室，季节又不合适，就无法实现黄瓜的播种育苗等，也就是说，不能只是把原来的内容形式化成项目，而不考虑外部的实习、实训环境因素，否则就很难实现方法与内容相统一，只有各方条件交互作用才能实现教学方法的最优化。

（4）专业教学法是职教师范生教学的"工具"　就使用角度而言，专业教学法是实施专业教学的工具，也是教学能力培养与训练的基础。针对不同的专业教学内容，面对学习基础薄弱的中职学生，如何更好地进行教学工作，专业教学法便是在实践层面实现专业能力与教学能力结合，塑造良好从师能力的手段。

三、专业教学论与专业教学法的关系

根据以上分析可知，专业教学论与专业教学法内涵不同，专业教学论的重点是基于职业教育专业领域对于职业学校相关专业课程课堂教学活动进行的原理或理论分析、解释。专业教学论是专业领域与职业教育教学论两者的结合，也就是说，怎样在专业科学的基础上分析教学对象、确定教学内容、选择教学方法、制订教学方案是专业教学论要解决的问题。王娜（2009）在其硕士论文《德国职教师资培养中的"专业教学论"研究》中将专业教学论与专业教学法进行了比较分析，提出专业教学论涉及专业教学系统的各个组成模块，专业教学法是教师为达到教学目的而组织和使用教学技术、教材、教具和教学媒体，以促成学生按照目标和内容的要求进行学习的方法，是专业教学论涵盖的"目标、内容、方法、媒体"四大要素的后两者，专业教学论包含专业教学法的内容，专业教学法是专业教学论的具体实践部分。专业教学论与专业教学法的关系（图1-1）类似于但又有别于学科教学论与教材教法的关系，专业教学法侧重于针对相应一门或数门专业课程内容选用何种形式、方法、策略、途径、手段来加以具体落实，从而达到理想的教学效果。

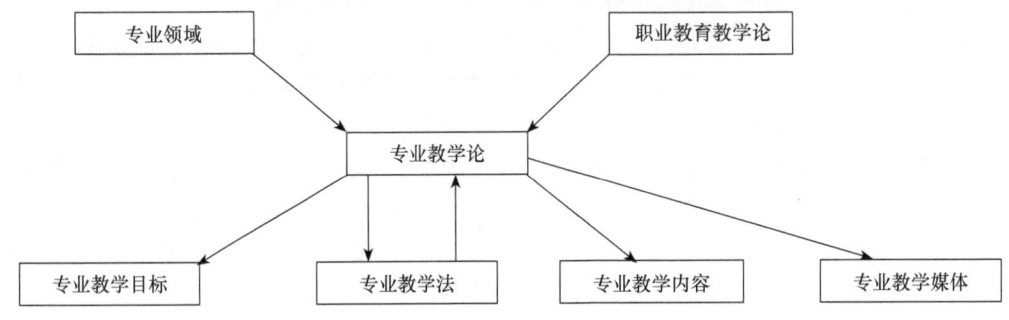

图 1-1　专业教学论与专业教学法的关系

第二节　我国专业教学法的发展历程及趋势

我国对专业教学法的研究起步较晚，早期专业教学普遍采用讲授法、演示法等传统常用的教学方法，传授知识和技能。自20世纪90年代末期，人们开始逐渐重视教学法在专业课课堂教学中的作用，许多教师意识到教学方法运用是否得当直接决定着教学质量，影响教学效果。在中职学校，教师更加关注并尝试新的专业教学法，以提高学生的实际操作能力、观察能力和思维能力，进一步培养学生的创新意识。根据职业教育发展历程，以及对期间出台的有关职业教育教学文件或是在其他文件中涉及职业教育教学改革的内容分析（表1-1），专业教学法经历了以下几个阶段。

表 1-1　近30年来中等职业教育教学改革相关文件

年份	颁布单位	题目
1986	国家教育委员会	关于制定职业高级中学（三年制）教学计划的意见
1990	国家教育委员会	关于制定职业高级中学（三年制）教学计划的意见、省级重点职业高级中学的标准
1991	国务院	关于大力发展职业技术教育的决定
1998	国家教育委员会	面向二十一世纪深化职业教育教学改革的原则意见
1999	教育部	面向21世纪职业教育课程改革和教材建设规划
2000	教育部	关于全面推进素质教育、深化中等职业教育教学改革意见
2007	教育部	关于制定中等职业学校教学计划的原则意见
2008	教育部	关于进一步深化中等职业教育教学改革的若干意见
2009	教育部	关于制定中等职业学校教学计划的原则意见
2010	教育部	关于印发《中等职业教育改革创新行动计划（2010—2012年）》的通知
2010	教育部	全国中等职业教育教学改革工作创新会议
2012	教育部	关于制订中等职业学校专业教学标准的意见
2013	教育部	全国职业教育教学改革创新工作会议
2014	教育部	关于深化职业教育教学改革　全面提高人才培养质量的若干意见

一、专业教学法的发展历程

（一）专业教学法"普教化"阶段

1978年，邓小平在全国教育工作会议上强调"整个教育事业必须和国民经济发展的要求相适应"，率先发出了改革中等教育结构的号召，特别是扩大农业中学、各种中等专业学校、技工学校的比例。在党和国家领导人的关怀下，中等教育结构改革全面开展起来，主要是将部分普通高中改办为职业高中、职业学校或普通高中设职业班，这类学校和班级，可以由教育部门自己办，也可以和其他业务部门、企事业单位联合办，隶属关系不变，中央和地方财政部门追加拨发职教补助费，以支持兴办职业学校。这些在原来普通中学基础上建立起来的职业学校，经过发展都成为单独的职业高中。有的职业高中最初有主体的专业领域，如外事职业高中、财会职业高中。有的则一开始就没有特定的专业、行业倾向，如北京劲松职业高中，设有中西餐烹饪、服装设计、新闻摄影等专业。专业设置高度面向社会，城市职业中学大多开设财会、幼教、服装、电器等专业，农村保留了农学、林果、畜牧兽医等传统专业，增加了工商、建筑、农产品加工专业。但因职业高中多数是由基础薄弱的普通校改建的，师资、设施条件先天不足，社会地位不高，很难在教学方面进行投入和改进，开设需要高投入设备和高技术水平师资的专业难度较大，与产业界联系相对薄弱，接触高新技术有限，而且这些专业课教师多来自师专或是普通高校，受普通教育传统模式的浸染较深。

此阶段专业课教学大多采用传统的讲授法，学生在教学过程中处于被动地接受学习状态，死记硬背，机械训练，学生很少有尝试、质疑、探究、反思和自主实践的机会。学生在教学过程中缺乏主动参与的机会，对所学知识感到枯燥乏味，失去兴趣，这挫伤了其学习的积极性，对学生独立分析解决问题，创造性工作及交流与合作能力的培养尤其不利，制约了学生综合职业能力的发展。

此阶段探索专业教学方法方面的研究成果也相对较少，通过中国知网（CNKI）数据库以"专业教学法"为检索词进行查询，没有相关的学术论文，对职业教育教学改革方面的研究更多集中在职业学校文化课方面的教学方法改革，缺乏对专业教学法方面的研究。这一阶段，各职教师资培养单位，除程啸飞和吴建昌（1989）主编的《电类课程教材教法概论》，其他院校很少开设专业教材、教法课程，大部分仅学习教师教育理论中的教育学和心理学两门课程，没有针对职业技术教育的教育学和职业教育心理学方面的课程，所以学生学到的大部分是以教师为主导的教学方法。

（二）专业教学法"职教化"阶段

随着教育结构的调整，为了使各地区职业教育健康发展，改善职业学校的办学条件，1990年国家教育委员会颁发了《省级重点职业高级中学的标准》，明确要求重点职业学校要坚持以教学为中心，更新教学内容、改进教学方法和考试方法，采用现代化的教学手段，提高教学质量。同年，国家教育委员会颁发了《关于制定职业高级中学（三年制）教学计划的意见》，指出职业高级中学以专业教育为主，着重职业技能训练，同时根据专业需要学习必要的文化课知识。对文化课、专业课、实习课的课时比例提出了要求，工农医类为3：3：4，文科类为4：3：3，技能要求较强的专业、工种为2.5：2.5：5，加大了各专业的实习课比例。1991年国务院颁布了《关于大力发展职业技术教育的决定》，采取各种有力政策支持职业技术教育的发展，在加强职业技术教育改革和基本建设方面，提出要改革教学内容和教学方法，突出实践教学环节，加强职业技能训练，教学安排中要增强适应性、实用性和灵活性，开始探索具有职业教育特点的技能型人才培养的教学方法。1998年，为了学习贯彻党的"十五大"精神，深化职业教育教学改革，提高教学质量和办学效益，促进职业教育适应我国社会主义现代化建设的需要，国家教育委员会制定了《面向二十一世纪深化职业教育教学改革的原则意见》，意见中涉及职业教育应确立以能力为本位的教学指导思想，要采用各种先进、有效的教学模式和教学手段，发挥学生的主观能动性，以提高教学质量为目标，加强和改进教学管理工作。

此阶段为加强职业教育教学改革研究，深入学习国外先进的职业教育理论和方法，在专业教学方法方面也进行了有益的尝试，逐步探索符合职业教育发展规律的教育教学方法。例如，哈尔滨水泥厂高级职业中学的刘学宪（1990）在《教育与职业》杂志上撰文浅谈情境教学法在专业课教学中的应用，文中强调了专业课实施情境教学法的重要性，举例说明了机械制图课实施这种教学法对学生产生的深刻影响，能够激发学生学习欲望，使学生对专业学习产生浓厚的兴趣。

此阶段，职业技术教育教学理论不断丰富和完善，但对专业教学法进行系统研究的成果还很少。吕可英、董操（1990）编写了《中国职业技术教育学》，其中在介绍一般教学法的同时，也介绍了一些能够体现职业教育教学特点的教学法，如适合宾馆餐厅服务专业、财会专业的模拟教学法、模块教学法等。纪芝信（1991）编写了《职业中学教学论》，对职业中学的教学方法体系按照传授知识的教学方法、知识转化为技能的教学方法、培养能力的教学方法进行体系化的分类。陈逖先（1992）主编的《农村职业技术教育概论》，对农村职业技术学校的教学进行了研究，对教学过程中的常用的教学方法进行了介绍，并强调要突出农村职业技术教育教学特点，对实验法、实习法和联系法的运用进行了认真分析。天津职业技术师范学院组织相关学者（1993）编写了生产实习教学法系列教材，包括《车工生产实习教学法》《钳工生产实习教学法》《铣工生产实习教学法》等，逐步形成了对职业教育教学特点和规律的认识。纪芝信（1995）在《职业技术教育学》中根据教学方法产生的先后时间顺序，将职业技术教育教学方法分为常用教学方法和创新教学方法两大类，其中常用教学方法包括以语言传递为主的教学方法（讲授法、谈话法、讨论法、读书指导法等）、直观教学方法（演示法、参观法）和实际训练教学方法（实验法、实习作业法、练习法）三类，主要是传统的教学方法；创新教学方法则包括示范教学法、要素作业法、个别工序复合作业法、模拟教学法和综合设计法等具体的教学方法。刘育锋（1997）结合自己多年对德国职业教育的研究，按照认知、情感、技能教学目标的不同，将教学方法分为讲授法、小组讨论法、辅导法、角色扮演法、案例研究法、实验教学法、研讨法、程序学习法、自学法，具体见表1-2。

表1-2　不同阶段职业教育教学方法分类

作者	分类	教学方法
纪芝信 （1995）	以语言传递为主的教学方法 直观教学方法 实际训练教学方法 创新教学方法	讲授法、谈话法、讨论法、读书指导法 演示法、参观法 实验法、实习作业法、练习法 示范教学法、要素作业法、个别工序复合作业法、模拟教学法和综合设计法

续表

作者	分类	教学方法
刘育峰（1997）	认知低层次水平教学目标的教学方法	讲授法、演示法、程序教学法
	认知高层次水平教学目标的教学方法	讲授法、小组讨论法、辅导法、角色扮演法、案例研究法、实验教学法、研讨法、程序教学法、自学法、项目教学法、模仿法
	情感低层次教学目标的教学方法	讲授法、小组讨论法、辅导法、角色扮演法、案例研究法、实验教学法、研讨法、程序学习法、自学法
	情感高层次教学目标的教学方法	小组讨论法、辅导法、角色扮演法、案例研究法、研讨法、自学法、项目教学法
	技能低层次教学目标的教学方法	演示法、辅导法、实验教学法、自学法、车间实习法
	技能高层次教学目标的教学方法	辅导法、自学法、车间实习法、项目法、模仿法
吕永贵（2000）	适应课堂教学需要的方法	讲授法、谈话法、演示法、提问法、讨论法、计算机辅助教学法
	适应实践教学需要的方法	模仿教学法、角色扮演法、项目教学法、单元组合教学法
	适应生产实习教学需要的方法	四阶段教学法、作业教学法、小组工作式教学法
	适应综合职业能力培养需要的方法	只适用于关键能力和创新精神培养的多种教学方法组合
刘春生（2002）	适应理论教学的方法	讲授法、谈话法、演示法
	适应实践教学需要的方法	模拟教学法、案例教学法、观察法
	适应生产实习教学需要的方法	参观实习法、现场教学法、师傅带徒弟法、专题教学法
	适应创新与培养创业能力的方法	角色扮演法、设计教学法、顶岗锻炼法、项目教学法
赵志群（2003）	目标单一的知识传授与技能培训法	谈话法、四阶段教学法、六阶段教学法、张贴板教学法、头脑风暴法
	综合能力培养方法	项目教学法、引导课文教学法
	现代工作岗位培训法	分散式培训法、工与学整合式学习法、户外培训教学法、学徒训练法
杨黎明（2003）	现代教学方法	模拟教学法、案例教学法、项目教学法、角色扮演法
	传统教学方法	讲授法、谈话法、演示法、参观法
郑俊乾（2004）	课堂教学法	六步教学法、反馈教学法、元素教学法
	技能训练法	
	示范训练法	
	引导提问训练法	
	程序训练法	完整训练法、重复训练法、分解训练法、间歇训练法、循环训练法
	分解训练法	单纯分解训练法、递进分解训练法、顺序分解训练法
	实习训练法	
	学校实习教学法	器物模拟训练法、人物模拟训练法、环境模拟训练法
	生产实习训练法	形象法、比较法、趣味法、先实践法、以点带面法、交换课题法
郭玉敏（2007）	理论性教学方法	讲授法、讨论法、谈话法、自学辅导法、演示法、实验教学法、参观教学法、练习教学法
	实践性教学方法	要素作业复合法、模拟教学法、项目教学法、顶岗实习法
罗冰雁（2009）	以学生为中心的教学方法	主题教学法、互动式教学法、分组教学法、角色扮演法
	以教师为中心的教学方法	讲授法、演示法等
邓泽民（2011）	过程导向的行动教学方法	四阶段教学法、项目教学法
	情景导向的行动教学方法	模拟教学法、案例教学法、角色扮演法
	效果导向的行动教学方法	头脑风暴法、卡片展示法
	多个导向的行动教学法	引导文教学法、心智图教学法
徐朔（2012）	课堂教学基本方法	讲授法、谈话法、讨论法、演示法
	行动导向教学法	头脑风暴法、卡片展示法、思维导图法、四阶段教学法、项目教学法、案例教学法、角色扮演法、模拟教学法

资料来源：何文明. 2011. 我国职业教育教学方法研究评述［J］. 职业技术教育，32（25）：41-46

（三）专业教学法"行动导向化"阶段

进入 21 世纪，经济社会的发展对各类人才的质量和数量提出了新的要求，中等职业教育担负着培养高素质劳动者这一艰巨的历史重任，是全面推进素质教育，提高国民素质，增强综合国力的重要力量。2000 年教育部印发了《关于全面推进素质教育、深化中等职业教育教学改革的意见》，要求中等职业学校应积极采用适应经济社会、科学技术和生产发展需要的新的教学方法和手段，实现学习目标、学习内容、学习方法和教学媒体的有效组合，提高教学质量和教学效果。明确提出要积极探索、总结和推行有利于全面提高学生素质和综合职业能力的教学方法和教学组织形式，激发独立思考和创新意识，培养学生自主学习和勇于实践的能力。要改进考试考核方法，重视考核学生应用所学知识解决实际问题的能力，建立有利于培养学生全面素质和综合职业能力的教学质量评价体系。中等职业学校要积极运用现代化教育技术和手段，开发和使用符合教学需要的现代化教学媒体。

2007 年、2009 年教育部相继颁布了《关于制定中等职业学校教学计划的原则意见》，对中等职业学校的培养目标、各类课程比例等进行了相应要求，提出要坚持"做中学、做中教"，高度重视实践和实训教学环节，强化学生的实践能力和职业技能培养，提高学生的实际动手能力。2007 年，教育部、财政部开始实施中等职业学校教师素质提高计划，开始着手中等职业教育培训项目包开发工作。对中等职业学校教师进行了系统的教学法培训，并要求 70 个项目组研发各专业的教学法。2008 年，教育部为贯彻落实党的"十七大"精神和《国务院关于大力发展职业教育的决定》（国发〔2005〕35 号），提高中等职业教育教学质量和办学效益，推动职业教育又好又快发展，颁布了《关于进一步深化中等职业教育教学改革的若干意见》，意见要求深化课程改革，努力形成就业导向的课程体系，加强学生职业技能培养，高度重视实践和实训教学环节，突出"做中学、做中教"的职业教育教学特色。2010 年，在全国教育工作会议闭幕和《国家中长期教育改革和发展规划纲要（2010—2020 年）》颁布之后，教育部 21 世纪以来第一次召开中等职业教育教学工作会议，也是实施的第一个行动计划。会间来自北京、天津、辽宁、江苏、湖南、广东、陕西、新疆等地区的 8 名教师做了教学改革创新经验介绍，组织考察了上海 6 所中等职业学校和 4 节观摩课，开通了全国中等职业教育数字化学习资源平台。在此基础上，教育部 2013 年又召开了全国职业教育教学改革创新工作会议，第一次将中等职业教育和高等职业教育教学工作统筹研究、统一部署、系统推进。大会上时任教育部副部长的鲁昕作重要讲话，提出要加强区域联合、优势互补、资源共享，组织开发一批具有职业教育特色、满足培养需求的多媒体教学资源、网络课程和模拟仿真实训软件。要积极推动信息技术环境中教师角色、教育理念、教学观念、教学内容、教学方法及教学评价等方面的变革。引导和支持教师在教学中广泛运用信息技术，激发学生的学习热情，增强教学的针对性、实效性和吸引力，促进教学质量的提高。

此阶段行动导向教学法在不同专业教学中广泛应用，凸显其与传统教学法的不同（表 1-3）。教育部通过多次召开会议及颁布职业教育教学改革意见，不断加强中职学校的教育教学改革，强调学科体系的教学向行动体系教学转变，加强实习实训环节的教学，各地中职教师从实践层面探索行动导向方法的运用，尝试改变知识灌输、与生产和生活实际联系不紧密、对知识应用、创新精神和实践能力培养重视不够等教学方面存在的问题，通过应用行动导向教学法，学生作为教学活动的中心，以学生主动学习为前提，教师在整个教师活动中扮演的是一个"导演""主持人"的角色，全方位、多角度培养学生从事实际工作的能力。这种教学形式不强调学生任务完成的结果如何，而是通过学生独立或小组协作承担工作任务的过程重点培养学生的独立思考能力、计划能力、决策能力和协调合作能力等。谢延亮（2003）在《中国职业技术教育》发表了"中职专业课程的逆式教学法设计"。南昌第一职业中学胡雪林（2006）在《职教论坛》上发表"'行动导向教学法'在计算机组装与维护专业教学中的应用"，对方法的应用及体会进行了深入分析。上海信息技术学校教师（2009）集体组织编写了《职业教育教学方法》一书，一线教师将多年的职业教育教学经验和教学理论相结合，提炼出十种职业教育教学方法。当然这期间还有其他学校的教师在不同专业上对行动导向教学法的运用进行了有益的尝试，取得了非常好的教学效果。同时，也应该看到，引自德国的行动导向教学法，由于应用的环境和体制不同，还需要进行本土化的改造，特别要结合着课程改革进行应用，才能得心应手。

表 1-3　行动导向教学与传统教学的区别

区别点	行动导向教学	传统教学
教学方式	以学生为中心，以学生活动为主	以教师为中心，以教师讲授为主
组织形式	多以小组合作形式进行，学生尝试新行为方式的空间	多以班级授课形式进行，学生更多的是理解与记忆
学习内容	多维结构复杂的综合问题，与职业实践或日常生活有关，具有工作过程系统化的特征，可促进综合学习	以理论知识为主，学生也通过某些活动获取能力，但其目的是验证或加深对理论知识的理解
教学目标	知识目标和能力目标、素养目标兼顾，即综合职业能力目标的实现	注重知识目标的实现
教师作用	不仅是知识的传授者，更是学生行为的指导者和咨询者	知识的传授者
传递方式	双向传递，教师通过学生活动的成功与否了解其传授的信息多少和深浅状况，便于指导和交流	单项传递，教师示范，学生模仿
参与程度	学生参与程度较深，其结果往往表现为学生的主动学习	学生参与程度较弱，其结果往往表现为学生被动学习
激励手段	激励是内在的，主要是从不会到会，在完成某一任务后通过获得喜悦满意的心理感受来实施	激励是外在的，主要以分数为激励手段
质量控制	是综合的，通过形成性的评价对学生进行全方位综合评价	是单一的，以笔试为主的终结性评价

资料来源：柳燕君. 2014. 现代职业教育教学模式［M］. 北京：机械工业出版社

此阶段职教研究者从理论方面也对专业教学法进行深入的研究与探讨，形成了丰富的研究成果，见表 1-2。刘春生（2002）主编了《职业教育学》，书中按照理论教学、实践教学等对教学方法进行了分类，并逐一说明了各教学方法的内涵、应用条件等。同济大学陈永芳（2007）编写了《职业技术教育专业教学论》一书，该书在研究德国专业教学论的基础上，结合我国国情，介绍专业教学法的概念，分析对技术工人的独特要求，对专业教学论从课程、教学方法和教学评价三方面进行阐述，是系统介绍职业教育专业教学法的首本专著。2009 年，孟庆国主编的《现代职业教育教学论》、张骥祥的《现代职业教育电类专业教学法》、孙爽的《现代职业教育机械类专业教学法》《现代职业教育汽车类专业教学法》，这些著作对各专业的教学设计、教学内容的开发、各类专业课程的教学方法作了深入的分析，在内容的编排上，突出了职业教育职业能力的培养，强调可操作性，不同类的专业教学法教材开始出现。黄艳芳（2010）在其主编的《职业教育课程与教学论》中介绍了职业教育的教学方法分类、应用和教学手段及各种教学方法的教学过程等。邓泽民（2011）在其著的《职业教育教学论》中也介绍了不同的教学方法。赵志群在《德国职业教育的教学法体系》中指出教学法是在一定教学思想的指导下的教学方式、教学方法及教学组织形式的总和。其中还有众多的硕士研究生将专业教学法的研究作为硕士论文的选题，从理论层面进行了深入的研究，在专业教学法理论体系建设中起到了非常重要的作用。2012年，中等职业学校教师素质提高计划中开发70个专业的教学法教材也相继出版，应该说专业教学法体系建设进一步完善，还需要职教师资培养基地对专业教学法课程引起高度的重视，使更多的专业教学法书籍陆续出版。随着2012年职教师资本科专业师资培养项目的研发，也必将推动专业教学法体系化建设。

二、专业教学法的发展趋势

（一）专业教学法理论的"体系化"

我国已经逐渐重视专业教学法在职业教育中的作用，也在不断地尝试引进一些新的专业教学法，在学习国外专业教学法的基础上不断进行本土化改造。可以看出我国职业教育专业教学法已经有了一定的理论基础，但仍然还没有形成属于自己的完整的教学理论体系，在师资培养中并没有将其作为一门独立学科进行讲授。特别是在实践的过程中也遇到一些现实的问题，如教师在运用项目教学时，项目更多是教师选择好的，缺乏学生的参与设计，项目仅作为一门课局部地选用，而没有从整体的课程改革出发，将项目系统化，教师仅重视项目的完成，而忽略了基础知识的掌握；应用过程中缺乏对教学条件、教学环境的总体分析与设计，为了项目教学法而用，缺乏对项目教学应用外部环境要求的掌控。特别是在教学实施过程中，缺乏对中职学生先前学习习惯的认真分析，对于长期习惯被动接受知识、学习态度、学习目标、学习基础比较薄弱的中职生，怎样才能使他们主动学习，使其养成良好的思维习惯，教师很少去考虑，只是为了改革而改革。因此，专业教学法体系建设是一个漫长过程，在借鉴国外先进教学思想的基础上，还要考虑我国的教育文化，应注意吸取传统教学法的长处，结合实际情况来完成项目学习，让学生建构一个系统的、全面的知识框架。如何有效地在教学实践中运用专业教学法，从而丰富我国的专业教学法理论体系，形成适合我国职业教育体系的专业教学法，有待于人们深入研究。

（二）专业教学法的"合作化"

随着职业教育教学改革的深化，专业教学法必将走向合作化，这种合作既体现在理论课与实践课教师间、不同专业课教师间、文化课与专业课教师间等多方合作教学，也包括不同学生间进行小组间的合作学习，还包括教师与学生间教学过程的密切合作与互动。目前，许多中等职业学校都在进行课程和教学改革，特别是2010年6月教育部、人力资源和社会保障部、财政部共同启动实施国家中等职业教育改革发展示范学校建设计划，中央财政投入100亿元，分三批遴选支持1000所中等职业学校深化改革，为全国职业教育改革发展发挥引领示范作用。通过国家中等职业教育示范校建设成果展示平台看这些示范校的成果，许多学校人才培养方案在制订过程中都对学生未来面向的职业岗位需求进行分析，从行动领域来构建学习领域课程方案，由以前倾向学科体系教师转为行动体系教师。由于学习领域涉及许多跨专业的课程内容，对教师个体的要求已不再仅仅是成为某一学科教育的"专家"，而应在与其他教师合作基础上满足综合性"学习领域"授课的需求，既有不同课程教师间的合作，也有理论与实践教师间的合作，特别是在实施项目或是任务教学时，单一教师很难完成几十名学生的现场指导，需要两位以上教师互相配合完成教学。学生间合作学习也将更加紧密，在实际的学习情境中完成项目或任务将以小组为单位，更需要学生间的协作、配合，在协作中充分发挥每个人的优势，使每个人有一个自我设计、自我定位的新空间，彰显个性，才能取得更好的学习效果。在充分体现教与学合作的过程中，专业教学法也无时无刻不体现出鲜明的个性化教学，在针对不同专业的教学中，教师应在掌握教学法特点的基础上，灵活运用各种教学法，从而使学生积极地参与到教学中，有效地激发学习者的学习兴趣。

（三）专业教学法的"技术化"

专业教学法是教学过程的重要组成部分，是为了实现专业教学目标、完成教学任务而在教师与学生之间架起的一座桥梁。教育技术的空前繁荣、多媒体和互联网技术的迅速发展在不断地改变着职业教育专业教学方法和教学组织形式。教师教学中越来越频繁地使用多媒体网络技术，创设学习环境，学生使用互联网技术进行学习，教师与学生间突破时空限制利用网络交流与互动、评价。例如，丰富多彩的多媒体课件可以使教师以交互的方式，将传授的知识以图形、图像、文本、动画、视频、声音等多种媒体形式，经过计算机处理之后表现出来，生动形象，易于理解。更主要的是交互性，使冗长而且抽象的讲授变得简洁和直观，用语言很难说清楚的事情变得一目了然。使学习者可以自由选择适合自己的学习方式，成为学习的主动者。特别是近年来微课、慕课（MOOC）已在职业教育领域广泛应用，2014年在上海成立的中国职业教育微课程及MOOC联盟，是由教育部职业技术教育中心研究所具体指导和参与，同济大学职业技术教育学院、全国中等职业学校校长联席会议、上海景格科技股份有限公司倡导，北京市昌平职业学校等30多所高职、中职院校、研究机构及相关企业共同发起的民间组织，通过各单位间合作深入开展协作研究，提高信息与资源共享水平。通过微课、慕课平台上的共享资源，结合翻转课堂，改变教师与学生角色，采用新的教学方法。2014年国务院还印发了《关于加快发展现代职业教育的决定》，在第十八条明确指出，提高职业教育的信息化水平，支持与专业课程配套的虚拟仿真实训系统开发与应用。虚拟仿真技术应用在教学领域可以使专业学习与生产实践活动有机融合，能够创设学习的最佳环境与情境，践行"做中学"的先进教学理念。

总之，随着多媒体网络技术在职业教育领域的应用，它不仅具有对各种媒体信息处理和人机交互功能，更重要的是利用网络实现了资源共享，提供学生获取知识、技能的新途径，学生的学习方式由单一的课堂学习向多方式多途径方向发展，突破了时空界限，形成一种新型的教学模式，也必将推动专业教学方法改革与发展。

第三节　专业教学法的理论基础

随着 21 世纪"知识化时代"和"学习化时代"的到来,教育工作的重心从传授给学习者显性知识转向塑造学习者的自由人格,职业教育学理论也从传统的"机械教育学理论"向现代化的"进化教育学理论"转变。职业教育专业教学法研究的重点也从传统的探索"生产性教学策略"发展为探索"可能性教学策略",更加注重研究学习情境和学习主体。现代专业教学法的发展是建立在学习理论发展的基础上的。

一、行为主义学习理论

（一）理论基础

20 世纪 60 年代初至 70 年代末,以斯金纳提出的条件反射理论为代表,他认为学习是一个操作性条件反射过程。其基本观点是:以 S-R（刺激—反应）公式作为所有心理现象的最高解释原则;强调学习过程中的外部强化因素;认为通过设计一步步的学习程序与练习,提供及时的反馈就能促使学生某种技能的迅速形成。这一学习理论忽略了人的主观能动性的内因作用及创造性的培养（徐琳,2009）。

（二）行为主义学习理论对专业教学法的影响

斯金纳认为教学的作用就是促使学生去获得文化所要求的必要的言语行为和非言语行为。塑造行为和保持行为强化的方法,在专业教学中也适用。在专业教学中,教师的主要任务有两项:第一,建构体现学习的言语技能和非言语行为的全部技能;第二,依靠诸如"兴趣""热情"或"学习动机"等因素,以保持这些行为的高概率。可见行为主义理论也渗透在专业教学中。

此外,学校在专业课的教学中应及时给予学生刺激。这些刺激主要是言语的刺激,包括描述一些专业性概念和专业技能的要领。专业教学的首要任务是使学生形成种种正确的行为反应并使这些行为反应受各种刺激的控制,即"在刺激控制下引起正确的反应",这也正是行为主义理论要求的教学任务。可见,行为主义理论对专业教学法有重要的指导意义,为学生专业性概念和行为方式的形成提供了理论依据。

二、认知主义学习理论

（一）理论基础

20 世纪 70 年代末至 80 年代末,与行为主义相反,认知主义强调经验,认为它是一个整体并具有特定的内在结构,学习就是通过认知重组把握这种结构,是一个"刺激—重组—反应"的过程。其基本观点:强调学习是通过对情境的领悟或认知而形成认知结构;主张研究学习的内部过程和外部条件;强调人的认知是由外部刺激和认知主体心理过程相互作用的结果。根据这一理论,把学习解释为个体根据自己的态度、需要、兴趣和爱好并利用过去的知识和经验对当前的学习内容作出主动的、有选择的信息加工过程,强调培养学生解决问题的能力和学习能力（徐琳,2009）。

（二）认知主义学习理论对专业教学法的影响

认知派学习理论家认为，学习在于内部认知的变化，学习是一个比 S-R 联结要复杂得多的过程。他们注重解释学习行为的中间过程，即目的、意义等，认为这些过程才是控制学习的可变因素。认知派学习理论为专业教学法提供了理论依据，丰富了教育心理学的内容，其中对专业教学法的影响表现在如下几个方面：①专业教学中越来越重视人在学习活动中的主体价值，充分肯定了学习者的自觉能动性。②强调认知、意义理解、独立思考等意识活动在专业学习中的重要地位和作用。③重视学习者在专业学习活动中的准备状态。即一个人学习的效果，不仅取决于外部刺激和个体的主观努力，还取决于一个人已有的知识水平、认知结构、非认知因素。准备是任何有意义学习赖以产生的前提。④重视强化的功能。由于认知学习理论把人的学习看成是一种积极主动的过程，在专业学习中，教师应重视学习者内在的动机与专业学习活动本身带来的内在强化的作用。⑤主张学习者的专业学习的创造性。布鲁纳提倡的发现学习论就强调学生学习的灵活性、主动性和发现性。在专业学习中同样要求学生自己观察、探索和实验，发扬创造精神，独立思考，改组材料，自己发现知识、掌握原理原则，提倡一种探究性的学习方法。强调通过发现学习来使学生开发智慧潜力，调节和强化学习动机，牢固掌握知识并形成创新的本领。

三、建构主义学习理论

（一）理论基础

建构主义起源于瑞士心理学家皮亚杰所创立的儿童认知发展理论。国外对建构主义思想的集中研究始于 20 世纪 80 年代后期，形成了有关认知与学习的六种不同的建构主义流派。20 世纪 90 年代中期，建构主义思想被引入中国，在教育理论界产生了强烈反响，随着多媒体计算机和网络教育应用的飞速发展，建构主义愈来愈显示出其强大的生命力，对当前教育改革和信息技术教育有重大的现实意义（徐琳，2009）。

主要观点：知识不是通过教师传授得到，而是学习者在一定的情境即社会文化背景下，借助他人（包括教师和学习伙伴）的帮助，利用必要的学习资料，通过意义建构的方式而获得。教师角色的转变，即由知识的传授者转变为学生主动意义建构的指导者。学生获得知识的多少取决于学习者根据自身经验去建构有关知识的意义的能力，而不取决于学习者记忆和背诵教师讲授内容的能力。由于学习是在一定的情境即社会文化背景下，借助其他人的帮助即通过人际间的协作活动而实现的意义建构过程，因此建构主义学习理论认为"情境""协作""会话"和"意义建构"是学习环境中的四大要素或四大属性。建构主义学习理论和学习环境强调以学生为中心，要求学生由外部刺激的被动接受者和知识的灌输对象，转变为信息加工的主体、知识意义的主动建构者。在教学评价中，建构主义更关注真实任务解决过程的评价，更重视学生知识建构过程的评价。任务驱动教学的多元化、开放性和全面性的评价，比较符合建构主义教学评价精神。

（二）建构主义学习理论对专业教学法的影响

在专业教学中，依据建构主义的基本理论观点，构建有利于中职学生学习的环境是非常重要的,这就需要教师设计真实的任务,或是选取学习领域内更贴近生产生活的情境,强调学生知识运用能力的培养,每个任务要整合多重的内容和技能,提供新旧知识联系的线索或是学习资源,让学生利用小组交流教师提供的学习资源,通过意义的建构将已有的知识、经验反复地相互作用,主动探索学习,丰富和改造自己的知识和经验。教师在组织过程中,要注重激发学生的学习兴趣,通过合理分组,开展协作学习,适当、适时提出问题引发学生思考,使学生养成良好的思维习惯,启发诱导学生发现规律,进行反思性学习。

四、行动导向学习理论

(一)理论基础

行动导向学习理论源于改革教与学理论,它的基础是20世纪70年代以来德国职业学校和职教企业教学实践的变化及德国职业教育界对原有学科系统性教学和范例教学活动的批判性认识。其与认知学习有紧密联系,都是探讨认知结构与个体活动间的关系。但行动导向学习强调以人为本,认为人是主动、不断变化和自我负责的、能在实现既定的目标过程中进行批判性的自我反馈,学习不再是外部控制,而是自我控制的过程。在现代职业教育中,行动导向学习的目标是获得职业能力(徐琳,2009)。

行动导向学习理论的主要观点:教学内容属于非学科体系的,与职业实践尤其是工作过程紧密相关,通过分析工作过程、工作对象、工作领域所需的职业能力,根据其能力要求转化为学习领域课程,形成培养职业能力的课程结构;学生自己组织学习,从信息的收集、计划的制订、方案的选择、目标的实施、信息的反馈到成果的评价,学生参与实际问题解决的整个过程,相互合作、共同参与、讨论解决实际问题;多形式教学方法交替使用;教师是学习过程的组织者、咨询者和指导者。

(二)行动导向学习理论对专业教学法的影响

行动导向学习理论要求教师在专业教学过程中,完全遵循完整的行动模式,围绕教学任务或单元,设计出一个个环境及活动,一个个项目、技术及方法,并使所有学生共同参加讨论需要学生解决的问题,使每个学生获得不同的角色,成为活动中的主人,增强学生的内心体验,激发学生学习动机与愿望。以关键能力开发为目标,学生是整个项目或任务分析、设计、实施、检查、评价各环节的行动者,学生的脑、心、手等多种感官被充分调动起来,师生之间的关系在合作中双向互动,"教—学—做"融为一体,改变传统的传授知识和接受知识的关系,学生的全程参与,教师多方位的辅导、个性化的辅导更好地激发每个学生的学习动力,学生最后要制作具有使用价值的行动成果,这种成果因专业不同,可以是物质的,也可以是非物质的,形式要求多样化。

五、加德纳多元智能理论

(一)理论基础

多元智能理论是美国心理学家霍华德·加德纳教授在20世纪80年代提出的,近几十年来已经广泛应用于欧美国家幼儿园和小学层面,并正在逐步向中等和高等层面推广。主要观点:每个个体身上独立存在着与特定认知领域或知识范畴相联系的多种智能,他们分别是逻辑智能、数理智能、言语语言智能、音乐节奏智能、视觉空间智能、身体动觉智能、人际社交智能、自知内省智能和自然观察智能，每个个体的智能结构是不同的，因此显现出来的智力类型也不同。传统的智能差异理论的智商测验，主要集中在受社会、文化尤其是学校环境侧重的语言和数理逻辑能力上，而忽视了对人类和个体生存发展同样重要的其他能力，智能测验的分数对于学校以外潜能无法进行很好的预测。人类的各项智能通常相互影响，每个人的聪明智慧表现在各个方面，在特定的领域里没有判断聪明与否的标准特质。例如，一个人可能不认识字，但他的语言智能很高，能生动地讲故事或词汇表达非常丰富，也就是大多人只能在一两个智能方面表现出色（上海信息技术学校，2013）。

（二）多元智能理论对专业教学法的影响

加德纳认为学生与生俱来就各不相同，他们都没有相同的心理倾向，也没有完全相同的智力。但学生都具有自己的智力强项，自己的学习风格，教学如果考虑这些差异，考虑学生个人的强项而不是否定或忽视这些强项，并以最大程度的个别化方式来进行教育，那么，教育就会产生最大的功效。多元智能理论所倡导的教学观是一种个性化的、因材施教的教学观。每个学生都具有在某一方面或几方面的发展潜力，只要为他们提供合适的教育和训练，每个学生的相应智能水平都能得到发展。因此，教育应该为学生创设多种多样的、有利于发现、展现和促进各种智能的情境，为学生的学习提供多样化的选择，使学生能扬长避短，激发潜在的智能，充分发展个性。在注重全面发展学生的各种智能的基础上，应更加注重个性的发展，将"全面发展"与"个性发展"有机地统一起来，教学就是要尽可能创设适应学生优势智力领域发展的条件，使每个学生都能成才。由于不同的智力领域都有自己独特的发展过程和所依托的不同符号系统，因此不同的教学内容需要运用不同的教学技术，以适应不同的智力特点。即使是相同的教学内容，针对每个学生的不同智力特点、学习风格和发展方向，教学也应当采用丰富多样的、适应性的、有广泛选择性的教学技术。由于学生智力表现的多样性和复杂性，不可能找到一种适合所有学生的教学方法。教师应当根据教学内容、学生的智能特点、学习风格和发展方向，选择和创设多种多样的、适宜的教学技术，与学生的优势智能倾向和喜好的学习与发展偏向结合起来，从而有效地促进学生发展。

第二章 设施农业生产技术专业教学法选用基础分析

专业教学法是专业教学论领域的一个重要范畴，同样的教学内容，不同教师的教学效果差异会很大，出现这种现象的原因，除了与教师的知识水平和教学态度的差异有关外，关键是专业教学方法的运用。每一种教学方法都有一定的使用范围和局限性，特别是职业教育的专业教学法与职业领域的生产技术变革、劳动组织方式紧密相关，两者共同影响着职业教育的内容及实施。职业教育通过实施工作型学习任务，采用在工作中学习的方式来主动推动技术开发与设计及劳动组织的变革与创新。因此，专业教学方法在运用时会受到学生、教学条件等诸多因素影响和制约，正确地分析教学前教学环境及条件，将会使教学方法运用得当，起到事半功倍的效果。

第一节 设施农业的发展与职业特点

"设施农业"一词是由"设施园艺"发展而来，而设施园艺是从日语中翻译过来的，西方国家没有明确对应的名词。目前所提出的"environment controlled agriculture"（ECA）在含义上与之比较接近。而"greenhouse""plant factory"都是设施农业中的一部分，在我国也有称"工厂化农业"的。由于"设施园艺""设施畜牧业""设施水产业""设施栽培"等相继沿用，作为一种新的农业生产类型，设施农业随之产生。

广义的设施农业包括设施种植和设施养殖。实际上设施农业就是利用农业工程手段，通过现代设施实现部分人工控制环境的种植业和养殖业。狭义的设施农业仅指设施种植业即植物的设施栽培，通常所说的设施农业一般指狭义上的设施农业。本教材的设施农业主要指设施园艺植物栽培，不涉及设施动物养殖内容。

一、中国设施农业的发展

设施农业在我国发展较早，经历了从简单的、粗放的生产经营到复杂的、规模化的科学生产管理，按照时间顺序及所用设施及技术发展变化，我国设施农业可以大致分为以下几个阶段。

（一）利用原始简易设施和传统技术进行园艺植物栽培

利用原始简易设施和传统技术进行园艺植物栽培为新中国成立以前的形式，我国是设施栽培起源较早、历史悠久的国家。据《汉书·召信臣传》记载："太官园种冬生葱、韭、菜、菇，覆以屋庑，昼夜燃蕴火，待温气乃生。"这段叙述比较详细地记载了生产场所、加温方式和种植作物，说明我国在2000多年前已使用温室（温室的雏形）栽培多种蔬菜。到了唐朝，温室种菜又有了发展。

唐朝诗人王建有诗："酒幔高楼一百家，宫前杨柳寺前花。内院分得温汤水，二月中旬已进瓜。"诗中记载了唐朝利用温泉的热水在温室内进行早熟瓜类栽培的情况。宋朝是保护地发展史上的一个重要的转折时期。由于汴京（今河南开封）市场对观赏花卉的需要大增，花卉栽培技术趋于精细，保护地栽培技术在花卉种植上得到应用并有了很大发展，其中最著名的，是南宋临安（今浙江杭州）马塍所创造的堂花术："凡花之早放者名曰堂花，其法以纸饰密室，凿地作坎，缏竹置花其上，粪土以牛溲硫磺，然后置沸汤于坎中，少候，汤气熏蒸，则扇之以微风，盎然盛春融淑之气，经宿则花放矣。"这里提到的"纸饰密室"后来被逐步改进发展成纸窗温室。元朝王祯《农书》中记载韭菜："至冬移根，藏于地屋荫中，培以马粪，暖而即长……"又说："就旧畦内，冬月以马粪覆之，于向阳处，随畦用蜀黍篱障之，遮北风，至春，疏其芽早出。"证明当时已经有囤韭、阳畦和风障栽培韭菜的技术。明清时期，为宫廷提供鲜花已成为北京地区保护地生产的任务之一，利用火室、火坑、风障畦种菜也较为普遍。明朝王世懋在《学圃杂疏》中写道："王瓜，出燕京者最佳，其地人种之火室中，逼生花叶，二月初，即结小实，中官取以上供。"说明 400 多年前，北京已经利用温室进行黄瓜的促成栽培（科学技术部中国农村技术开发中心组，2006）。

民国时期，国外先进的园艺设施建造和栽培技术如烟囱热温床、水管热温床、电热温床、玻璃加温温室在一些园艺试验场得以应用。

到中华人民共和国成立之前，包括地面覆盖、风障、阳畦、温床和温室等多种类型的简单保护地生产和供应体系已经初现端倪。

这一阶段，我国劳动人民在长期的生产实践中积累了丰富的经验，完成了保护地生产从无到有的飞跃，创造了许多类型的栽培方式和栽培技术，形成了简单的保护地生产体系，具备了进行反季节生产的能力。但保护地产品仍然是少数人才可以消费的奢侈品，没有广泛的市场，生产者对这项带有专利特点的技术秘不外传。保护地栽培技术也从未得到统治者的重视，无法得到进一步的发展，因此，这项技术仅在北京等经济条件较好的地区得以保存。

（二）传统保护地栽培技术的总结推广

20 世纪五六十年代传统保护地栽培技术得以总结推广。

1. 背景与特点　　中华人民共和国成立后，人民生活水平不断提高，普通老百姓对反季节蔬菜也有了需求。蔬菜周年供应问题被列入国家制定的 1956~1967 年的 12 年科学技术发展远景规划中蔬菜研究的中心问题，标志着政府开始介入并成为设施园艺发展的重要推动力量。

为了尽快推广保护地栽培技术，1956 年，农业部组织全国各地 25 个单位的蔬菜干部 33 人，组成北京市郊区蔬菜栽培技术调查组，对京郊蔬菜栽培技术进行了全面调查。这是国家第一次有组织、有计划地开展保护地栽培调查总结工作，堪称新中国保护地生产发展的开端，同时也带动地方政府开展对本地保护地生产技术的总结和推广。通过这次调查，调查者编写了《北京市郊区阳畦蔬菜栽培》和《北京市郊区温室蔬菜栽培》等调查报告，系统地介绍了阳畦和温室的发展演变历史，总结了其施工、管理等方面的经验。这些宝贵经验被迅速推广到全国，许多地方是从无到有，并在短期内达到一定水平，全国保护地栽培面积迅速增加。

1958 年塑料薄膜覆盖在蔬菜生产上的成功应用，以及 1963 年塑料薄膜实现了国产化，加速了保护地栽培发展。保护地栽培技术从少数地区推广到全国，从属于个人的特殊技艺发展为社会生产力。

到20世纪60年代末，形成了以补充淡季蔬菜供应为主要生产目的，由简易覆盖、风障、冷床、温床、塑料棚、少量玻璃温室等组成的保护地生产体系，在当时的技术水平下，最大限度地满足了市场的需要。

2. 设施类型 　　根据设施选用的材料、结构等不同，可将设施分为：①地面覆盖。包括草帽覆盖、瓦盆覆盖、纸罩覆盖、草席覆盖等。②风障、阳畦、温床。常用于春早熟、秋延后栽培。玻璃，特别是塑料薄膜的应用，使阳畦的采光性、保温性得到不断优化，冬季可栽种耐寒性强的绿叶蔬菜。③加温温室。在传统纸窗温室的基础上有所改进，采光面由一面坡纸窗发展成有天窗和地窗等两折式的玻璃温室。东北等工业发达的地区，学习苏联经验，对利用热水、蒸汽、热风等工业余热加温的大型连栋温室进行了尝试。④塑料中小棚。这是本时期发展最快的设施类型。

3. 栽培技术 　　此时期的栽培技术，如水肥、植株管理、病虫害防治等基本上是参照露地栽培技术措施，以经验为主，但对保护地栽培技术的研究逐步由定性转向定量，技术措施中的数量关系已经受到关注。栽培技术主要包括：①光照环境的调控，通过温室的建造方位、前后屋面的倾斜角度来调整。②温度的调控，主要是通过通风、煤火加温及覆盖草苫、蒲席进行。③湿度的调节方法，主要是通风、喷水。④设施内CO_2浓度亏缺问题引起注意，进行CO_2施肥的效果在理论上已得到肯定。⑤品种方面，一般选用早熟、抗性强、高产的露地品种，没有专用品种。栽培作物以高产值的蔬菜为主。

（三）设施园艺生产体系初步形成

20世纪七八十年代，设施园艺生产体系初步形成。

1. 背景及特点 　　改革开放后，人民生活水平提高很快，反季节蔬菜成为百姓的日常所需，消费量大增。1985年，国家放开了蔬菜的经营，蔬菜产销体制由计划经济向市场经济转轨。1988年，国务院批准实施"菜篮子工程"，蔬菜生产再次受到高度重视。这一系列的变化极大地提高了生产者的积极性，设施园艺生产向区域化、规模化、专业化方向发展。

科学技术是这一时期设施园艺发展的重要推动力量。"六五"科研项目之一"热浸镀锌钢管装配式塑料大棚研究设计"的启动，标志着设施园艺相关技术的研究受到政府重视。塑料大棚工厂化生产的成功实现，推动塑料大棚在我国大面积推广。"七五"期间，"设施农业栽培技术的研究"被列为农业部重点课题，课题组首次组织生物、环境和工程三方面的科技人员协同攻关，加快了设施园艺总体水平的提高。

传统园艺设施经过不断改进，其优势在这个阶段被最大限度地发挥，特别是日光温室的出现，推动中国设施园艺业走出了一条具有中国特色的健康的发展道路。园艺设施的数量和质量都有较大提高，生产适应性大大增强，设施栽培面积迅速扩大，消费的经常性和生产的季节性的矛盾基本得到解决。到20世纪80年代末，形成以塑料拱棚为主体，与风障畦、地膜覆盖、温室等设施相互配套的设施园艺生产体系，达到了蔬菜周年均衡供应的生产目的。

2. 主要设施

（1）塑料大棚　　1965年，中国第一栋塑料大棚在吉林长春建成，占地$0.07hm^2$，进行黄瓜早熟栽培，取得了较好的经济效益和社会效益。

20世纪70年代中后期，农业部多次组织专家对全国各地大棚的结构性能、栽培技术、环境控制技术进行了优化改进，使塑料大棚得到广泛应用并进入第一个发展高峰期。

进入20世纪80年代，大棚结构不断优化，由竹木结构向钢结构、钢竹混合结构、镀锌钢管装配式结构发展。镀锌钢管装配式结构大棚造价较高，但由于它具有重量轻、强度好、耐锈蚀、易于安装拆卸、中间无柱、采光好、作业方便等特点，同时其结构规范标准，因此极具发展潜力。耐候性、透光性、流滴性和保温性好的功能性棚用薄膜的成功开发，使塑料大棚建造和栽培技术得到进一步提高，促使塑料大棚生产从中国北方向南方发展，逐渐普及全国，推动我国塑料大棚进入第二个发展高峰期。

（2）日光温室　　这是20世纪80年代中后期以来发展最快、最具中国特色的设施类型。早在20世纪30～50年代，中国辽宁南部和北京等地区已开始尝试在冬季利用不进行人工加热的日光温室生产新鲜蔬菜。20世纪80年代中期以来，科研人员从采光和保温角度出发，对原有日光温室的建筑结构、环境控制技术和栽培技术进行了全面的改进，使得在中国北纬32°～41°乃至43°的寒冷地区，在完全不用人工加热或进行少量补充加热的温室内，实现了在寒冬季节生产喜温果菜，这是我国温室蔬菜栽培史上的重大突破。

（3）地膜覆盖技术　　20世纪70年代中期，一些科研单位开始用塑料薄膜进行地面覆盖的试验研究。20世纪80年代，国产地膜覆盖机首先在黑龙江伊春农机所仿制成功，之后在黑龙江、辽宁、山西、新疆、北京、江苏等省（自治区、直辖市）研制出了一批人力、畜力牵引和拖拉机配套的单一覆膜机、作畦覆膜机、旋耕覆膜机和播种覆膜机。随着地膜覆盖技术的普及和应用面积的迅猛增长，许多特殊功能性地膜，如除草膜、避蚜膜、反光膜、切口膜、微孔膜及可降解膜等应运而生，加之多种型号的覆膜播种机的成功研制，基本能满足不同地域地形、不同作物、不同生产规模等多方面的要求。

（4）连栋温室　　1977年，北京玉渊潭公社建成我国自行设计、建造的第一座屋脊型连栋温室，标志着我国温室业向大型化、现代化迈出了关键的第一步。

1979年开始，我国拉开了引进国外现代化温室的序幕，到1987年的9年间，先后从6个国家引进24套。这些温室包括了通风系统、加温系统、保温（遮阴）系统、湿帘降温系统、灌溉系统、CO_2施肥系统、监测与控制系统、计算机管理系统及屋面玻璃冲洗装置等其他附属设施，内部设施比较完备，基本上能实现自动控制。引进温室从经营角度看是不成功的，但其积极的推动和示范效应不可忽视。通过引进，人们对现代化温室的性能特点及其在我国的适应性有了一定的了解，促进了我国温室制造业的起步和发展。

3. 栽培技术　　由于大型、固定保护设施的广泛应用，生产上出现了一些新的不同于露地栽培的问题，如低温弱光、土壤连作障碍、品种适应性等，针对这些问题，栽培管理技术进行了多方面的改进。

（1）光环境的调节　　主要通过屋面角度与方向来调节光的射入量，也利用反射光来增加室内光照度。利用补光、遮光措施调节光照时间与强度的理论研究增多，但生产上较少应用。

（2）温度调节　　保温措施增加了室内防寒和室外防寒等多重覆盖、室内保温幕、室内小拱棚等方法。实行昼夜变温管理，不仅节约能源、增加产量，还有改善品质的效果。

（3）湿度调节　　主要是通风，也可利用可以排出水分的吸湿物质来调节。

（4）气体调节　　对 CO_2 的生理影响及施用效果有了深入的研究，黄瓜、甜瓜、茄子、番茄等蔬菜的保护地 CO_2 施肥浓度有了一个比较明确的范围，对 CO_2 施肥方式也做了不少探索，但大面积应用不多。

（5）土壤消毒　　土壤热处理消毒方法中最有效的是蒸汽消毒，但由于成本问题应用极少，比较常用的方法是药剂消毒。

（6）专用品种的培育　　选育了一批适应性强、早熟、抗病、丰产的适于设施栽培的新品种，但生产上仍以与露地兼用品种为主，专用品种少，对产量考虑得多，对质量研究得少。

（四）具有中国特色的设施园艺生产体系形成

20 世纪 90 年代以后，具有中国特色的设施园艺生产体系形成。

1. 背景及特点　　进入 20 世纪 90 年代，市场对优质蔬菜、水果、花卉的需求量增加。设施园艺生产的目的，由满足数量型周年均衡供应转向追求质量、效益。与设施园艺工程有关的科研得到进一步加强，如"九五"期间科技部设置了"工厂化高效农业示范工程"，"十五"期间又设立了"工厂化关键技术研究与示范"等攻关项目，同时又首次列入"863"高技术领域研究项目，1998 年，"设施园艺高产优质的基础研究"被列为国家自然科学基金委的重点项目，反映出我国设施园艺工程科技水平已上了一个新台阶。

这个阶段园艺设施的科技含量明显增加，开始向较高水平发展。业界专家在寻找适合中国国情的发展道路上做了艰苦的探索和不懈的努力，走出了一条具有中国特色的、节约成本、节约能源的发展道路。至 1999 年底，全国以蔬菜栽培为主体的设施园艺面积已居世界第一。园艺设施的规模进一步提高，空间上向南方发展，时间上向夏季延伸。日光温室、塑料大棚等大型设施的比重明显加大，形成了北方以塑料大棚和高效节能日光温室栽培为主，南方以塑料中小棚、遮阳网栽培为主的具有中国特色的设施园艺栽培体系。

2. 主要设施类型

（1）节能型日光温室　　20 世纪 90 年代，农业部全国农业技术推广总站组织北方一些省（自治区、直辖市）的研究机构，从结构性能、作物种类、地域气候、优质高产等方面对日光温室进行进一步的适应性开发研究。中国农业大学、中国农业工程设计研究院、农业部全国农业技术推广中心及各省（自治区、直辖市）的研究人员，对日光温室的结构性能进行了全面总结，完善了节能型塑料日光温室的采光、防寒保温结构设计理论，提出并验证了优化采光原理，制订出节能型日光温室设计参数、不同灾害性天气的抗灾减灾措施、作物优质高产高效栽培技术规范等。经过不断探索、研究和改进，节能日光温室的各种性能有了明显的改善，生产适应性大大增强，生产效益明显提高。1984～1999 年，节能温室由 300hm^2 扩大到约 20 万 hm^2，年均增长 44.38%，显示出强大的生命力。

（2）无土栽培　　山东农业大学、华南农业大学、中国农业大学、南京农业大学及中国农业科学院蔬菜研究所等单位，分别进行了无土栽培设置形式、基质理化性质、营养液膜栽培技术（NFT）及营养液配方等方面的研究，先后研制出了"鲁 SC-I 型"番茄无土多层栽培设置配套形式、水泥砖结构深液流水培装置、蔗渣或其他基质的袋培和槽培营养液滴灌种植系统,为无土栽培技术从试验研究阶段跨向商品化生产阶段奠定了良好的基础。

20世纪90年代,重点研究推广实用、高效的无土栽培系统,开发出符合国情的,具有高效、节能、节约成本特点的简易槽式基质培、简易营养液膜技术、浮板毛管水培(FCH)、有机生态型基质培系统和水泥砖结构深液流水培技术等系列成果。

(3) **连栋温室** 20世纪七八十年代,我国自行设计建造的温室,以及1979～1994年的15年间,从国外引进的总面积约为20hm^2的现代化大温室,都没有经受住生产实践的考验,除个别能勉强维持外,几乎都是失败的。

1995年以来,以各类示范农场的建设为契机又掀起了第二次引进现代化温室的高潮,在短短的5年时间内,全国引进温室面积已超过200hm^2,是前15年的近10倍。这一次不仅引进了温室骨架设备,而且引进了专用品种、栽培技术乃至技术管理专家。通过引进、消化、吸收,我国的现代化温室在20世纪90年代后期有了很大进步,同时也带动了中国温室产业的形成和发展,从温室骨架、覆盖技术、加热系统、灌溉系统、技术管理等方面掀起了全方位的国产化浪潮,大大降低了国产温室的成本。

(4) **工厂化育苗** 1985年,北京首先从美国及欧洲共同体(简称"欧盟")引进了几套育苗机械和设备,建立了中国第一批蔬菜育苗工厂。经过几年的消化吸收,随着设施栽培面积的不断扩大,工厂化育苗逐渐成熟,在20世纪90年代后期有了一定的发展,对设施农业的发展和总体水平的提高起到了重要的推动作用。

(5) **遮阳网覆盖** 20世纪80年代初,一些学者将国外的现代遮阳降温覆盖材料——遮阳网,带回国内进行试验研究,收到显著的效果。80年代中后期,国内自行研制成功遮阳网并开始应用于夏季覆盖栽培,其后又试制成功高强度、抗老化、耐候性强的遮阳网,建立了遮阳网防高温、暴雨、冰雹、热带风暴和台风的设施栽培技术体系,基本上解决了南方夏秋淡季蔬菜生产和培育秋菜壮苗的难题。

(6) **防虫网覆盖** 防虫网覆盖栽培采用物理防治技术,可大幅度减少农药用量,是无公害生产的一项重要技术措施,适用于蔬菜生长期内全过程覆盖(可用于大、中、小等各式棚架覆盖),还具有抵御暴雨冲刷、冰雹袭击等作用。

(7) **植物工厂** 是一种高度专业化、现代化的设施农业。与温室生产不同在于,植物工厂完全摆脱大田生产条件下自然条件和气候的制约,应用近代先进设备,完全由人工控制环境条件,全年均衡供应农产品。目前,高效益的植物工厂在某些发达国家发展迅速,初步实现了工厂化生产蔬菜、食用菌和名贵花木等。美国正在研究利用植物工厂种植小麦、水稻及进行植物组织培养和快繁、脱毒。由于这种植物工厂的作物生产环境不受外界气候等条件影响,蔬菜如生菜种苗移栽2周后,即可收获,全年收获产品20茬以上,蔬菜年产量是露地栽培的数十倍,是温室栽培的10倍以上。此外,在植物工厂可实现无土栽培,不用农药,能生产无污染的蔬菜等。目前,世界上只有28个植物工厂,由于设备投资大,耗电多(占生产成本一半以上),因此研究降低成本是今后的主要课题。

(8) **农业物联网** 物联网实时自动采集温室内环境参数和生物信息参数,通过物联网智能灌溉控制系统进行灌溉控制;通过智能化施药系统,提高药液的附着,减少损失和污染;通过智能施肥系统,实现水肥一体精准施入,提高肥料利用率,实现对土壤水分的精确控制。

3. 栽培管理技术 适应本时期设施类型向大型化、固定化、现代化和周年利用方向发展，栽培管理技术有以下变化。

（1）环境调控 光环境调节，较多地应用遮光及反光措施来调节光照度和时间，在花卉设施栽培中开始利用补光措施。温度调节，应用中空复合保温墙体、中空塑料板材、双层充气薄膜等保温覆盖材料。使用湿帘-风机降温、蒸发冷却法来降低环境温度，理论上也可利用屋面流水降温法，但在实际生产中很少应用。湿度调节，主要是通风排湿，个别实验温室采用吸湿材料，降低设施内的空气湿度。夏季高温、干燥时，采用喷雾加湿、湿帘加湿等方法增加空气湿度。

（2）专用品种的选育 针对冬季保护设施内的低温弱光环境，研究人员深入研究了黄瓜、番茄、甜椒等主要作物的生态生理，初步摸清了在低温弱光逆境中，喜温果菜的光合作用特点、光合产物的累积、运输与分配规律，为提出相应的逆境对策和设施专用品种选育，提供了理论依据。重点选育番茄、黄瓜、甜椒等适于节能型日光温室、塑料大棚用的专用新品系和新组合。示范推广了一批适合我国国情的，具有低温弱光下生长势强、抗病性强、品质好、产量高等特点的设施蔬菜专用品种，全面提高温室作物的产量和品质（表2-1）。

表2-1 设施蔬菜主要育种单位及品种系列

种类	选育单位	主要品种
黄瓜	中国农业科学院蔬菜花卉所，北京蔬菜研究中心，天津市农业科学院，上海市农业科学院等	津春系列品种，中农系列，京研系列，沪杂系列等
番茄	中国农科院蔬菜花卉所，北京蔬菜研究中心，辽宁省农业科学院，浙江省农业科学院，沈阳农业大学等	中农系列，京研系列，辽园系列，浙杂系列，沈农串番茄系列等
辣椒	湖南省农业科学院，中国农业科学院，北京蔬菜研究中心，沈阳市农业科学院	湘研系列，中农系列，京研系列，沈椒系列等

（3）CO_2施肥技术 CO_2发生装置进入大规模实用阶段，方法主要有硫酸与碳酸氢铵反应式、燃煤式、液化气燃烧式、瓶装液态CO_2等。

（4）种植作物 种植结构得到不断的调整，除名、特、优、新蔬菜和花卉外，设施果树栽培从无到有，有了一定的发展。

（5）作业机械化 微型耕整地机械、育苗栽植机械、播种机械、植保机械、灌溉施肥设备、电动机械卷帘设备在设施内广泛应用。

（6）技术体系、规程与模式 建立了连栋温室番茄和黄瓜高产优质安全生产技术体系，年最高产量分别达 40.7kg/m^2、38.3kg/m^2，提高60%以上；研制出日光温室黄瓜、番茄、辣椒、甜瓜、茄子全季节节能高产优质安全生产技术规程；黄瓜和番茄最高产量分别达 31.2kg/m^2、33.4kg/m^2，提高一倍以上；建立了温室番茄"树式"观赏栽培模式，中型果单株14 000余个，小型果单株25 000余个。

二、设施农业生产技术变化迫切需要技能型人才

根据以上分析，可知我国农业和农村正发生重大而深刻的变化，农业正处于由传统向现代化转变的关键时期。发展设施农业是突破传统农业瓶颈的重要途径和关键环节，

也是提升现代农业发展水平的重要途径，更是实现农业可持续发展的理性抉择和根本出路。设施农业，是在环境相对可控条件下，采用工程技术手段，进行动植物高效生产的一种现代农业生产方式。设施栽培是露天种植产量的3.5倍，发展设施农业是解决我国人多地少制约可持续发展问题的最有效的技术工程。2012年我国设施农业面积已占世界总面积的85%以上，其中95%以上是利用聚烯烃温室大棚膜覆盖。我国设施农业已经成为世界上最大面积利用太阳能的工程，绝对数量优势使我国设施农业进入到量变质变转化期，技术水平越来越接近世界先进水平。

生产技术的智能化、机械化、规范化对从业人员的技术技能水平需求越来越高。从目前的设施农业生产的基本情况可以看出，由于设施农业中的温室、大棚具有一定程度的密闭性，作物生长发育和管理技术与露地有很大的差异，对作物的授粉等产生不利影响，却给病虫害发生创造了有利的条件。设施农业生产者如果不能掌握先进的生产管理技术，就会造成生长结果不良、病害发生严重，减产减收，制约农产品生产过程的无公害化，致使产品经济效益受到影响，制约设施农业的发展。特别是要实现农产品的周年生产，达到高效、安全、绿色、优质的集约化生产方式，有效提高土地产出率、资源利用率和劳动生产率，设施生产技术不断的智能化、机械化，农产品的生产朝着无公害化、标准化方向发展，对从业人员的基本素质要求越来越高。但作为从事设施农业的主体，农民整体素质与现代农业发展需要仍然存在一定差距，2006年，农民平均受教育年限只有7.8年，大专以上文化程度仅占1.06%，高中和中专仅占12.62%，初中占52.22%，小学占27.23%，文盲半文盲占6.87%。而美国农民高中毕业生比例在20世纪70年代就已经达到了37%，大学毕业比例达5.3%。现有的农业技术员明显不足，发展和经营设施农业的人力资源严重短缺，架起农业科研成果与农业生产桥梁的农业科技推广人员学历层次也普遍偏低，设施农业的科研成果大多停留在实验室。在美国，接近一半的县级农业科技推广人员有硕士学位，具有博士学位的高学历人才也占有一定的比例。然而我国，截至2007年，基层农业科技推广机构编制内人员中，具有大专及以上学历的占45.9%，有专业技术职称的占59.7%，特别是2003年以来，我国60%的基层农业推广机构很少或几乎没有农科院校毕业生进入，这不仅导致我国基层农业科技推广人员的学历层次难以提高，而且造成了推广队伍的人员老化，青黄不接，懂农业科技理论又会实践操作的精兵强将更是严重缺乏。

三、设施农业组织方式变化对从业人员的要求

（一）由集体制转向以农户为基础的农作制度，"靠经验"盲从生产

从1958年人民公社化以来，中国农业生产队体制的组织形式长达约20年，在这一体制下，按劳动者每天完成的工作来评定工分，年末，生产队的净收入在扣除国家税收、公共福利金等后，按每个人在一年里累计的工分进行分配。由于农业生产的特殊性，对农业劳动的监督极其困难，一个农民不管他实际的劳动质量与数量，每天的工作都获得同样固定的工分，平均的收入分配导致劳动的激励低下，生产率也处于停滞状态。

1978年末，安徽少数位于经常受洪旱之害地区的生产队，首先是秘密地，而后在地方政府同意后开始尝试将土地、其他资源及产出定额承包给单个农户，一年后这些队的

亩产远远高于同样地区的生产队。但"包产到户"是个出现频率很高的词汇，也是常被质疑和批判的。即使在小岗村获得丰收的1979年，批评"包产到户"的声音也是不绝于耳。可喜的是，1980年5月31日，邓小平在一次重要谈话中公开肯定了小岗村"大包干"的做法。当时国务院主管农业的副总理万里和改革开放的总设计师邓小平对这一举动表示的支持传达了一个明确的信息，农村改革势在必行。1982年1月1日，中国共产党历史上第一个关于农村工作的一号文件正式出台，明确指出包产到户、包干到户都是社会主义集体经济的生产责任制。此后，我国政府不断稳固和完善家庭联产承包责任制，这是农村生产关系的重大调整，使农民有了经营和劳动上的自主权，发挥了小规模经营的长处，克服了过去经营管理过分集中、生产瞎指挥和无人负责，以及分配上的平均主义等弊病。鼓励农民发展多种经营，极大地调动了亿万农民的生产主动性、积极性、创造性，解放了在旧的农村经济体制束缚下的生产力，开辟了农业生产迅速发展的广阔道路。使广大农村地区迅速摘掉贫困落后的帽子，逐步走上富裕的道路。

农村居民开始实际上重新拥有土地，即理论上的"包产到户"，农民开始完全拥有土地的经营权。过去的以粮食生产为主的集体经济转为农户自主经营的私营经济。农村由过去的种植业为主转向多种产业，乡镇企业（20世纪90年代以后基本上全部转化为私人企业即"民营企业"）获得较快发展。至此，按照农业生产结构变化和就业途经，农民群体开始演化。随着产业分工和发展，一部分农村家庭开始经营小型"家庭农场"，产业由之前的以粮食生产为主转向其他领域，如花卉、水果、经济林木等种植业领域，城郊地区很多家庭作坊经济体开始大量涌现，很多成为渔业、畜牧业养殖户，沿海地区由单个家庭或多个农户联合经营、公司化经营的各种规模的海洋水产养殖场大量出现。自1980年以后，农民根据其产业重点，被冠以各种称呼。例如，以粮食生产为主导的农民（农户）、生产组织称为粮农；以水果种植为主的农户、生产组织称为果农；还有的称为瓜农、桃农、菜农、棉农、花农等，还有的称为专业户（多指20世纪80年代农村地区生产规模比一般的家庭大，而且具有生产特色的家庭生产单位）。

这种农作制度，更多是农户自己选择生产什么，缺乏组织参与。20世纪80年代初，农户也主要以地膜覆盖、塑料拱棚和日光温室为主体的设施化栽培，以简易设施生产为主，生产管理凭经验，在设施内从事劳动作业，劳动强度非常大，在育苗阶段，播种是一大难题，人工播种效率低、质量差，容易造成不必要的浪费。栽培设施内温度、湿度调控以人工或简单机械开孔通风来调节，肥料营养、病虫害防治大多还处在凭经验决策时期。据北京市农业局相关负责人坦言，过去北京设施蔬菜生产以人力为主，劳动强度大，温室年平均用时达3600h/亩[①]以上，人均管理面积仅相当于日本的1/3，西欧的1/5和美国的1/10。蔬菜病虫害防治仍主要依赖化学农药防治，广大农户对病虫害发生规律及防治技术认识不够，盲目用药现象比较突出，致使生产的产品品质差、产量低，还存在农药残留等问题。

此阶段我国设施农业生产个体农户占绝大多数，规模化、标准化、信息化水平较低，综合生产能力、抗风险能力、市场竞争能力较差，设施装备种类少，技术含量、适应性

---

① 1亩≈666.67m²

和成套性还有待提高，从业者更多是农户单打独斗，缺乏市场意识，育苗、栽培管理、采收、销售等多项劳动靠农民独自完成。

（二）由家庭经营向规模化、企业化经营，"靠技术"规范、科学生产

1998年，中共十五届三中全会正式将"联产和责任"几个字取消，将制度定名为承包制。在确立土地家庭承包经营的基本框架后，国家在土地承包期上也进行了明确规定。从2001年起，全国出现了农村土地流转即土地使用权转让的势头，这次流转势头迅猛，形式多样，为农业的发展带来了活力。2002年8月，《中华人民共和国农村土地承包法》公布，明确规定了国家保护承包方依法、自愿、有偿地进行土地承包经营权流转，未向承包方颁发土地承包经营权证或者林权证等证书的，应当补发证书，这标志着从法律上规定了未来一段时期内农村土地产权政策的基本走向。随之，《中华人民共和国农村土地承包经营权证管理办法》（2004年）、《农村土地承包经营权流转管理办法》（2005年）等一系列相关法律法规公布实施。2006年，国家全面取消几千年的"皇粮国税"即农业税，并开始实施对农民的"三补贴"，即种粮补贴、良种补贴、大型农机具购置补贴政策。2008年10月9～12日，中国共产党第十七届三中全会在北京举行，全会审议通过了《中共中央关于推进农村改革发展若干重大问题的决定》。2012年党的"十八大"召开以来，在2013年中央一号文件中明确提出了大力支持发展多种形式的新型农民合作组织。农民合作社是带动农户进入市场的基本主体，是发展农村集体经济的新型实体，是创新农村社会管理的有效载体。落实设施农用地政策，合作社生产设施用地和附属设施用地按农用地管理。引导农民合作社以产品和产业为纽带开展合作与联合，积极探索合作社联社登记管理办法。此后，随着农民大规模的进城务工，村庄的空心化、农业兼营化、农户老龄化趋势日益明显，对农业生产的社会化需求进一步加大，通过兼并、重组、收购、控股等方式组建大型企业集团，推动龙头企业与农户建立紧密型利益联结机制，采取保底收购、股份分红、利润返还等方式，让农户更多分享加工销售收益，开始不断培育壮大龙头企业。

使传统农业向现代农业转变的一个必备条件是新的有利的技术供给。舒尔茨的这一看法在20世纪60年代以后得到广泛的接受，但在舒尔茨的理论中并没有说清楚什么样的技术要素是新的有利的技术要素，亦即这样的技术要素是如何创造出来的。20世纪60年代后期，美国的拉坦（Ruttan）和日本的速水佑次郎分别在研究美国和日本的农业现代化历程中发现，美国农业现代化技术的道路主要是机械化，而日本主要是化肥、良种和水利。主要原因是两国拥有的资源差异，美国人少地多，日本人多地少，在美国最贵的生产要素是劳动力，在日本则是土地；美国的机械化道路节约了劳动力，因此降低了农业生产成本，日本的化肥、良种和水利，增加了耕地面积的有效供给，也同样降低了农业生产成本。技术变迁是农业生产率增长所依赖的重要因素，这一变迁可以通过节约劳动型技术和节约土地型技术来达到（林毅夫，2010）。

中国以世界1/20左右的耕地养活了世界1/5左右的人口，这是一个了不起的成绩。但是，经过20多年的改革，人们还发现一个基本事实：我国总人口越来越多，而务农的人口越来越少。农村改革前，我国农业人口占总人口的70%以上，却未能解决温饱问题。而改革开放以后，直接从事农业的人口不断下降，农村大多留守的是妇女、儿童和老人，

他们甚至被称为"386199"部队。与此同时，农民务农的时间也大大减少，许多地方三个月种田，九个月赋闲。农民利用农闲时间外出务工。依靠这样的一个农业人口数和这样的农业劳动时间数，却保证了我国农产品的基本供给和人民的温饱生活。也许人们会将这一原因更多地归于技术的进步，但任何技术的进步都需要有相应的生产关系相匹配。农村的改革并没有阻止生产技术进步，反而为技术进步提供了制度和组织条件（徐涌，2013）。在农村，各项改革在"十八大"以来全面推进，进一步推进土地流转，完善农村土地承包政策，稳定农村土地承包关系并保持长久不变，在坚持和完善最严格的耕地保护制度前提下，赋予农民对承包地占有、使用、收益、流转及承包经营权抵押、担保权能。在落实农村土地集体所有权的基础上，稳定农户承包权、放活土地经营权，允许承包土地的经营权向金融机构抵押融资。

设施农业的发展能加快现代农业的进程，中央历来都很重视。2010年《中共中央国务院关于加大统筹城乡发展力度进一步夯实农业农村发展基础的若干意见》明确提出了"提高现代农业装备水平，促进农业发展方式转变"的战略号召，并将加快园艺作物生产设施化、畜牧水产养殖规模化作为新一轮"菜篮子工程"建设的重点。《中华人民共和国国民经济和社会发展第十二个五年规划纲要》再次将"加快发展设施农业"作为推进农业结构战略性调整和加快发展现代农业的重要内容。而2008年农业部印发了《农业部关于促进设施农业发展的意见》，2011年编制了《全国设施农业发展"十二五"规划（2011—2015年）》。说明随着中国人口的不断增长，对农产品需求数量和质量持续增加，而农业不可再生资源不断减少，环境污染日益严重，气候变化及其灾害逐年增多，露地农田生产的不确定性增加，粮食产出难以保证，食物安全问题日益凸显。设施农业正是通过集成运用现代科学技术与方法，作为环境因子可控并可周年生产的高效农业生产模式，克服了传统农业在外界环境和资源等方面难以解决的限制因素，打破了传统农业地域和季节的自然限制；通过农业生产的工厂化管理方式，将农业发展成高新技术集成的工厂化高效农业；通过企业、合作经济组织与农民的利益纽带关系，将农业发展成连接企业、市场、农民的完善产业链。设施农业利用装备、人才、管理、市场等方面的优势实现了农业生产布局的区域化、生产方式的专业化、生产组织的企业化、生产过程的规范化和生产规模的集约化，促进了农业产业链条的形成，推动了农业的产业化经营，这是典型的农业产业化的生产方式。

同时，现代设施农业最大的功绩在于改变了传统的"广种薄收耕作"方式，进入"精耕稳产高效"的发展轨道；最大的功效是让土地耕作者由"靠天"吃饭转变为"靠科技技能"吃饭，让所有从事设施农业的种植户得到实实在在的经济效益，成为农场设施农业发展的内在动力。经过几十年的发展，设施农业的类型不断拓展，功能结构不断完善，规模不断扩大，效益不断提升。目前我国设施农业面积已达250万hm^2，居世界首位，约占世界设施农业总面积的89%，年产值达到2000亿元。伴随现代科学技术的不断进步和产业生产力的不断提升，设施农业以其高投入、高科技含量、高效益的特征正逐渐演化成现代农业产业化的重要形式。近30年，我国的设施农业发展迅速，到2013年底设施栽培面积已近4万km^2，居世界首位，其中玻璃温室与日光温室面积近1万km^2。自2010年以来，中国共认定了三批283个现代农业示范区，打造引领区域现代化农业发展的"排头兵"。据中国农业部有关负责人透露，江苏太仓、上海浦东等20个示范区已经基本实现了农业现代化。

根据以上分析,作为设施农业大国,与设施农业强国相比在工厂化水平、环境控制装备投入、环境因子按需调控等方面还有很大的差距,而且最根本的是设施农业人才的匮乏,制约着设施农业的发展。面对农村的新形势,设施农业同以往的病虫防治技术与露地上有很大不同,发生的病虫种类不同,防治方法不同,特别是对化学农药的使用上更有严格的规定。设施农业正朝着机械化、规模化、集约化方向发展,许多高强度的耕整地作业、种子处理、育苗生产被机械替代,智能卷帘、卷膜的出现,生物防治、物理机械防治技术的普及,设施农业的科技含量越来越高,需要有知识、懂技术的人员参与,我国的农业生产主体将是职业化的新型农民,培育新型职业农民是破解"明天谁来种田"难题的有效手段,要通过开展广泛的农业职业技能培训,重点培育设施种植大户、经营能手、有志从事设施农业的企业和个人,建立多重扶持政策,助推职业农民快速成长发展。大力发展资本农业、公司农业和科技农业三大农业是现代农业发展壮大的方向和途径,要不断引进资本、人才、技术和先进的管理经验,培养高素质的农业工人,彻底破解设施农业中企业转型发展的管理和人员素质瓶颈。加强科技人员和农民的技术培训,对现有农技人员进行现代农业和设施农业技术的知识更新,提高实际操作技能和服务农民的本领。强化农民培训工作,把设施农业技术培训纳入农村劳动力转移就业技能培训规划,开展实用、直观、通俗易懂的科技培训,培养造就一批有文化、懂技术、会经营的新型农民,推动设施农业走优质、高产、低耗、高效、持续发展的路子。

四、从事设施农业生产的职业分析

(一)设施农业生产的职业特点

1. 操作性强 设施农业是采用具有特定结构和性能的设施,运用工程技术和管理技术,改善或创造局部环境,为种植业、养殖业及其产品的储藏保鲜等提供相对可控制的最适宜温度、湿度、光照强度等环境条件,以期充分利用土壤、气候和生物潜能,在一定程度上摆脱对自然环境的依赖而进行有效生产的农业。它是获得速生、高产、优质、高效的农产品的新型生产方式,是世界各国用以提供新鲜农产品的主要技术措施。从事设施农业生产的人员要求能熟悉植物生长规律及习性,熟知土壤、气候等因素与植物生长的关系,这些都不是通过书本上的理论知识可以迅速补充的,需要长时间实践的积累。

2. 综合性强 设施农业属于高投入高产出,资金、技术、劳动力密集型的产业。它是利用人工建造的设施,使传统农业逐步摆脱自然的束缚,走向现代工厂化农业、环境安全型农业生产、无毒农业的必由之路,同时也是农产品打破传统农业的季节性,实现农产品的反季节上市,进一步满足多元化、多层次消费需求的有效方法。所以说设施农业是个综合概念,是先进的生物技术、工程技术、信息技术、通信技术和管理技术的高度集成,是涵盖了建筑、材料、机械、通信、自动控制、环境、栽培、管理与经营等学科领域的系统工程。首先要有一个配套的技术体系支撑,其次必须产生效益。这就要求设施设备、选用的品种和管理技术等紧密联系在一起。从事设施农业的生产人员应具备较强的综合素质，在原有的设施植物栽培管理技术的基础上，产业链不断向前、向后延伸，既要懂技术、又要懂管理，还要懂经营，达到多学科知识的交叉渗透。

3. 投入、产出比相对较高 设施农业是科技含量及集约化程度非常高的现代农业生产方式，自然要求有大量物质和能量的投入。从各省（自治区、直辖市）调研情况来看，设施园艺的投入产出比很高，经济效益非常可观。山东设施栽培平均效益是露地栽培的5倍以上。一座日光温室的毛收入可以达到17 000元，实现纯收入10 000元左右。一亩塑料大棚的毛收入约为6000元，纯收入为3000元左右。据测算，浙江的小拱棚、遮阳棚的年投资回报率达153.42%，塑料大棚的年投资回报率为70.88%，低于平均水平。相对而言，标准节能日光温室每亩平均投资10 720元，每年每亩折旧费为3050元，虽然亩产值高达9185元，但扣除折旧及直接生产成本费后，每亩的年净收入为4510元。

（二）设施农业生产技术专业的职业目标分析

设施农业生产技术专业毕业生主要面向现代农业生产企业，从事农业设施建造与维护、设施农业生产与管理工作；面向现代农业示范园区，从事园区生产与管理工作；面向农资产品销售企业，从事农资产品营销工作；面向农业技术推广部门，从事农业技术推广工作等，以及自主创业。

主要就业岗位（表2-2）：设施农业装备建造与维护、现代农业示范园区果蔬花卉生产与管理、农产品营销、农业技术推广等。

表2-2 设施农业生产技术专业所覆盖的职业及岗位群

序号	职业类别（岗位）	专业技能方向	职业资格
1	设备维护	设施建造与维护	设备维护工
2	花卉生产	设施花卉栽培	花卉园艺工
3	蔬菜生产	设施蔬菜栽培	蔬菜园艺工
4	果树生产	设施果树栽培	果树园艺工
5	农作物植保	设施作物病虫害防治	农作物植保员
6	农产品营销	农产品营销	农村经纪人

（三）从事设施农业的职业及工种的基本要求

1. 花卉园艺工 从事花圃、园林的土壤耕整和改良；花房、温室修装和管理；花卉（包括草坪）育种、育苗、栽培管理、收获贮藏、采后处理等。

从事的工作主要包括：①进行各类花卉良种培育、栽培（生产）管理、防病治虫；②对用于花卉生产的各类土壤进行配制和改良及各类相关资材的使用；③管理维护花卉生产的设施，包括温室、花房及其他园艺设施；④对花卉在绿地和室内不同场地应用的施工和养护管理。

2. 蔬菜园艺工 主要是指从事菜田耕整、土壤改良、棚室修造、繁种育苗、栽培管理、产品收获、采后处理等生产活动的人员。中级蔬菜园艺工的基本要求见表2-3。

表 2-3　中级蔬菜园艺工基本要求

职业功能	工作内容	技能要求	相关知识
育苗	种子处理	① 能根据作物种子特性确定温汤浸种的温度、时间和方法 ② 能根据作物种子特性确定催芽的温度、时间和方法 ③ 能进行开水烫种和药剂处理 ④ 能采用干热法处理种子	① 开水烫种知识 ② 种子药剂处理知识 ③ 种子干热处理知识
育苗	营养土配制	① 能根据蔬菜作物的生理特性确定配制营养土的材料及配方 ② 能确定营养土消毒药剂	① 营养土特性知识 ② 基质和有机肥病虫源知识 ③ 农药知识 ④ 肥料特性知识
	设施准备	① 能确定育苗设施的类型和结构参数 ② 能确定育苗设施消毒所使用的药剂	① 育苗设施性能、应用知识 ② 育苗设施病虫源知识
	苗床准备	能计算苗床面积	苗床面积知识
	播种	① 能确定播种期 ② 能计算播种量	① 播种期知识 ② 播种量知识
	苗期管理	① 能针对栽培作物的苗期生育特性确定温度、湿度管理措施 ② 能针对栽培作物的苗期生育特性确定光照管理措施 ③ 能确定分苗、调整位置时期 ④ 能确定炼苗时期和管理措施 ⑤ 能确定病虫防治药剂	① 壮苗标准知识 ② 苗期温度管理知识 ③ 苗期水分管理知识 ④ 苗期光照管理知识
定植（直播）	设施准备	① 能确定栽培设施类型和结构参数 ② 能确定栽培设施消毒所使用的药剂	① 栽培设施性能、应用知识 ② 栽培设施病虫源知识
	整地	① 能确定土壤耕翻适期和深度 ② 能确定排灌沟布局和规格	① 地下水位知识 ② 降雨量知识
	施基肥	能确定基肥施用种类和数量	① 蔬菜对营养元素的需要量知识 ② 土壤肥力知识 ③ 肥料利用率知识
	作畦	能确定栽培畦的类型、规格及方向	栽培畦特点知识
	移栽（播种）	① 能确定移栽（播种）日期 ② 能确定移栽（播种）密度 ③ 能确定移栽（播种）方法	① 适时移栽（直播）知识 ② 合理密植知识
田间管理	环境调控	① 能确定温度、湿度管理措施 ② 能确定光照管理措施 ③ 能确定土壤盐渍化综合防治措施 ④ 能确定有害气体的种类、出现的时间和防治方法	① 田间温度要求知识 ② 田间水分要求知识 ③ 田间光照要求知识 ④ 土壤盐渍化知识
	肥水管理	① 能确定追肥的种类和比例 ② 能确定追肥时期和方法 ③ 能确定浇水时期和数量 ④ 能确定叶面追肥的种类、浓度、时期和方法	① 蔬菜追肥知识 ② 蔬菜灌溉知识
	植株调整	① 能确定插架绑蔓（吊蔓）的时期和方法 ② 能确定摘心、打杈、摘除老叶和病叶的时期和方法 ③ 能确定保花保果、疏花疏果的时期和方法	营养生长与生殖生长的关系知识

续表

职业功能	工作内容	技能要求	相关知识
田间管理	病虫草害防治	能确定病虫草害防治使用的药剂和方法	田间用药方法
	采收	①能按蔬菜外观质量标准确定采收时期 ②能确定采收方法	①采收时期知识 ②外观质量标准知识
	清洁田园	能对植株残体、杂物进行无害化处理	无害化处理知识
采后处理	质量检测	①能确定产品外观质量标准 ②能进行质量检测采样	抽样知识
	整理	能准备整理设备	整理设备知识
	清洗	能准备清洗设备	清洗设备知识
	分级	能准备分级设备	分级设备知识
	包装	能选定包装材料和设备	包装材料和设备知识

资料来源：人力资源和社会保障部职业能力建设司. 2013. 国家职业标准汇编.北京：中国劳动社会保障出版社

3. 农村经纪人 从事农产品收购、储运、销售及销售代理、信息传递、服务等中介活动而获取佣金或利润的人员，基本要求见表2-4。

表2-4 农村经纪人基本要求

职业功能	工作内容	技能要求	相关知识
市场信息采集与分析	市场信息采集	能采集所经营的农产品市场信息	所经营农产品的产量、品质及供求状况
	市场分析	能对采集的市场信息进行初步分析	
建立客户与谈判订约	建立客户	①能根据市场供需情况找到客户 ②能回答客户提出的所经营农产品的价格、质量、等级、规格等问题	①与客户沟通的基本技巧 ②所经营农产品的相关知识
	谈判订约	能以口头方式表达合作意向	客户的心理常识
产品鉴别及等级评定	粮食品级鉴别	①能合理取样 ②能应用感官、简单工具对抽取的样品进行品种鉴别及定级，误差率不超过规定标准的40%	所经营粮食作物的鉴别方法及规格质量标准
	果蔬及花卉品级鉴别	①能对所经营果蔬及花卉分类 ②能合理取样 ③能应用感官、简单工具对抽取的果蔬及花卉样品进行品种鉴别及定级，误差率不超过规定标准的40%	①所经营的果蔬及花卉的品种、质量、等级的一般知识 ②所经营果蔬及花卉的鉴别方法及规格质量标准 ③无公害产品知识
农产品储运	储存	能对所经营农产品进行储存、保管和养护	所经营农产品的仓储知识
	运输	能安全地将所经营农产品运送到目的地	所经营农产品运输安全知识
核算与结算	核算	能对所经营的农产品毛利进行粗略的估算	所经营农产品毛利的计算方法
	结算	①能使用各种验钞工具、清点现金准确无误 ②能填制购销结算凭单	①伪钞的识别知识 ②常用购销业务凭单的基本内容及填制方法

资料来源：人力资源和社会保障部职业能力建设司. 2013. 国家职业标准汇编.北京：中国劳动社会保障出版社

第二节 分析设施农业生产技术专业的教学对象

现代教学是以学习者为中心的教学，为了实现教学目标，教师必须对教学对象进行认真分析，学生的学情分析是教学设计的起点，与教学设计中的其他部分有着密切联系，只有当教师充分了解自己的学生，对学生进行学习前的各种情况分析，才能有效地利用学生的最近发展区完成各项学习活动，从而做到有的放矢。例如，分析学生起始状态，包括学习者的学习态度、起始能力、知识背景等。因不同的学生具有不同的知识储备、技能、认知模式、心理特征等，针对不同的学生，采用的教学方法应有所差别，才能充分激发学生的学习兴趣，真正做到因材施教（徐朔，2012）。对于设施专业学生的分析主要包括以下几个方面。

一、分析学生原有的基础

学生原有的基础是指学生在接受新的学习任务之前，原有的知识、技能准备及生活经验。起始能力是学生习得新知识与能力的内部前提条件，在很大程度上决定着教学的成败。布鲁纳的掌握学习教学理论的原则是必须达到规定教学目标的85%后，才能进行下一步学习。其目的是确保学生在接受新知识之前，必须具备适当的知识和技能。即了解学生已掌握哪些能用于新知识学习的预备技能，这是从事新知识学习与建构的基础。建构主义理论更是强调学习者所具备的背景知识和能力的重要性，这是进行新知识建构的出发点。教师不仅要协助学生准备必要的预备技能，而且要关注不同学生的技能差异。

中职学生与普通高中学生相比，文化课学习基础相对薄弱。中职学生虽然接受了小学到初中阶段的义务教育，但多达不到初中毕业生的水平，缺乏思维想象能力、推理能力、归纳能力，同时，文化基础知识较差，支持其进一步学习专业知识的基础知识储备匮乏。因此，进入学校之后不仅仅是学一些实用技术，还需要掌握文化基础知识。例如，设施农业生产技术专业的学生需要学习思想修养、语文、数学等文化基础知识，特别是数学，对于学习基础相对薄弱的中职学生来说比较困难，很多知识需要教师反复讲解，同时还需要教师帮助学生回顾或者补习初中数学知识。

同时，不同学生来学校学习，也带来了各自不同的生活经历和观点。这种已有的经历、经验和对待社会的观点，对于即将进行的课堂学习生活具有深刻的影响。设施专业的学生大多来自农村，对农业相对熟悉，因此，在专业课学习中引导学生提升职业诱因价值，激发专业学习的生长需要，有针对性地做好专业课学习过程的指导，让学生多多体验成功，是一种贴近学生并且能够较好激发其学习动机的方式。

二、分析学生现有的认知能力

学生的自主学习能力是指在学习过程中能够独立获取知识的能力，包括收集、处理信息的能力和动手操作的能力等，从理论上讲，这些初中毕业的学生应具备一定的自学能力，有一定的阅读能力、观察力、思维能力、分析问题的能力，教师应了解学生的这些能力状况，弄清楚教材中哪些内容学生可以通过自学达到教学目的，对学生能够理解、分析、归纳的内容，教师可少讲，多给学生提供一些自学机会，对学生不易理解、不能分析的问题便可多费些工夫讲授，以培养学生的能力。

由于学生入学时，初中阶段的文化基础差，年龄小，对专业知识生疏，因此，接受能力、分析能力、思维能力偏低，再加上中等职业教育的课程门数不断增多，教学方法与中学有所不同，教学进度也比初中快，所以，不少学生难以适应中职学校的教学方法和教学进度，逐渐产生了厌学情绪，自暴自弃。因此，学生中存在的潜在被动学习因素偏多，综合素质普遍不高，学习能力差异较大等，给学校的教育管理和组织教学带来了很大的困难。

三、分析学生的情感

情感因素，也是教学设计环节中一个重要成分。情感因素是伴随着知识经验的掌握、观念的形成及内部智力的成熟而发展起来的，它对外部智力的形成和创造能力的发展起着决定性作用。

在职业学校专业课教学中普遍存在迟到、早退、旷课、上课不认真听讲、作业不完成、实践课不认真的现象，面对教师的提问，多数学生反应冷淡，甚至沉默不语，缺乏积极性，这些学习行为习惯差、厌学情绪浓的学生，无疑加大了专业课课堂的教学管理难度。而学生在课堂上反应冷淡，反过来又影响到教师的教学，造成教师情绪不高、缺乏激情，课堂气氛沉闷，没有生气和活力。学生在沉闷的课堂中更感到学习索然无味，体会不到学习的乐趣，因而难以达到预定的教学效果。

学生学习的主动性可以有效地提高学生的学习效率，提升学生的学习水平，但是中职学校的学生普遍缺少学习的主动性和积极性。很多中职学生在初中的时候没有养成良好的学习习惯，再加上初中学校对于学生大都是严格管理，学生即使不学习也会有教师逼着学，但是中职学校的学习相对开放，教师的管理也相对宽松，因此学生就丧失了学习的主动性。中职学生缺少学习的主动性导致学生在学习上缺少动力和学习兴趣，上课时的表现也不积极，这样长久以往将会对学生的学习产生不良的影响。他们在学习过程中无计划、无目标、无措施。许多学生课前不预习，课内不做笔记，课后不复习；做作业喜欢对答案，或者直接抄袭；考试靠碰运气，甚至想方设法作弊。

应了解学生专业学习兴趣。本节第一部分已经分析了中职学生因在初中文化基础就相当薄弱，到了中职学校很难再激发起文化课学习的激情，而专业课的学习是全新的，专业课所表现出的新颖性（即皮亚杰所认为的认知冲突）有助于学习动机的形成，有助于效果提高。另外，专业课的学习关系到学生的就业，学生普遍有"学一门看家本领"的认识，对专业课的学习有一定的学习愿望，凭借这一初步的动机和新鲜感，学生开始接触专业课。但面对训练的高要求及重复训练的枯燥乏味，新鲜感渐渐地退去，初步的动机难以维持目标专一而持久的训练。以这种方式惯性运行下去，其结果是培养的人才不是"第一线工作的中等应用型专门人才"，而是"眼高手低、门门懂、样样瘟"的社会富余人员。一般而言，学生和家长认为专业课与就业的相关性较文化课要大一些，就业的关注必然导致对专业课学习的重视。因此，进一步激发专业课学习的动机，是中职学生学习成败的关键。

四、了解学生的身心特征

不同年龄阶段的学生，心理各有其特点。中职学生的在校年龄一般为16～19岁，正值青春期或青年初期，这一时期是人的心理变化最激烈的时期。从实际情况看，随着"普高热"的升温，中职学校的社会地位日见低下，中考分数较低的学生进入中职学校，学习上、品德上、行为上的"差生"成为现阶段中职学校招生的主要对象和学生构成的主要成分。有研究者认为，中职学生普遍具有十大心理问题，分别为：情绪波动大，自控能力差；意志薄弱，抗挫折能力差；情感压抑，态度消极；自暴自弃心理严重；自我意识过强；自私自利心理普遍；异性交往上的行为偏差；网络交往失度、失范；择业依赖退缩心理；择业紧张焦虑心理。教师应根据不同的教育对象，选择不同的教育方法。

第三节 分析中职设施农业生产技术专业教学内容

设施农业生产技术专业属于新兴专业，在2000版的《中等职业学校专业目录》中的农林牧渔类专业还未设置这个专业，2010版的《中等职业学校专业目录》中增加了设施农业生产技术专业，说明随着社会经济的发展，作为现代农业的重要组成部分，设施农业需要大量的专业技术人才充实到生产中，以便提高我国设施农业的整体发展水平。

一、明确设施农业生产技术专业培养目标

要明确定位人才培养目标，必须依据专业所面向的工作岗位来进行，即要明确设施农业生产技术专业在中等职业教育层面所面向的具体工作岗位。岗位定位首先要邀请设施农业企业领域的专家12名左右，由专家按要求提出各自所认为的可能岗位，罗列岗位时要充分把握职业教育的性质和层次，然后根据所列岗位被专家提及的频率确定本专业面向的岗位。企业的生产组织方式不同可能导致岗位设置的不同，如大型企业与中小型企业的岗位设置可能不一样，通常前者更精细、后者更综合，这会给岗位汇总带来困难。解决的办法是采取更为精细的岗位模式，如果该专业有毕业生的话还要考虑以毕业生近5年来所从事岗位的频率作为参考，并结合当地经济发展特点、学校的师资及实训条件等，根据该专业的发展理念，最终选出该专业所应面向的岗位。

设施农业生产技术专业主要立足于未来农业发展趋势，面向新兴现代农业生产、应用和服务的企事业单位，培养能在农业保护设施中从事蔬菜、花卉、果树生产及病虫害防治和设施的建造与维护工作，培养与我国社会主义现代化建设要求相适应，德、智、体、美全面发展，具有科学生产、规范操作、绿色环保意识，具有综合职业能力、继续学习能力和适应职业变化能力，能在设施农业领域从事生产、技术服务、经营管理的高素质劳动者和技能型人才。

二、构建工作过程导向的课程体系

（一）课程体系构建过程

1. 广泛开展社会调研，进行人才需求与培养目标分析 开展社会调研是明确培养目标的重要环节，调研对象应选取大中型现代农业生产企业、农业示范园区、各级农业技术推广中心、毕业生就业的单位等，通过设计调研问卷、访谈提纲、调查表等对这些部门的行业专家、企业技术人员、科研人员和毕业生等实施现场调研、电话调研、网络调研等，获取一手资料，通过对行业企业专家的观点汇总分析，清楚明确地列出本专业可能面向的岗位。通过对毕业生在各岗位的就业频率分布，了解毕业生分布比较多的岗位是什么，但不能依据毕业生岗位分布的多少来决定重点面向的岗位，因为中职学生就

业受许多因素的制约,在慎重思考的基础上,进行岗位职业能力分析,明确毕业生所从事的职业岗位群(见第二章第一节的"从事设施农业生产的职业分析")。

2. 通过职业岗位典型工作任务分析,进行学习领域描述与分析

(1)典型工作任务分析　　目前最先进的行动领域开发方法是典型工作任务分析法(BAG 课程开发法),通过该方法找到和识别职业行动领域,这是学习领域课程开发的基础。典型工作任务,又称典型职业工作任务,是职业行动中的具体工作领域,也称为职业行动领域(赵志群,2008)。它是完整的、有代表性的职业行动和反映本职工作关系的具体的职业工作。它描述的是一项具体的专门工作,是根据一个职业中可以传授的工作关系和典型的工作任务来确定的,具有该职业的典型意义,同时具有促进该职业领域的职业能力发展的潜力。也就是对某一工作岗位或岗位群中需要完成的任务进行分解的过程,目的是掌握其具体的工作内容(表2-5)。需注意的是分析对象是工作而不是员工,即应关注岗位上需要完成哪些事情,而不是这些事情由多少人完成。

表 2-5　职业岗位典型工作任务分析

主要工作岗位	岗位描述	典型工作任务分析	工作过程
大棚、温室建造与维护	大棚、节能温室的建造	棚室的设计	棚室设计、制图与识图
		棚室建造现场定点放线	施工测量、定点放线
		棚室建造各种建筑材料的选择	选择建筑材料、组织施工
	棚室的使用	温室采暖加温系统、降温通风系统、补光遮光系统、控制系统的安装及调试运行	棚室降加温、通风等设备安装运行调试
	棚室的维护	棚室的结构维护;棚室的材料维护;棚室的系统维护	棚室的各系统检测;棚室的各系统诊断与排除;棚室的各系统维护
设施蔬菜、花卉、果树栽培	设施蔬菜的生产	蔬菜育苗	蔬菜育苗
		棚室蔬菜的整地、施肥、定植;设施蔬菜田间管理	设施蔬菜栽培管理
		蔬菜采收、包装、贮运	蔬菜采收、包装、贮运
	设施花卉的生产	景观花卉生产;盆栽花卉生产;鲜切花生产;花卉种苗、种球生产	花卉育苗;花卉的栽培管理;花卉的采收及包装
	设施果树的生产	设施果树育苗;设施果树肥水管理及病虫害防治	设施果树育苗及栽培管理
		果品采收、分级、贮运	果品采摘及保鲜
农资产品营销及农业技术推广	农产品营销	种子、种苗的营销;农产品的营销;化肥、农药的营销;农业设施营销	设施农业及农资产品市场调研;制订生产销售计划;运用农资产品、农药销售策略
	农业技术推广	农作物新品种推广、示范	熟悉新品种特性、栽培试验、推广示范

（2）确定行动领域　经过实践专家研讨会提炼典型工作任务，教学分析及论证会议通过长时间深入企业进行工作岗位和胜任能力调研后梳理职业行动能力，进一步归纳行动领域。行动领域是指在职业、生活和公众有意义的行动情境中相互关联的任务集合。教学分析及论证会议可以与实践专家研讨会相互补充、相互促进。教学分析及论证会议的参与者一般包括教学研究人员、具有本专业实践经历的教师、实践专家、本专业其他全体教师。具体步骤包括：①通过调研资料梳理工作任务及对任务的具体描述；②整理后提炼出工作任务，再经实践专家进行论证其应该属于哪个行动领域（表2-6）。典型工作任务描述，见表2-7。

表 2-6　设施农业生产技术专业工作任务及行动领域归纳表

岗位名称	主要的工作任务	典型工作任务行动领域
设施建造与维护	①依据棚室工程施工图及施工现场的条件，完成工程施工任务 ②棚室建造现场定点放线，组织施工 ③棚室建造各种建筑材料的选择，能正确鉴别建筑材料质量 ④棚室工程质量验收 ⑤棚室的使用与维护 ⑥温室采暖加温系统的运行及调试 ⑦降温系统、通风系统（遮阴系统、水帘风扇强排风系统）的安装及调试 ⑧补光系统和遮光的安装及调试 ⑨灌溉系统与施肥系统的安装及调试 ⑩计算机控制系统的使用	设施建造、设备安装、使用及维护
环境调节	①植物生长与温度调节 ②植物生长与光照调节 ③植物生长与水分调节 ④植物生长与土壤调节 ⑤植物生长与营养调节 ⑥植物生长与大气调节	植物生长与温度、光照、水分、土壤、营养、大气等环境的调节
植保工	①蔬菜病虫害防治技术 ②花卉病虫害防治技术 ③果树常见病虫防治技术	园艺作物病虫害诊断与防治
设施蔬菜生产	①设施内蔬菜常规育苗技术 ②蔬菜组织培养育苗技术 ③蔬菜整地施肥、定植 ④蔬菜定植后的管理 ⑤蔬菜的采收、包装、贮运	设施蔬菜生产
花卉工	①景观花卉生产 ②鲜切花周年生产 ③盆花生产 ④花卉种苗、种球生产	设施花卉生产
设施果树生产	①果容器树育苗技术 ②果树树体调控技术 ③果园与设施内土、肥、水管理 ④果树病虫害防治 ⑤果品采收、分级、贮运	设施果树生产
食用菌生产	①食用菌菌种生产 ②食用菌栽培管理 ③食用菌病虫害防治技术	食用菌生产
农技推广	①农作物新品种推广与示范 ②农资、农药推广、示范、销售	种子生产、销售与管理，农资、农药推广与销售

表 2-7 设施蔬菜生产典型工作任务描述

典型工作任务	设施蔬菜生产
典型工作任务描述	1. 工作任务简述 在温室、大棚等设施内生产的茄类蔬菜、瓜类蔬菜等的整地、育苗、定植、栽后管理、采收等有关任务。 2. 工作任务情形 ① 任务说明。在设施栽培中最常见的、最广泛的就是设施蔬菜的生产，蔬菜是人们日常消费离不开的食物，作为生产者责任重大。茄果类、瓜类、豆类、叶菜、葱蒜类、芽苗菜类蔬设施生产任务的环节较多，易受天气等外界环境因素影响，不仅是对知识和技术的运用，还需要详细制订蔬菜周年生产计划、会组织实施，会进行生产，特别是要注意用药的安全，保证老百姓吃上放心菜，提高人们生活品质的同时，也能提高收益 ② 涉及的业务领域。种子部门、生产部门、销售部门
工作过程及方法	1. 蔬菜的育苗 2. 蔬菜的栽培管理 3. 蔬菜的采收 4. 蔬菜的包装、贮运
对象	与企业技术人员、企业农场主等协商种植蔬菜品种，整地，蔬菜不同时期的土、肥、水管理
工具	育苗时的工具（如苗盘、温度表等）、蔬菜栽培管理的工具（定植器、喷雾器等），此部分因涉及的工具较多，需在后面学习领域部分根据生产情况详细列出
劳动组织	1. 独立完成生产任务 2. 分工合作

（3）岗位职业能力分析　　在对专业行动领域和典型工作任务进行分析的基础上，进一步分析技术人员或者工人完成典型工作任务必须具备的职业能力，为行动领域向学习领域的转换和学习领域的产生打下基础。职业能力分析要考虑到职业学习（即人的职业成长）是"从新手到专家"的发展过程，也就是从新手、高级入门者、胜任者、精通者到专家五阶段的职业能力发展模式。职业能力包括专业能力、方法能力和社会能力，每一种能力在不同职业发展阶段有不同的表现。职业能力是确定课程内容的基本依据，根据设施农业行业职业岗位任务要求，进行岗位职业能力分析。具体的职业能力分析流程如图 2-1 所示。其中能力列表部分是对三大能力类别的细化，类似于子能力（表 2-8）。需要注意的是分析、抽取、归类和解构的能力不是单纯的知识、技术，而是对知识和技术的运用，是包含知识目标的行动过程。虽然能力有不同的范畴和类别，但是归类和解构之后，就可以形成专业领域的能力库，也就是原始的能力数据库。这个过程是对能力的解构，也是对知识的解构，从而为下面知识领域的分析打下基础（赵志群，2009）。

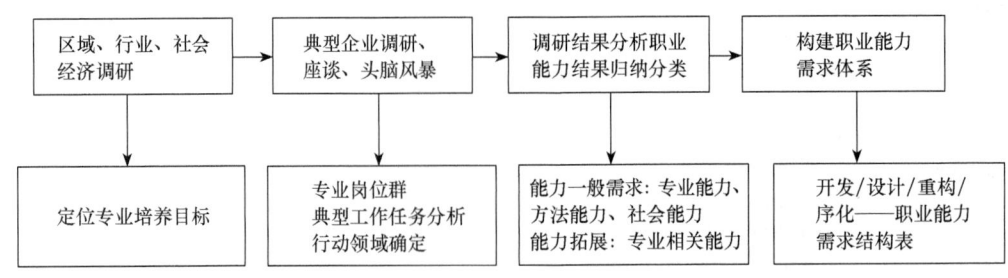

图 2-1　职业能力分析流程

表 2-8　职业能力需求结构表

能力类别	能力列表
专业能力	工作过程和过程方法的知识译码和解码能力、掌握新技术的知识和能力、系统思维能力、在实践中运用理论知识的能力、跨职业的知识和外语能力
方法能力	解决问题的能力、综合和系统思维抽象能力、创造能力、分析和认识能力、系统工作方法能力、学习能力、获取信息的能力、决策和创造能力等
社会能力	工作的责任心和职业道德、自我批评能力、自我掌控、学习的决心和成就感、团队协作能力、社会交际和沟通能力、创新意识和追求目标的能力、环境适应能力等

如果采用输出的职业能力表述方式，通常采取的格式是"能做什么"。如果采用输入的职业能力表述方式，那么通常用"了解什么""熟悉什么""理解什么"等方式来表达对知识的要求，用"能（会）操作什么"来表达对机能的要求，用"能（会）按照什么要求进行什么操作"来表达对态度的要求。这里的态度并非道义上的态度，而是指价值观、行为方式及规范要求。以设施农业生产技术专业为例，对其行动领域职业能力进行了分析，见表 2-9。

表 2-9　设施农业生产技术专业行动领域职业能力分析表

职业岗位	岗位描述	职业能力
设施建造与维护	①大棚、节能温室的设计与建造 ②智能温室的施工、使用、环境调控、维护 ③设施机械的使用与维护	①会使用测量仪器进行农业园区测量 ②绘制园区平面图 ③棚室设计、棚室建造现场定点放线，组织施工 ④棚室建造各种建筑材料的选择 ⑤能进行棚室工程质量验收 ⑥温室采暖加温系统、降温和通风系统、补光和遮光系统、计算机控制系统等的安装及调试运行 ⑦现代农业示范园区规划、生产经营与管理 ⑧能够熟练应用计算机
设施农业生产与管理	①设施蔬菜生产 ②设施花卉生产 ③设施果树生产	①会制订园艺植物设施周年生产计划 ②合作完成园艺植物设施生产的全过程 ③掌握生产的关键技术，会解决生产实际问题 ④会与人沟通，将产品推向市场 ⑤熟练应用计算机
农产品营销	园艺产品及生产资料的营销	①会开展园艺产品市场调查 ②会制订园艺产品及生产资料销售方案 ③掌握园艺产品及生产资料销售策略 ④会开展售后服务
农业技术推广	农业技术推广	①会宣传、推广新品种、新技术 ②能够推广园艺产品标准化生产技术 ③能够进行技术指导和技术培训 ④会撰写技术资料

（4）学习领域描述和分析　学习领域是德文 lernfeld 的意译，由两个德文单词 lernen（学习）与 feld（田地、场地，常转译为领域）组合而成。学习领域是以职业任务和行动过程为导向的，通过目标、内容和基准学时要求描述的课题单元，是建立在教学论基础上、由职业学校实施的学习行动领域，其包括实现该教育职业培养目标的全部学

习任务,通过行动导向和学习情境使其具体化。一个学习领域由能力描述的学习目标、任务陈述的学习内容和总量给定学习时间(基准学时)三部分构成。学习领域描述和分析主要包括确定学习领域名称、描述学习领域目标、确定学习难度范围、学习内容四个方面。学习领域的命名遵循的重要原则是:学习领域的名称要让人们了解工作关系的内涵,要表明一个完整的职业工作关系。因此,学习领域的名称应与典型工作任务的名称一致,名称是由工作对象+动作+补充或扩展(必要时)构成。在学习目标的表述中,能力的表述必须与职业行动领域中描述的能力一致,应当使理论学习与实践培训通过同一个载体来建立起直接的联系,这里的载体是工作的对象。表 2-10 是以设施蔬菜生产为例进行学习领域描述的样表。

表 2-10 设施蔬菜生产学习领域描述结构

学习领域	设施蔬菜生产	时间: 企业: 周: 学校: 学时:
职业行动领域描述		
学习场所的学习目标		
企业(或实习基地)		学校
对象:	工具: 方法: 组织:	要求:

(二)设施农业生产技术专业学习领域课程方案

1. 学习领域课程安排 学习领域课程体系由两类三块构成。两类是指必修课和选修课;三块是指公共基础学习领域、专业学习领域、拓展学习领域。其中,公共基础学习领域对应原来的公共基础课,专业学习领域包括原来的专业基础课、专业课、实训课、顶岗实习等;拓展学习领域包括专业选修、第二课堂、社会实践等,如图 2-2 所示。

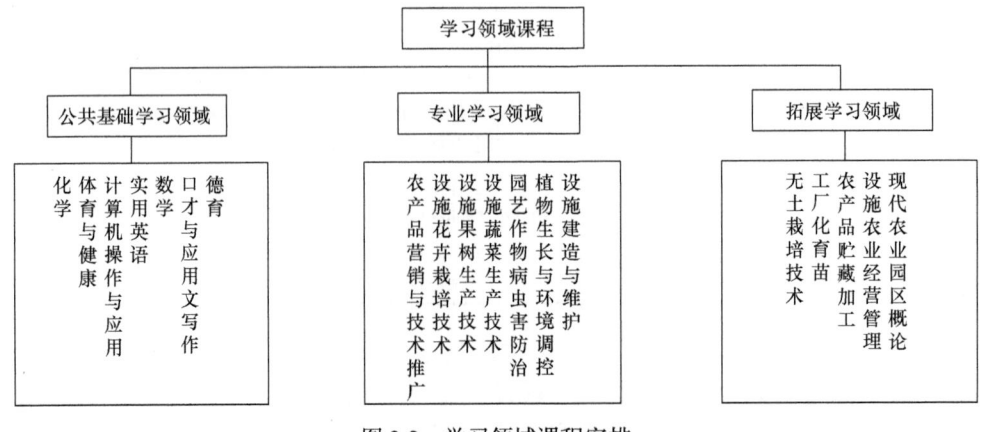

图 2-2 学习领域课程安排

2. 各学习领域主要内容　专业学习领域主要内容是在前面确定学习领域名称、简述典型工作任务的基础上，进一步明确专业学习领域课程目标、学习内容等（表2-11）。由于学习领域课程的培养目标是综合职业能力，因此，不完全采用传统的行为主义学习目标表述方式，很多隐性的职业能力和经验成分可以用一段文字说明课程的综合要求，如果完成了这一任务就具备了所期望的隐性能力和经验。表2-11中未对隐性能力表述，教师可结合具体学习任务进一步明确。

表2-11　专业学习领域主干课程描述

序号	课程名称	课程类别	课程目标		主要内容	备注
			知识目标	能力目标		
1	设施建造与维护	专业主干课程	①了解建筑学基本原理 ②掌握测量基本知识 ③掌握建筑识图制图基本知识 ④了解建筑材料特性 ⑤熟悉方案设计与成本核算方法 ⑥熟悉编制招投标书的相关知识	①会使用测量仪器进行农业园区测量 ②棚室设计、棚室建造现场定点放线，组织施工 ③会选择棚室建造各种建筑材料 ④能进行棚室工程质量验收 ⑤熟悉温室采暖加温系统、降温和通风系统、补光和遮光系统、计算机控制系统等的安装及调试运行 ⑥熟悉现代农业示范园区规划、生产经营与管理方式方法	①电热温床的铺设与维护 ②塑料大棚的建造与维护 ③节能日光温室的建造与维护 ④连栋温室的建造与维护 ⑤设施园区的规划与建设	
2	设施机械使用技术	专业主干课程	①了解常用设施机械的结构和原理 ②掌握常用设施机械的使用与维护、技术状态检查知识 ③熟悉农业生产基础知识 ④熟悉工作场所的准备、工作安全与环境保护的知识 ⑤掌握各类机械检测与维修的基本知识	①动力机械和作业机械等常见故障的检修步骤 ②使用专用仪器设备对零部件进行检测 ③各零部件的检修方法与更换 ④维修质量检验 ⑤设施机械常用外文资料的阅读与翻译能力 ⑥注重工作安全和事故防护规定 ⑦掌握材料使用和工时成本计算的方法	①动力机械使用技术 ②耕整地机械使用技术 ③种植机械使用技术 ④地膜覆盖机械使用技术 ⑤灌溉系统与设备使用技术 ⑥园圃保护与修剪机械使用技术 ⑦果蔬收获机械使用技术	
3	植物生长与环境调控	专业主干课程	①了解植物的基本结构和生命的基本规律 ②了解植物生长发育全过程的各个阶段及时间顺序	①能够对农业设施内的环境条件正确地监控和综合测定分析 ②会通过调控设施设备来改善环境条件	①植物及生长发育规律 ②植物生长与土壤环境 ③植物生长与水分环境	

续表

序号	课程名称	课程类别	课程目标 知识目标	课程目标 能力目标	主要内容	备注
3	植物生长与环境调控	专业主干课程	③明确植物生长发育与人类生存的关系 ④了解植物生长发育与环境的关系，重点掌握土壤环境、水分环境、温度环境、营养环境、气候环境与植物生长发育的关系	③能够进行土壤理化性质的测定分析、温湿度高低的测定分析、营养丰缺的测定分析等 ④能够按照植物生长（生产）对环境的要求，对环境进行人为调控，人为地促进和控制植物的生长发育	④植物生长与温度环境 ⑤植物生长与营养环境 ⑥植物生长与气候环境	
4	园艺作物病虫害防治	专业主干课程	①掌握园艺作物病害的基本概念与基本理论 ②掌握园艺作物病原及其所致病害的识别基础 ③掌握农业昆虫的基本形态、生物学特性、种类及识别要点 ④掌握农药的基本知识 ⑤掌握病虫害综合防治原理及方法	①能正确识别和诊断本地区园艺作物主要病虫害种类和病原类型 ②能根据当地病虫发生发展规律，调查、分析和确定发生危害的程度 ③具备园艺作物病虫害综合防治方案的制订与实施能力 ④会正确配制和使用农药和熟练使用植物保护机械 ⑤了解并掌握完成一个工作项目的基本步骤及其关键要素	①园艺作物虫害识别与鉴定 ②园艺作物病害识别与鉴定 ③园艺作物病虫害田间调查 ④园艺作物病虫害的预测预报 ⑤园艺作物虫害综合防治 ⑥园艺作物病害综合防治	
5	设施蔬菜生产技术	专业主干课程	①了解蔬菜的生物学特性 ②熟悉蔬菜设施生产的设施和设备 ③熟悉设施蔬菜生产过程 ④了解绿色、无公害、有机生产标准 ⑤熟悉蔬菜生产过程中的环保知识 ⑥了解蔬菜生产的新知识与新技术	①会制订设施蔬菜周年生产计划 ②合作完成蔬菜从育苗到采收全过程 ③掌握生产的关键技术，会解决生产中的实际问题 ④善于与人沟通，将产品推向市场 ⑤熟练应用计算机	①茄果类蔬菜设施生产 ②瓜类蔬菜设施生产 ③豆类蔬菜设施生产 ④白菜类蔬菜设施生产 ⑤绿叶菜类蔬菜设施生产 ⑥葱蒜类蔬菜设施生产 ⑦芽苗菜设施生产	
6	设施花卉生产技术	专业主干课程	①掌握花卉识别与分类的基础知识 ②熟悉花卉的生物学特性及与环境因子之间的关系	①会制订设施花卉周年生产计划 ②能正确进行花卉的分类与识别，并能描述花卉的形态特征	①花卉栽培基础知识 ②景观花卉生产 ③盆栽花卉生产 ④鲜切花生产	

续表

序号	课程名称	课程类别	课程目标		主要内容	备注
			知识目标	能力目标		
6	设施花卉生产技术	专业主干课程	③熟悉花卉栽培的设施设备性能及使用与维护知识 ④掌握花卉繁殖的方法、栽培管理要点和周年生产技术 ⑤掌握花期控制的原理与方法 ⑥熟悉植物生产过程中的环保知识 ⑦了解花卉生产新知识与新技术	③能对花卉栽培常用的设施设备进行使用与维护 ④合作完成花卉设施生产的全过程 ⑤掌握生产的关键技术,会解决生产实际问题 ⑥能够正确进行花卉的一般应用设计、施工和养护管理 ⑦会与人沟通,将产品推向市场 ⑧熟练应用计算机		
7	设施果树生产技术	专业主干课程	①了解果树的生物学特性 ②熟悉果树栽培保护地类型 ③掌握果树育苗的基本知识 ④掌握各种果树的定植方法 ⑤掌握不同果树的水肥管理、病虫防治、植株管理 ⑥掌握果树的采收方法与短期保鲜方法 ⑦熟悉果树绿色、无公害、有机生产标准 ⑧了解相关的果树生产新技术与新信息	①掌握果树育苗方法,能够育出符合生产要求的壮苗,用于生产或销售 ②具有根据栽培目的及当地环境条件选择适宜的保护地设施能力 ③具备棚室果树定植的能力 ④具备协作管理果树水肥、病虫、植株管理的能力 ⑤具备能够采收与短期保鲜果实的能力 ⑥具备温室大棚整地域简单设施机械使用的能力 ⑦具备制订果树棚室周年生产计划的能力	①桃设施栽培技术 ②大樱桃设施栽培技术 ③葡萄设施栽培技术 ④草莓设施栽培技术	

3. 专业学习领域方案 方案的主要内容包括:招生对象、学制、专业培养目标、人才培养规格及适应的职业岗位群、毕业标准、工作任务与职业能力分析、专业领域项目课程、专业教学进度安排表及学分统计表、课程执行顺序表、培养方案说明等。学期安排可以根据学校的具体情况和实际条件而定,如表2-12所示,此表参考了《河南省中等职业学校设施农业生产技术专业教学标准》、五峰松山区职教中心的《设施农业生产技术人才培养方案》,其他学校参考时依据学校实际情况进行设计。

表 2-12 设施农业生产技术专业学习领域方案

学习领域	序号	课程名称	学分	总学时	第一学年 1 18周	第一学年 2 13+2周	第二学年 3 17+2周	第二学年 4 13+2周	第三学年 5 20周	第三学年 6 17周
公共基础学习领域	1	德育	7	122	2	2	2	2		
	2	口才与应用文写作	7	124	4	4				
	3	数学	6	98	4	2				
	4	体育与健康	7	122	2	2	2	2		
	5	实用英语	6	98	4	2				
	6	化学	3	60			2	2		
	7	计算机操作与应用	4	72	4					
		小计								
岗位职业能力学习领域课程	1	设施建造与维护	7	128	4	2(1)				
	2	植物生长与环境调控	9	154	4	4(1)				
	3	植物保护基础	7	116		4	2(1)			
	4	设施蔬菜生产技术	9	158			6(1)	2		
	5	设施花卉生产技术	7	124			4	2(1)		
	6	设施果树生产技术	5	90			2	2(1)		
	7	食用菌生产（依地区选择）	3	60			2	2		
	8	农业科学试验与新技术推广	3	60		2	2			
	9	设施园艺作物病虫害防治技术	16	312			12	6(1)		
	10	校外专项生产性实训 分组轮换训练		180			90	90		
	11	综合生产性实习		180				90	90	
	12	顶岗实习	65	1100					500	660
		小计								
职业拓展课程	1	园艺产品贮运与加工	2	26				2		
	2	农业经营与管理	2	26				2		
	3	植物组织培养 / 无土栽培 二选一	2	26				2 / 2		
	4	绿色食品生产管理 / 现代农业示范园区概论 二选一	2	26				2 / 2		
	5	插花艺术 / 观赏植物栽培 二选一	2	26				2 / 2		
	6	心理健康	2	26				2		
		小计								
应取得的职业资格证书学分			3							
总学时、总学分										

三、设计学习情境

(一)学习情境载体的选择

学习情境是在典型工作任务基础上,由教师设计用于学习的"情形"和"环境",是对典型工作任务进行教学化处理的结果。学习情境是根据完成典型工作任务的工作过程要素特性设计的,即这个典型工作任务:①在哪些不同的工作环境或岗位中进行;②有哪些重要的工作情境或服务对象;③有几个和什么样的重要部分的工作任务;④有几个重要工作成果或产品类型;⑤采用哪些显著不同的工具、工艺流程、系统或设备;⑥有哪些显著不同的劳动组织。

学习情境设计的方法与不同的专业内容特征有很大的关系,如学习情境的载体可以按照一个典型工作任务生产的产品种类、包含的岗位类型、设备或系统结构,以及不同的工作对象、生产工艺或操作程序、企业类别、业务类别等进行设计。

一个学习领域设计成几个学习情境,学习情境多大合适,并没有特定的标准。基本原则是:学习情境的数量与教学时间、教学条件、学生的学习能力和教师教学经验有关。通常来说,学习情境越大、综合性和开放性越强,对学生能力发展的促进作用也越大,学习任务的质量越高,但是要求教师的教学控制能力和教学资源条件也越好,还需要学生有较好的学习能力;学习情境越小教学组织越容易实现,但是可能比较难实现较高层次的教学目标,如设计与创新等。因此,低年级时,对典型工作任务可以设计数量较多的学习情境,以便于教学组织;在高年级时,针对一个典型工作任务则可以设计数量较少,但是综合化程度较高的学习情境,以培养学生解决复杂和综合问题能力。下面以设施建造与维护、设施蔬菜生产学习领域为例,其他学习领域可以参考。

设施建造与维护学习领域以选用的设施为载体,按照从简单到复杂设计成如下5个学习情境,设施蔬菜生产以产品的种类为载体,按照并列关系可设计7个学习情境(表2-13,表2-14)。

表 2-13 设施建造与维护学习情境设计

学习情境名称	参考学时	参考学期
阳畦温床的铺设与维护	14	第一学期
塑料大棚的建造与维护	28	第一学期
日光温室的建造与维护	28	第一学期
连栋温室的建造与维护	28	第二学期
设施园区的规划与建设	30	第二学期

表 2-14 设施蔬菜生产学习情境设计

学习情境名称	参考学时	参考学期
白菜类蔬菜设施生产技术	40	第三学期
绿叶菜蔬菜设施生产技术	35	第三学期
葱蒜类蔬菜设施生产技术	20	第三学期
豆类蔬菜设施生产技术	20	第三学期

续表

学习情境名称	参考学时	参考学期
茄果类蔬菜设施生产技术	15	第四学期
瓜类蔬菜设施生产技术	14	第四学期
芽苗菜设施生产技术	14	第四学期

（二）学习情境描述

学习情境设计的主要任务是：①为学习情境设计具体的学习任务；②确定其与其他学习情境的界限；③详细描述学习任务；④确定学习时间；⑤确定学习目标及评价标准；⑥确定具体的学习内容；⑦确认教学条件和环境要求，如场地、人员、设备和学习资源等；⑧设计教学方案，确定每一个具体的教学环节，可用"教学流程"的形式描述整个教学过程（表格或图形），内容包括专业能力和关键能力、教学方法和组织形式、可能出现的突发事件和可供选择的教学媒体与学习资料等（赵志群，2009）。

学习情境的描述包括：学习情境的名称、学时、学习目标及学习内容、教学方法和建议、工具与媒体、对学生的知识和能力要求与教师所需执教能力等。学习目标主要描述通过该学习情境的学习学生应获得的岗位能力；学习内容主要描述在该学习情境中所需要学习的知识点。

以葱蒜类蔬菜设施生产技术学习情境描述为例进行学习情境描述，如表2-15所示。

表2-15 葱蒜类蔬菜设施生产技术学习情境描述

学习情境：葱蒜类蔬菜设施生产技术		学时：16
学习目标： 能根据当地的具体情况和基地栽培设施，选择适合的葱蒜类（韭菜、大蒜）品种 能培育葱蒜类（韭菜、大蒜）蔬菜壮苗 进行葱蒜类（韭菜、大蒜）蔬菜设施生产的整地施肥和适时定植 能进行葱蒜类（韭菜、大蒜）蔬菜设施生产的田间管理 能适时采收、采后处理和短期保鲜 能制订葱蒜类蔬菜设施生产的周年计划 能制订葱蒜类蔬菜无公害生产标准 具备处理生产中突发事件的能力		
学习内容： 葱蒜类蔬菜的生物学特性 葱蒜类蔬菜棚室生产计划制订 葱蒜类蔬菜棚室生产品种选择与播前处理 育苗棚室土壤处理、整地、定植 生长环境调控、病虫害识别与防治 采收、保鲜、质量评定等知识 生产过程中保证安全与环保	教学方法和建议： 引导文教学法 小组讨论法 头脑风暴法	教学资源： 多媒体 教材、PPT、视频等 一体化植物、植保实训室 农业技术示范园、校内外实训基地 任务单、计划单、评价单
对学生的知识和能力要求： 具备植物与植物生理基础知识 具备土壤肥料与农业气象基本知识 具备病虫害防治基础知识 具有一定的自然常识 具有一定的文献搜索能力 具有计算机操作的基础知识	对教师的知识和能力要求： 具备教学的基本能力 具备专业的理论知识和实践经验 具备相关职业资格证书 能按教学设计来控制与指导整个项目的进程 能正确处理、指导、总结与归纳学生操作中出现的异常问题	

续表

评价的内容：	考核的形式：
葱蒜类蔬菜的生物学特性 葱蒜类蔬菜栽培技术的掌握 工作态度、团队合作、完成任务情况与效果 任务完成的方法、步骤、结果、收获和意见进行详细记载和总结，并交上一份总结报告	阶段考核与结果考核相结合，学生自评（10%）、教师小组评价（30%）、教师对学生评价（60%）、组间互评（加试） 考核方法： 包括笔试、口试、操作、答辩等

（三）确定学习任务及设计学习示例

学习情境应当客观、全面反映典型工作任务所包含的职业信息，因为学习情境首先应当是从职业工作实践中找出来的，而不是完全主观"设计"出来的。设计学习情境的过程，就是课程开发人员在典型工作任务的基础上，按照典型工作任务对应的岗位、产品类型、操作部位或系统、复杂性或难度级别、工艺流程或服务对象的不同，在考虑学校教学资源、教师和学生等实际情况的条件下，进行教学设计的过程。学习情境设计的重点是设计与表述能够反映这一情境的学习任务。

学习任务的全称为"工作与学习任务"，即用来学习的工作任务，学习的内容是工作和通过工作完成的学习任务，又称为"学习性任务"。学习任务是学习情境的具体化表现。

学习任务也是学校能实现的学习与工作任务，是学习领域课程的基本教学单元。确定和设计学习任务时，应对学习目标和主要学习内容有基本设想，清楚所采用的学习资源、途径和完成任务的操作程序与步骤，并对学习方式（独立或组合）、学生与教师的角色分配有大体安排。设计得好的学习任务应满足以下要求。

1）在专业上具有一定的典型性，而且具有一定的教育和教学价值。

2）能够反映真实的职业工作情境，与企业实际生产或商业活动有直接的联系，具有一定的应用价值。

3）具有清晰的任务轮廓和明确而具体的成果，有可见的产品或可归纳的服务内容。

4）完成任务需要经历结构完整的工作过程（但不一定是项目任务），该工作过程可用于学习特定教学内容，并促进综合职业能力的发展。

5）能将某一教学问题的理论与实践结合在一起并具有一定的难度，不仅涵盖已有知识和技能的应用，而且要求学生进行整体化的思考和实践，运用已有的知识，在一定范围内学习新的知识和技能，解决过去从未遇到过的实际问题。

6）学习岗位上有独立学习的手段和媒体，如教材、工具书、技术资料、计算机辅助学习程序及与教师和同学交流的可能性。

7）能对学习成果进行评价，学习结束时师生共同评价学习成果及工作和学习方法。

设计学习任务时还要从专业的角度考虑达到一定的质量标准（技术参数）、速度要求，以及相应的技术与组织条件、经济性、环境保护和安全防护要求。学习任务可以是一个项目任务，也可以是典型职业情境中的案例性工作任务。

学习任务描述的方法和要求与典型工作任务描述基本相同。对一个学习领域所有学习任务加以描述后再进入学习目标和学习内容的设计（赵志群，2009）。

综上所述，学习任务是一项以经验为基础的、以实践为重点的任务，要求学生能掌握技术、知识、价值观与社会工作背景，并将其整合，从而不仅掌握学习能力，而且将新的知识、价值观与技术转换应用于实境或实际工作场合,让学生在参与中深度消化内容,获得一个或多个学习成果。为了在教学过程中更好地实施学习任务,需识别实境学习的各要素并设计定义不明确学习任务,提供学生不同类型的学习,如实境学习、综合学习、灵活性学习等。

以育黄瓜苗为例,进行了3种设计示例。

1. 育黄瓜苗实境学习设计示例　　以不明确学习任务育黄瓜苗为例进行实境学习设计,主要包括两部分,第一部分为识别实境学习各要素并设计不明确学习任务,填写工作任务的实境学习四项"P"要素,即任务(performance task)、场所(place)、人物(people)、流程(process)。第二部分设计实境学习环境。

(1) 识别实境学习的各要素并设计定义不明确的学习任务供学生学习　　首先对工作场地的任务进行描述,例如,您现在是某农场的蔬菜工,农场主准备在蔬菜基地种植黄瓜,需要您繁育黄瓜苗,为蔬菜基地提供出苗率高、健壮的秧苗。

1) 任务(已确定的工作场所任务):育黄瓜苗。

2) 场所(列出并描述执行此任务的地点):某农场的温室。

3) 人物(列出并描述执行此任务时所接触的人物的典型特征/性格,如生气或发愁不知种植什么的农场主):农场主、技术员、懒惰或不善于交流的合作者等。

4) 流程(列出在实际工作场所中执行此工作任务的流程,即在执行工作场所任务时您必须执行的小任务):在流程里面会涉及工作流程、工具与设备(列出在实际工作场所中执行此任务所需的工具与设备)、合格的表现标准或规范(描述在工作场所中合格表现的标准或规范,成果或成品的特征或特性,工作流程中的关键或必不可少的步骤,完成任务的一些特定的形式)、综合能力。

工作流程:①选择品种;②确定育苗时间;③配制营养土;④填装营养钵;⑤浸种催芽;⑥播种;⑦覆盖保温物或遮光物;⑧苗期管理。

工具与设备:铁锹、喷雾器、筛子、营养钵、水盆、热水、凉水、温度计、催芽箱、镊子、塑料薄膜;种子、大田土、有机肥、化肥、杀菌剂。

合格的表现标准或规范:①成果特性。出苗率高、苗齐、苗壮。②工作流程中的关键。营养土配制要做到16个字即营养全面、疏松透气、没有病虫、混拌均匀;采用温汤浸种,水温、水量、时间要适宜;催芽温度、时间要适宜;播后覆土厚度适宜;播后及时覆盖薄膜保温。

综合能力:从上面的工作流程里选择其中一项比较小的任务,如播种,确认学生应该学习什么知识和技能才能执行这项任务,这项任务在工作场所是怎么执行的。识别所需的方法能力、社交能力及个人能力,以便培养学生的综合能力。播种所需的技术知识:①掌握营养土(基质)的类型、质地;②掌握黄瓜育苗对营养土(基质)的要求;③掌握种子发芽和幼苗出土的规律;④掌握黄瓜播种适宜的温度、深度。播种所需的技能:①能够判断营养土(基质)的质量及调整适宜湿度;②能够挑选优质种芽;③能够将种芽正确地点播到营养钵内;④播种后能够覆盖适宜厚度的营养土(基质)。播种所需的方法能力、社交能力和个人能力:①方法能力,根据播种季节、黄瓜种子特点选择适宜的播种方式确定黄瓜播种的深度、播种量、播种密度、覆土厚度;②社交能力,无;③个人能力,根据种植规模,及时更新了解播种的方式。

（2）设计实境学习环境　编写真实情景，需考虑在工作场所中，本任务执行中容易出现的问题及引发原因是什么；需要执行任务的场所在哪里；执行工作任务的流程是什么；预计的业内表现性标准/准则有哪些。

准备工作：①准备好育苗需要的工具与设备；②计算需用黄瓜苗数、需用营养土数量、需用营养钵数量、需用温室（苗床）面积；③选择好适应本地和农场主需要的黄瓜品种；④确定育苗时间。

育苗：①配制适宜的营养土并填装于营养钵。营养土应由田园土、有机肥、化肥、疏松物按照一定比例进行配置、消毒后装入营养钵。②进行浸种催芽。浸种要掌握三个关键要素即水温、水量、时间。浸种后，用湿纱布、麻袋布，毛巾等包起或用盆、碗等器具盛装，放在适宜的温度环境中进行催芽。③进行播种。选择合适的播种方式，播种方法，注意播种量、播种密度、播种深度、覆土厚度等。④进行播种后的管理。播后要注意小环境调节。

壮苗的标准：①株高 12～15cm；②叶片 4～5 片；③叶色浓绿；④节间较短；⑤茎粗 0.8～1.0cm；⑥龙头舒展。

黄瓜苗的出苗率及壮苗率直接影响到农场黄瓜的栽培及农场效益，因此，培育出更多的黄瓜苗农场将给予奖励。

2. 育黄瓜苗综合学习设计示例　从前面工作过程中选择一个小任务如播种，设计一项定义不明确的学习和一系列学习活动，以促进学生综合学习工作任务。主要包括三部分，设计一项定义不明确的学习任务，写出传授方法能力中的思维过程，为综合学习设计学习活动。

（1）设计一项定义不明确的学习任务　用以作为学习这项工作任务的框架，确保所设计的定义不明确的学习任务能够帮助学生掌握综合的技术、方法、社交与个人能力来完成这项学习任务。定义不明确学习任务的主要特征是能反映现实生活。任务对学生具有意义，吸引学生完成任务，学生对该任务并不陌生；任务需要学生采用不同方法来完成；任务需要学生共同讨论、团结合作；有时任务可能涉及多种学科，解决方案不限于单一学科。根据上述要求，选择工作流程中的播种定义不明确学习任务为"设计黄瓜播种方案"。

（2）传授方法能力中的思维过程　传授方法能力的规范是通过提问，引导口述思考过程，对思考过程要清楚，加入刻意的练习，执行任务后，应该立刻给以信息化的回馈及执行后的结果。根据前面黄瓜育苗实境学习设计中播种的方法能力，用一个句子写下思维过程，包含思维过程的各个步骤、思维的本质、步骤的结果、作何决策等。

例如，关于播种方式的思维过程：①回顾适宜黄瓜播种的方式有哪几种、黄瓜播种方式的选择与哪些因素有关；②分析每个播种方式有什么优势及不足；③分析现有环境条件特征，判断满足哪种播种方式；④比较后确定适应的黄瓜播种方式。

黄瓜播种深度的思维过程：①请同学思考黄瓜播种越深越好吗；②回顾黄瓜播种深度选择的依据是什么；③比较不同播种深度对种子发芽的影响；④分析现有的种子特征、土壤质地、墒情、天气等因素；⑤比较后确定黄瓜播种深度。

如有必要，还可以设计多个思维过程

（3）为综合学习设计学习活动　在教学过程中，以教师为中心的教学方式大多是教师采用单调的讲解和简单的媒体控制和掌握教学的各个阶段。以学生为本位的教学，强调学生独立学习，教师对学习过程进行监督和质量保障，改变了传统的师生关系，教师起到支架辅助的作用，帮助学生取得预期的成果。设计学习活动首先要选择适宜的教学内容，按照教学过程，选择适宜的教学方法，描述如何开展学习活动，列出辅助学习活动开展的问题，如在以学生为本位的学习中有助于学生掌握技术、方法、社交、个人能力的提问。

例如，学习黄瓜播种的内容，在教学导入阶段，为激发学生学习兴趣，温故知新，强调对学生个人能力的培养，使其合理规划工作，完成工作任务。可以选择以学生为本位的教学方法，采用以下方式展开学习活动：①将学生3~4人分成一个小组，向每位学生分发书写文具和纸张；②向学生播放视频，展示温室中番茄播种的整个过程；③向学生提出问题，回顾刚才短片中看到的番茄播种操作的基本环节；④让学生以小组为单位进行讨论，将结果写在事先准备好的挂图上，然后每组相互学习；⑤根据学生所写，记录总结学生所写播种环节，把握学生已有的基础；⑥引发学生思考，播种过程中应该注意哪些问题。教师为更好辅助学生学习，可以提出相关问题，如播种的基本环节是什么？播种过程中应注意的问题？黄瓜播种与番茄播种过程一样吗？

在告知学生学习目标阶段，可以选择以教师为本位的教学方法，采用以下的方式展开学习活动：主要以教师讲授的方式要求学生掌握黄瓜种子发芽和幼苗出土的规律；掌握黄瓜播种适宜的深度；能够判断营养土（基质）的质量及调整适宜湿度；能够挑选优质发芽种子；能够将种子正确地点播到营养钵内；播种后能够覆盖适宜厚度的营养土（基质）。

在传授知识阶段，可以选择混合型教学方法，开展教学活动的方式有：①向学生提出问题，种子发芽都受什么因素影响；②用动画的形式向学生展示不同土壤状态下（沙土、黏土、砂壤土等）种子出苗的状态、发芽速度和时间；在晴天条件下和阴天黄瓜种子出苗的状态；③将学生3~4人组成一个小组，每个小组经讨论将结果写在挂图上；④观察同学写的结果，出现结果不一致的，由小组长进行说明；⑤教师根据挂图内容进行归纳总结。

在测试学生了解程度、教授技能、实践技能、总结归纳、反思等阶段也可以参照上述方式进行综合学习活动设计。

3. 育黄瓜苗灵活学习设计示例　　灵活学习是利用以学生为本位的学习，教师将有机会实现分组教学，并根据不同小组的需求、兴趣、能力因材施教。教师可以让优等生超前学习或要求更高标准的学习，也可以让后进生稳中求进，采用渐进式学习，优等生帮助后进生，深化其自我学习。识别时机并规划在某个班级实行灵活性学习。

描述班级内学生的大致情况：确定教师预计实施灵活性学习的班级，满足学生不尽相同的学习需求/兴趣、倾向、能力及已有知识/技巧。此班级既可以是教师曾授课的班级，也可以是教师下学期即将接手的班级。试从与已确定的工作任务中的学习能力、学习需求/兴趣、学习动机、已有知识/能力水平与独立学习技巧等方面简要介绍该班级的具体情况。

例如，某中职学校职设施农业生产技术专业二年级学生，该班总人数30人，大部分学生独立自主学习能力较弱，学习能力差别较大，小部分学生思维活跃，对设施农业各工作岗位有一定的认识及学习需求。全班大部分同学掌握了播种的基本概念、播种的深度等基本知识，能进行简单的播种操作。

识别时机并计划在某个班级实施灵活性学习，具体如下。

1）列出您认为是实施灵活性学习的时机的活动数目，选择传授知识、测试学生的了解程度、教授技能阶段实施灵活学习。

2）解释说明，该活动适合在教师确定的班级上实施灵活性学习的原因。引用该班级的主要特征、对教师的辅助教学的强化，以及该班级或学生小组得以提高的/不同的学习成果来支持教师的立场。如该班级学生学习能力差别较大，部分学生接受知识、技能能力较强，可以增加他们学习量，掌握更多的知识技能；对于接受能力较差的学生，通过教师较多的帮助，完成学习任务。

3）描述灵活性学习的特征（各小组的区别何在，如提供的辅助/支持、学习状态、期待的品质、期待的学习总量，教师将如何辅助学生进行灵活性学习）。可分组，把接受能力较强的学生均衡分到各小组；在学习参考资料中，准备10～20个不同蔬菜的播种要求；在采用配对互查教学策略过程中，教师在巡视过程中对于完成快并且正确的小组，提示引导学生进行学习参考资料中列出的其他蔬菜的播种方式（如茄果类、瓜类、葱蒜类），列出其他蔬菜的播种深度、浸种等不同的地方，让他们接受挑战；对于完成进度慢或疑问较多的小组，教师注意观察，根据实际引导学生正确学习，只给他们较少简单的蔬菜的播种，让他们有机会慢慢消化已学的知识和技能（陈梅珠，萧美玲，2015）。

四、学业评价

学生学业是反映学生发展水平和学校质量的核心指标。现在有一部分人将学业成就与学习成绩混为一谈，往往以学习成绩，实际上是以考试成绩代替学业成就。其实，传统的考试制度和考试成绩无法完整衡量出学生的学业成就。要真正评出学业质量和教育效能，必须要满足整体上全面反映学生发展这一教育目标的要求，所以学业评价比起当前的考试，无论是形式上还是在内容上都要求得更加规范和完善。

因此，在学习情境设计中还要考虑学业评价的环节，建议从宏观和微观两个层面提出学业评价方式的建议。宏观层面考虑整个学业评价的维度、评价的内容、评价方式方法及各学习评价点在课业总成绩上的相互关系；在微观层面，应为每个学习目标设计相应的评价方法。总的来说，提出评价建议可参考以下引导问题，采用什么方式学习、用什么样的方式评，由谁、用什么工具、参考什么标准、对什么项目加以评价。

（一）学习方式

随着职业学校课程改革的深入进行，需要从根本上改变传统的教学模式，采用适宜的职业教育教学方式，以便提高职业学校的有效性。目前，许多职业学校在教学过程中师生之间、学生与学生间的活动分配方式、学习参与者间的相互关系和合作形式在不断变化，逐渐强调以学生为中心的学习，传统的班级正面教学与独立学习、小组学习等方式相结合。

1. 班级正面教学　班级正面教学是在传统而典型的课堂学习环境中教师和学生面对面的教学组织形式，包括讲解、示范和提问等。它能够在短时内给学生大量的、相同的信息以利于发挥教师的主导作用，保证学习的系统性和计划性，教学内容和教材容易更新而且教师备课简单。但是，正面教学无法实现很多现代教育的重要培养目标，如创造力、主动性、团队精神、决策力及批评与反馈能力等。

2. 独立学习 独立学习是学生在没有教师和其他同学直接帮助下的学习，如按照工作任务书（学材）独立完成学习任务，主要目的是促进独立工作能力和个性发展。

独立学习的优点：学生可按照自己的愿望，较自由地学习部分或全部内容；通过相应学习程序，可使学习方式规范化；可根据学生情况灵活调整学习时间、进度、方法和风格。

独立学习的局限性主要表现在教学内容和教材更新周期较长，不适合培养关键能力且不适合顽皮、学习动力不足的学生。独立学习需要一些基本条件，如图书馆和学习资源中心等。开发系统的学习包具有重要的意义，除印刷资料和模型外，它还包括视听媒体和计算机软件等。在实践中，个体独立学习一般作为传统教学的支持和补充，而不是替代。

3. 小组学习 小组学习指多个学生在没有教师或其他同学的直接帮助下学习和复习教学内容、解决实际问题。它是较独立学习要求更高的、以学生为中心教学方式相对应的组织形式。每个小组的学习内容可以相同，也可以不同，其教学步骤见图 2-3。

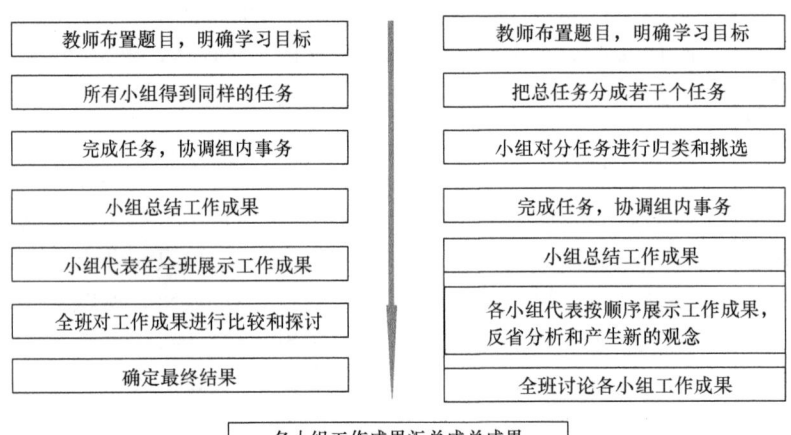

图 2-3 教学内容不同时的小组学习的程序

小组学习的优点：在复杂环境中学习，可系统培养信息交流等关键能力，达到较高认知目标；能提供自由讨论环境，加强生生间的交流；学生可自己设计和调控工作过程；可培养分析工作内容、分配任务、协调工作过程、评价和展示成果等多方面组织管理和创造能力；学习解决冲突、承担责任及互相学习、互相帮助的能力和热情，体验和判断自身行为对于小组的影响，找出学习需求。

小组学习并不是大家简单地聚在一起做一些事情。这里，每个学习者应当对自己的学习行为和自己对别人的影响有清醒的认识。

小组学习有以下基本特点：由小组全体成员共同承担工作和学习任务，小组尽可能独立自主完成任务；教师事先分配任务，整个学习过程的组织、设计权都在学习小组成员手中；学习小组对取得的成果和学习目标进行比较，师生和同学之间交流学习经验。

学习小组是实现群体合作学习目标的基本形式，一般为 4~8 人一组。教师只提供学习任务，主要起陪伴与咨询作用。在分组学习时应注意以下特点。

1）组内异质，组间同质，可为小组间竞赛创造合理平等的条件；有时也可同质组合，使弱势学生有竞争第一、赢得成功和尊重的机会。

2）合理分工，结果整合。即使小组间能力大体均衡，在组内也把学习任务分解成若干块，成员各负其责，除完成自己承担的任务外，还需为集体成果负责。

3）个人计算成绩，小组合计总分。合作学习既追求团体总分，也不放弃个人得分，既发挥了优势学生积极性，也调动了弱势学生的积极性。

4）分配角色，分享领导。学生可根据课题内容轮流担任项目负责人，也可分担不同任务角色，使每个人都在不同角色中得到锻炼和提高。

5）小组学习的缺点主要是教师组织任务复杂繁重和学生（不佳的）学习态度对学习效果的不良影响。在推广小组学习之前，常采用双人学习作为初级形式。

（二）学业评价的原则

1. 科学性的原则　　科学性的原则指所评价体系应科学地、全面地反映职业教育在提倡工学结合人才培养条件下的质量状况，内涵明确。基于工作过程导向的课程设置与传统的学科体系下人才培养不同，其课程设置、教学内容和教学方法等方面有很大的差异，充分体现融知识和技能学习为一体，学习环境与生产环境紧密结合，使培养的人才应具有一定职业素质、掌握够用的理论知识和熟练的职业技能。因此，学生学习评价体系应以职业技能为出发点，学以致用、凸显职业个性，同时注重职业素质的评价。

2. 多元评价的原则　　多元评价的原则是多种评价方式、多个评价主体、多方评价内容的有机结合。在评价的过程中，评价方式将由总结性评价转变为诊断性评价、阶段性评价或三种评价相结合的方式，既重视学生在校期间的学习考核，也重视其在合作企业实习过程中的考核，同时还重视学生、社会对工学结合人才培养质量的反馈，坚持学生、学校、企业、社会四方互动的评价方式；评价主体由教师、学生和企业组成；评价内容及标准与行业和工作岗位衔接，以知识、职业技能和职业素质为主，满足未来工作岗位的要求。

3. 可操作性原则　　可操作性原则是指学校评价、企业评价、社会评价等方法所设立的指标的数据便于收集和计算，能与日常工作相结合，评价结果能客观地反映学生素质与能力的真实状况。

（三）学业评价的内容及方式

1. 考核课程知识掌握　　这些课程能给后续教育提供知识储备和能力培养途径，而持续学习能力则是一种自我发展的重要智力素质。对于应用型人才而言，要拥有必备的文化知识、职业基础理论和较强的动手能力，这不仅是胜任当前工作的需要，也是进一步学习与提高，以适应社会发展的需要。因此，学习能力评价体系首先要考查学生文化知识和职业基础理论的掌握情况，同时考察运用知识的能力、思维能力和创新能力。运用多元化的考核评价方法，如闭卷、开卷、辩论、调查研究、情景测验等方式或几种方式结合。不论哪种考核方式，评价的主体也应由教师拓展至学生，强化过程性评价，如表2-16和表2-17所示，表中的评价内容仅供参考，可以应学习环境和学习条件不同有所调整。引导学生对学习结果进行反思，有利于培养和发挥学生主动学习与探究的精神和可持续学习能力。

表 2-16　专业理论课、专业课程成绩评价表

姓名	学号	过程性评价（70%）				终结性评价（30%）	总评
		出勤（10%）	学习表现（20%）	任务完成（20%）	过程考核（20%）		

表 2-17　学生课程学习表现评价表

班级：_____　　教师：_____　　日期：_____

项目		权重	评价内容与要求	评价等级				评价主体		
				A	B	C	D	自评	组评	师评
学习方式	自主	15	注意力集中，学习积极性高，认真听讲，独立思考，善于调整学习策略、方法							
	合作	15	积极主动开展合作学习，相互协作，互相帮助，共同提高							
	探究	10	通过探究活动获取知识、训练技能，具有科学的方法、态度、观念							
参与程度	主动	10	积极主动参与课程学习的每一个环节，具有主动学习精神							
	时间	10	学生参与课程学习活动的时间和次数							
学习效果	知识	10	学生对知识的掌握达到课程标准							
	技能	20	学生通过学习，分析问题、解决问题的能力有所提高							
	态度	10	学生的学习兴趣不断提高，积极参与各种学习活动，学习自信心增强，不断养成良好的学习习惯							

2. 考察学生的职业技能　　由于大部分职业学校还是单纯地为办学而办学，缺少行业协会和用人企业的参与和深度合作，造成教学与行业需求的脱节，培养出的人才不符合现代生产、服务、管理等的实际需要。在有条件的情况下，在职业技能拓展课程的教学中，引用职业技能鉴定中成熟工种的考试大纲、教材来制订教学计划并组织教学，课程考核时引入职业技能鉴定，同时获得职业资格证书，实现课程考核与职业资格鉴定接轨。表 2-18、表 2-19 为评价表和考核表，各工种的考核标准可参见第二章第一节的职业分析。

表 2-18　学生学习表现评价表

学习领域：_____　学习情境：_____

班级：_____

第____组　组长：_____　组员：_____

序号	考核内容	配分	评分标准	考核记录			得分
				自评（30%）	互评（30%）	师评（40%）	
1							
2							
…							
合计							

表 2-19　某学习领域期终技能考核表

鉴定时间：_____

序号	考核项目	子项目	配分	评分标准	考核记录	扣分	得分
1				可参见国家职业资格标准要求			
2							
…							
合计			100				

3．工作能力评价　工作能力主要指常规工作能力、新工作接受能力和创新能力。常规工作能力是指履行岗位职责直接需要的职业技能和执行能力。新工作接受能力主要指掌握新知识、新工艺和新技术，并能分析、解决生产实际问题的能力。创新能力主要指能提出有价值的创新性建议并被采纳，或发明、设计具有实用价值和经济效益的产品能力。工作能力的评价由实习企业、学校和学生三方共同参与，不同的实习岗位考核项目和标准不同。学生实习成果交流评价见表 2-20，综合运用企业员工绩效考核的方法，注重过程性评价。学生实习结束后，考核合格者（包括实习日记、阶段实习表现、学习成果交流等方面的考核），除毕业证外，实习企业还给学生颁发"企业工作鉴定证书"。学校还可以规定，对于考核不合格的同学，必须重修一年的实习并经考核合格后方可颁发毕业证书。

表 2-20　学生实习成果交流评价表

企业：_____　学校带队实习教师：_____

项目		权重	评价内容与要求	评价等级				评价主体		
				A	B	C	D	自评	组评	师评
育苗 （100分）	实际操作	60	实习企业的服务标准及要求	60	50	35	25			
	知识问答	30		30	25	20	10			
	态度	10		10	8	6	4			
…										
合计										

第四节　设施农业生产技术专业教学媒体及环境

媒体是指承载、加工和传递信息的介质或工具。当某一媒体被用于教学目的时，则被称为教学媒体。教学媒体作为教学内容的载体，是教学内容的表现形式，是师生间传递信息的工具。在中职设施教学过程中，实物、口头语言、图表、图像及动画等都承载着教学需要传递的信息。教学媒体往往要通过一定的物质手段而实现，如书本、模型、图纸、投影仪、录像及计算机等。

随着国家对职业教育的重视及职业教育教学改革的深入，计算机网络和多媒体技术被广泛应用，从根本上改变了长期的传统教学方法和手段。特别是虚拟技术在解决职业学校学生实习中的安全问题、提高动手操作能力等多方面发挥了不可替代的作用。

一、专业教学媒体

（一）教学媒体的概念、分类及特点

媒体一词来源于拉丁语"medium"，又译作媒介，即在信息传递过程中，从信源到信宿之间承载并传递信息的载体或工具。它有两层含义：一是承载或传递信息的载体，即狭义概念上的媒体，只有图、文、声、像四种具体形态；二是指存储和传递信息的有形实体，即计算机、教材、广播电台等。

教学媒体是在教与学过程中所采用的媒体，是承载和传播教学信息的中介。包括两层含义：①教学媒体所存储与传递的信息以教学为目的，其特定对象是教师或学生，教学媒体的选取取决于教学目标。②教学媒体是由那些能用于教与学活动的媒体发展而来的。

随着科学技术的进步，教学媒体的种类越来越多，性能也越来越好。由于着眼点不同，对媒体的分类方法也不尽一样，下面介绍几种常见的媒体分类法。

1. 按印刷与否分类　　分为印刷媒体和非印刷媒体。

（1）印刷媒体　　指各种印刷出版资料，如图书、报表、报纸、杂志及其他印刷文字资料。印刷媒体的优势就是携带方便，但是印刷周期相对较长。

（2）非印刷媒体　　泛指各类非印刷的视听材料，如幻灯机、投影仪、录音带、录像带、电影片、计算机软件等。它们又可分为以下四种类型：①听觉型媒体。主要有收音机、录音机、扩音机、CD唱机、MP3播放器、语言实验室等设备及相应的教学软件。②视觉型媒体。主要有幻灯机、投影仪、普通光学照相机、数码照相机、视频实物展示台、大屏幕电子投影仪等设备及相应的教学软件。③视听型媒体。主要有电视机、录像机、摄像机、VCD、DVD和无线电视系统、闭路电视系统等设备及相应的教学软件。④ 相互作用型媒体。主要有程序教学机、多媒体计算机及相应的教学软件等。

2. 根据信息传播过程中信息流动的相互性分类　　可分为单向传播媒体和双向传播媒体。

（1）单向传播媒体　　诸如大班讲课、电影、电视、书刊和演示等。这类媒体，信

息都是由教师流向学生，没有相互性。当采用这类媒体时，学生几乎没有机会去影响或者改变信息。如果使用恰当，这些媒体可以在尽可能短的时间内，对大量的人传递大量的信息。

（2）双向传播媒体　　即相互作用媒体。诸如讨论、游戏、个别辅导、角色扮演等。它们在传递信息方面不像单向媒体那样有效，但它允许学生积极参与学习，影响信息的传播速度、内容及其再现。反过来教师又可以从学生那里获得有关学生理解和接受课程内容的反应信息，利用这种信息改进教学。在双向传播媒体中，还包括程序教学、计算机辅助教学一类自学型媒体。在相互作用这一点上与单向媒体相似，即允许学生根据自己的速度和兴趣进行学习而不受教师的直接监督。但教学结构更为严格，需按一定的程序进行，要求教师做大量计划，编写教材并安排其他辅助材料。

3. 按媒体作用于人的感官和信息的流向分类

（1）视觉媒体　　如黑板、挂图、标本、幻灯机、投影仪、普通光学照相机、数码照相机、视频实物展示台、大屏幕电子投影仪等设备及相应的教学软件等。它们又分为非投影视觉媒体和投影视觉媒体。非投影视觉媒体有教学板书、印刷的文字材料、图片、图表、模型与实物教具、展览等；投影视觉媒体主要有幻灯机、投影仪、普通光学照相机、数码照相机、视频实物展示台、大屏幕电子投影仪等设备及相应的教学软件等。

（2）听觉媒体　　主要有收音机、录音机、扩音机、CD唱机、MP3播放器、语言实验室等设备及相应的教学软件。

（3）视听觉媒体　　主要有电视机、录像机、摄像机、VCD、DVD和无线电视系统、闭路电视系统等设备及相应的教学软件。

（4）交互媒体　　如程序教学机、语音室、计算机网络等。

（5）综合媒体　　如多媒体综合教室、多媒体语言教室、数字化微格教学系统、视频点播系统、人工智能教学系统、智慧课堂教学系统、数字互动教学系统等。

4. 按媒体是否使用电源来分类　　凡是使用时不需要电源的称为"传统教学媒体"，凡是使用时需要电源的称为"现代教学媒体"。

（1）传统教学媒体　　主要包括语言、文字、印刷材料、图片、黑板、模型和实物及教师的各种表情、体态等。这些媒体历史悠久，使用方便，一直是传递教育教学信息的重要媒体，在未来的教育教学活动中，仍将是不可或缺的工具。

（2）现代教学媒体　　它是近代才产生和发展起来的，主要是光学投影、录音机、电视机、计算机、各种网络等，习惯上将它们根据媒体作用的感觉通道不同而分为如下几类。

视觉媒体：主要有幻灯机、投影仪、普通光学照相机、数码照相机、视频实物展示台、大屏幕电子投影仪等设备及相应的教学软件。

听觉媒体：主要有收音机、录音机、扩音机、CD唱机、MP3播放器、语言实验室等设备及相应的教学软件。

视听媒体：主要有电视机、录像机、摄像机、VCD、DVD和无线电视系统、闭路电视系统等设备及相应的教学软件。

综合操作媒体：主要有多媒体教学系统、计算机网络教学系统、程序教学机、学习反应分析机等设备及相应的教学软件。

现代教学媒体可以逼真、系统地呈现各种动态事物，向学习者提供生动具体的事物形象。同时提供的活动图像可不受时间、空间因素的限制，既能显示肉眼无法看到的微观世界，也能将浩瀚宇宙尽收眼底。利用现代教学媒体还可以提供费用低、花时少、没有危险的模拟实验和丰富翔实的参考资料。利用多种媒体组合教学，还可望产生"1+1＞2"的效果，提高教育信息传输效率。随着社会的进步、科学技术的发展，必将会有更多更好的现代教学媒体出现。

（二）教学媒体的设计、选择依据及流程

1. 教学媒体设计的心理学依据 在设计和选择教学媒体时，从心理学的角度通常从以下四个方面引以关注。

（1）注意 即心理活动对一定对象的指向或集中。注意有五项特性：一是选择性。注意有高度的选择性，人们一次只能注意到环境中的一小部分，而且其中被看得清楚的只是视野中的中心部分。因此，在用各种媒体呈现教学信息时，应当突出主题，突出最主要的特征。二是新异性。刺激物的新异性容易成为注意的对象，据此，媒体设计中为了引起学生的注意，并不需要完全使用新的刺激，只要前后刺激有明显的对比和差异即可引起注意（某段文字有闪烁或下划线；言语中改变音量或音调等）。三是简洁性。简洁的呈现易于集中注意，为此，在画面中应尽量删除无关的背景和多余的细节。四是适中性。难易程度适中的刺激较易引起注意。太简单的内容，学习者往往不屑一顾；太困难的内容，学习者则倾向于回避，这两种情况均难以吸引注意。五是期望性。学习者的期望可以对注意产生强烈影响。在呈现要教的内容之前，先提出教学目标或者提出亟待解决的问题，能使学习者对后来呈现的刺激产生期望，引起注意，并对后来呈现的刺激留下较深的印象。

（2）知觉 即指一系列组织并解释外界客体和事件产生的感觉信息的加工过程。知觉是人脑对直接作用于感觉器官的客观事物的整体反映。知觉有三项特性：一是整体性。知觉对象是由许多部分组成的，但学习者并不把对象感知为许多孤立的部分，而总是把它感知为一个统一的、有意义的整体。二是相对性。知觉不能用绝对值表示，只能通过比较来衡量。在设计媒体的呈现方式时需考虑到这种特性。例如，对距离的判断是相对的，越小越远。对大小的判断是相对的，与熟悉的物体作对比。对运动的判断是相对的，动静结合。对亮度的判断是相对的，对比色。三是对比性，当两种事物的属性难以区分时，应将它们放在一起呈现，而不是分开。

（3）记忆 即通过识记、保持、再现（再认和回忆）等方式积累和保存个体经验的心理过程。记忆有两项特性：一是组块性，具有不同的认知结构的学习者在记忆同一事物时所用组块的内容不同。学习者总是把当前呈现的信息内容划分为适合自己记忆的组块。二是有限性，大量的心理学实验研究证明，人类的短时记忆容量是7～9个组块，因而是有限的；但是同样的知识内容只要改变组块的知识形式就有可能大大扩充短时记忆的有限容量。

（4）概念形成 概念是人脑反映事物本质属性的思维形式。个体掌握一类事物本质属性的过程，就是概念形成的过程。把握概念形成要注意以下四点：一是从实例出发而不要从定义出发，在学术著作中关于概念的叙述一般是按名称—定义—属性—实例的顺序；但是在教材和教学软件中对概念的学习则应相反，即按实例—属性—定义—名称的顺序，因为只有从实例出发才能从中确定共同属性，才有可能帮助学习者完成从感性到理性的飞跃。二是既要使用正例，也要使用反例。光有正例不能使学习者较深刻地了解概念的全部属性，只有通过正反两方面经验的比较才能较完整地、确切地掌握一个概念。三是应使用和正例相近的反例。所谓和正例相近，是指反例中有某些属性和正例有相似之处，而这些正是学习者难以辨别，容易引起混淆之处。使用与正例相近的反例，就可以有效地提高学生的辨别能力，使学习者获得确切概念。四是列出属性表比直接用文字定义概念有效，因为属性表层次分明，所以能加深学习者的印象，而冗长的文字表达则容易使人感到厌倦和遗忘。

2. 教学媒体选择的系统依据 教学媒体选用不是随意的，因为从记录、显示和传递信息的方式来看，每种媒体都有自己的优点和局限性，选用媒体时，要特别注意媒体种类的多样性、媒体自身的独特性所表现出来的多样性、学习者的多样性、教学内容的多样性、教学目标的多样性。具体到媒体选择时，从教学系统的要素角度，通常主要参考依据如下：

（1）**教学内容** 各门学科的性质不同，与之相适应的教学媒体就会有所不同。同一学科内不同章节的内容不同，对教学媒体的要求也不相同。例如，对于教学内容中概念的学习和把握，最适合的媒体就是选用文字，因为文字能够表述得更严谨。而对于设施设备信息的传递，最好的媒体表现形式则是图片或视频，因为图片能够给学习者以直观的认识，视频则能够给学习者传递多维度、运动视角的认识。

（2）**教学目标** 为了达到不同的教学目标，常常选用不同的媒体去表现和传递教学信息。例如，本次课程教学的目的是让学生掌握蔬菜的生物学特性应该是由哪些要点组成，以便能够在头脑中形成一个认识蔬菜生物学特性的思维框架，那么这个教学过程中就要突出各个生物学特征要点间的联系，对于想掌握各概念和要点间联系的最佳媒体是概念图，它能够让学生在编制的过程中，实现隐形框架的显性再现，又能够让学生在编制的过程中，完成整体框架的意义建构。而依据现有的知识框架去细化或具体化各个结点上概念或知识点，则是应用概念图对学科知识细化，即完成各个节点上，下一级子概念的具体化和线性化。

（3）**教学对象** 教学对象的因素包括得非常多，如年龄特点、兴趣爱好、学习能力、学习态度及群体的规模或特征等，这些都是影响媒体选用的重要因素。例如，针对中等职业学校的新生，他们本身就较其他中学的学生有较差的学习能力，因为自卑对学习又有较大的抵触情绪，以至于厌学，加重了各门专业课程学习的难度，为此，教师应在新生教学或对学习能力差、生活经验少的学生教学，更多选用直观的图片、视频等媒体形式，更多选用计算机、更多选用他们常用的熟知的媒体形式如通常是娱乐的QQ或微信等为他们提供学习的资源。让他们感知到QQ或微信不仅仅是单纯娱乐，它还能帮助他们学习，进而确立和培养正确的媒体运用观，这样的引导将影响一个学生的一生，给他一个终生在玩中学的概念，在享受娱乐中的学习。

（4）**教学条件** 教学实践上，选用哪一种媒体不仅要关注以上的三个要素，还要看具体的现场条件，如媒体资源获取的便捷性、媒体的管理和维护水平、教师对媒体的利用的态度和媒体驾驭的灵活度及熟练度、学校的经济能力等。例如，数字交互式教学系统是有益于提高教学效果的媒体形式，但是具体到学校的实际情况，可能就会因为经济的因素不能选用。

此外，在实际的教学媒体选择过程中，还需要考虑教学媒体的物理特征、对学习者的心理刺激、教学媒体的使用时间、使用地点的要求，等等。

3. 教学媒体选择的教学特性依据

（1）可适应性　这项要素主要包括对教学情境的适应性，即对教学媒体的选择要由教学情境中的表现形式来决定；对学习特征的适应性，即对不同的学习者特征，教学媒体有不同的适应性；对学习任务的适应性，即对不同的任务类型，选择合适的教学媒体。例如，对于认知类的学习任务可以选择动画（适合原理型知识）、图片、模型、超媒体、多媒体计算机课件等；对于情感类教学内容，可选用表现手法多样、艺术感染力强的媒体；对于技能训练类的教学内容，多采用电视录像、电影、人工智能、虚拟现实、模拟训练等表现手法丰富的、具有跨时空特点的教学媒体。

（2）可利用性　这项要素主要是指教师使用媒体时，对媒体的操控难易程度；学习者使用媒体时的参与度及学习者本人操作的难易程度。更重要的是，选用媒体的内容特点与教学内容的符合度。

（3）低成本性　这项要素是指媒体的购置、安装、制作、利用和管理等的成本。

4. 教学媒体的选择流程及决策

（1）选择流程　教学媒体选择是中等职业学校专业课程教学中的一个重要的环节，李克东等提出了教学媒体选择的工作流程，如图2-4所示。

教学媒体的选择流程主要分为以下四步。

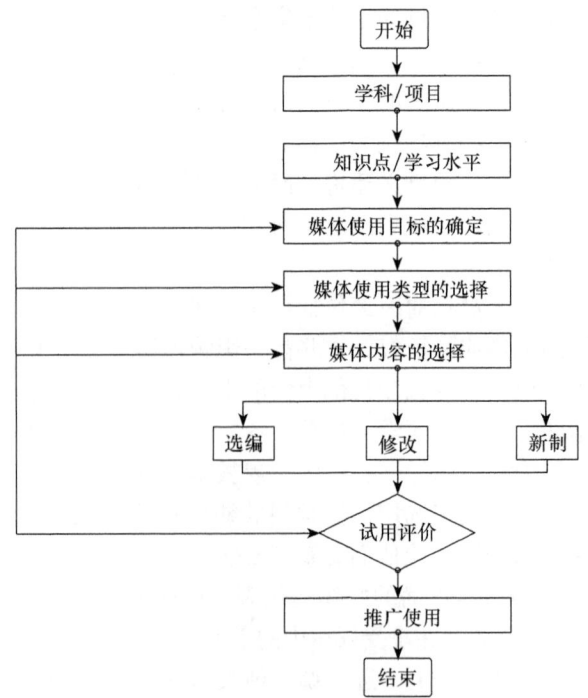

图2-4　教学媒体的选择流程

1）在确定学科或项目以后首要的工作即教学分析，包括知识点的教学内容分析、学习者起点水平分析。在现在的实际教学中，教师多根据所任教学科教学内容和教学对象的实际，检索或查询是否有预授课程相关的媒体，各种类型都要包括。

2）确定学习者分析的结果和教学内容的特点，明确选用教学媒体的目标，创设情境，引发动机；反映现实，显示过程；示范演示，验证原理；提供练习，训练技能。

3）借助于本节"教学媒体选择的系统依据"和不同的媒体在表达和传递信息时的特点来选择教学媒体的类型，即狭义的图文声像或是包括广义的媒介在内的教学媒体。

4）媒体内容的选择。媒体内容主要是指把教学内容信息转化成能够对学习者的感官产生有效刺激的信号成分，具体的包括：画面资料、画面组合序列、教师的教学活动等。这些内容材料的组织和选择可以通过选编、修改和新制三种途径获取。

（2）教学媒体选择的决策模型　　从理论上讲，这些媒体都是适用的，但实际上它们中间还存在着最佳选择。因为在教学设计实践中，纯粹按照教学目标、教学内容、学习者特征、教学模式与策略诸因素的要求来选择媒体的现象是很少的，人们还要考虑一些其他的实际因素，如获得的可能性、成本的值得性、使用的便利性、师生的偏爱性等。

媒体选择的决策模型或方法有问卷法、计算法、流程图法和矩阵法，下面以视觉媒体选用流程为例说明，如图2-5所示。

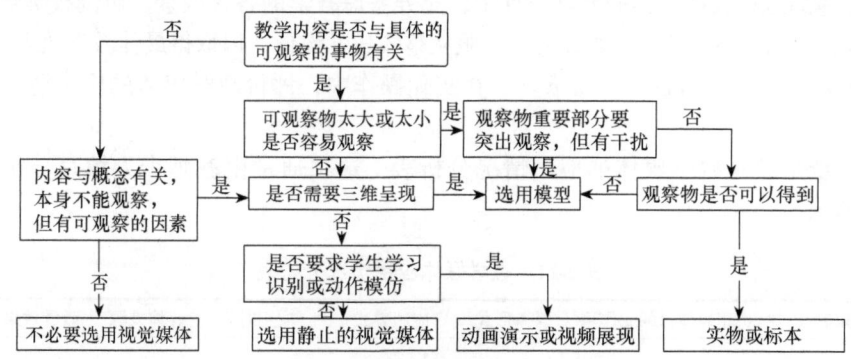

图2-5　视觉媒体的选用流程图

5. 教学媒体选用情况评价　　教学媒体的应用通常依据"教学媒体的编制原则和效果原理"和"教学媒体利用原则"来确定和设计评价的标准，依据标准对教学媒体的运用情况作价值判断。

（1）教学媒体的编制原则　　①教育性。编制的教学媒体，对于向学生传播某门学科的基础知识，发展学生的能力，培养学生的思想品德，促进学生的全面发展，应能起到良好的作用。必须注意，要有明确的目标；要根据教学大纲，围绕重点、难点；适应学生的接受水平。②科学性。编制的教学媒体，要具有高度的科学性，能正确反映科学基础知识和现代科学技术发展水平。必须注意，要以马克思主义为指导思想，坚持正确的政治方向；选用的材料、例证和逻辑推理，都必须是科学的、符合客观实际的；各种实际操作必须准确、规范；所表现的图像、声音、色彩都要符合科学的要求。③技术性。编制教学媒体，要图像清晰、声音清楚、色彩逼真、声画同步，要保证良好的质量。必须注意，设备要处于良好的状态；制作人员要掌握有关技术。④艺术性。编制的教学媒体，要有丰富的表现力和感染力，能激发学生的情感，引起学习动机，提高学习兴趣和审美能力。必须注意，内容要反映真善美的事物，构图要匀称，变换要连贯合理；光线色彩要适度，使观者感到舒适；音乐和语言要适当，使听者愉悦，从而收到良好的教育效果。⑤经济性。要有周密的计划，要考虑经济效益，以最小代价，得到最大收获。

（2）教学媒体的效果原理　　①共同经验原理。教师和学生的沟通要建立在共同经验上，教学媒体的设计要重复考虑学生的经验和知识水平。②抽象层次原理。教学媒体的素材要在学生能明白的抽象范围选取，知识能抽象出要点，再用具体事例支持。③重复作用原理。将概念在不同场合重复呈现，用不同方式去呈现。④信息来源原理。教学媒体编制中的信息来源应是有权威的、真实可靠的。⑤最小代价原理。低成本，高效益地编制教学媒体。

（3）教学媒体的利用原则　　①发展性原则。选用教学媒体时应考虑它在多大程度上能发挥教育作用，促进学生各方面的发展；同时要从学生身心发展的角度，了解各种媒体的内在规律和正确使用方法。②综合性原则。选用教学媒体时，要避免单一，应综合多样，互相补充使用，取长补短，充分发挥教学媒体的整体功能。③经济性原则。应考虑教学媒体的投资效益，尽量降低成本，少花钱，多办事，选用那些能达到所期望教学目标的最便宜的媒体。④教学最优化原则。这是选用教学媒体的根本原则和要求。应把选用教学媒体的过程放在整体的教学设计中，充分考虑教学的各种因素，协调教学媒体与教学的其他方面的关系，使教学媒体的功效服从整体教学设计，以取得最佳教学效果。

（4）教学媒体应用情况评价表　　在实际操作中，评价教学媒体的应用情况通常分为两步。

第一步是填写教学媒体的应用情况分析表，这项通常由教师个人填写分析表，如表2-21所示。

表2-21　教学媒体应用情况分析表

序号	知识点	选用媒体目的或作用	媒体形式	应用方式	应用时间	媒体来源	教学效果分析
1							
2							
3							
4							
…							

表2-21中，选用媒体目的或作用包括：① 提供事实，建立经验；② 创设情境，引发动机；③ 举例验证，建立概念；④ 提供示范，正确操作；⑤ 呈现过程，形成表象；⑥ 演绎原理，启发思维；⑦ 设难置疑，引起思辨；⑧ 展示事例，开阔视野；⑨ 欣赏审美，陶冶情操；⑩ 归纳总结，复习巩固；⑪ 其他。

媒体的应用方式包括：① 设疑—播放—讲解；② 设疑—播放—讨论；③ 讲解—播放—概括；④ 讲解—播放—举例；⑤ 播放—提问—讲解；⑥ 播放—讨论—总结；⑦ 边播放、边讲解；⑧ 其他。

第二步是对教学媒体的应用情况的评价，通常是由同行、专家或教学管理人员实施，评价表如表2-22所示。

表 2-22 教学媒体应用情况评价表

评价指标	评价内容	权重	分项成绩（100分）	评价等级			
				优秀	良好	中等	较差
教育性	① 观点正确、思想性强	7					
	② 选题恰当、适合教学对象需要	6					
	③ 突出重点、分散难点、深入浅出、易于接受	5					
	④ 注重启发、促进思维、培养能力	7					
科学性	① 符合科学原理、表述准确、术语规范	7					
	② 内容真实、逻辑正确、层次清楚	6					
	③ 场景设置、素材选取、操作示范符合有关规定	7					
技术性	① 画面清晰、色彩真实、文字醒目、对比适中	7					
	② 声音清晰、音量音乐适中、音乐音响和谐	7					
	③ 声画同步、组合顺畅、画面无扭曲、抖动现象	6					
创新性	① 创意新颖、构思巧妙、节奏合理	12					
	② 技巧特技选用恰当、画面生动、声音和谐	8					
经济性	① 投资合理、效益好、经济适用	8					
	② 作品生命周期长、发挥作用大	7					

注：优秀为 90~100 分；良好为 80~89 分；中等为 60~79 分；较差为 60 分以下

（三）使用教学媒体的原则

第一，课堂教学是一个动态的教学过程，影响教学媒体选择的因素必然是多元的。

第二，教学媒体应该遵循教学目标，而不是反过来支配教学目标。

第三，教师必须完全熟悉教学中使用的所有媒体的内容。只有完全掌握教学媒体的内容，才能作出充分的教学规划，也才能构建有意义的教学顺序。

第四，应根据对学习成果的贡献程度选择媒体，而不是根据使用的便利性或容易度。

第五，根据学习者对媒体的利用能力，合理选择媒体。

第六，考虑媒体使用的环境与实际效果。教学媒体只有在具体的教学环境中使用才能发挥出它的作用，师生对媒体的熟悉程度、教育经费、教学软件的质量及数量、对环境的要求及管理水平等，都会对媒体的选择和使用产生影响。在选择和使用媒体时，应该考虑效益比。同时要注意，教学媒体发挥的作用也是有限度的，只能是利用媒体，而不能过分依赖媒体，更不能用媒体来取代教师的作用。

（四）最新视频教学媒体——微课程的设计与制作

1. 微课程概念 微课程是当今教研的一个比较热的新生事物，2009 年起源于美国，以其互动性和参与性强、信息传播速度快的特点而闻名。对于微课程和微课，业内有不同的认识和界定。微课程是基于学校资源、教师能力和学生兴趣，以主题模块组织起来的相对独立与完整的小规模课程，具有短小精悍的特点，适用于教育的各个阶段及各种课程类型。微课的概念，在国内，是由佛山教育局的胡铁生率先提出来的，他认为微课是以教学视频为主要载体，反映教师在课堂教学过程中针对某个知识点或教学环节而开展教与学活动的各种教学资源的有机组合。微课程既有别于传统单一资源类型的教学课例、教学课件、教学设计、教学反思等教学资源，又是在其基础上继承和发展起来的一种新型教学资源。

可见，微课是一种以微型教学视频为核心，由微教案、微课件、微练习、微反思等组成的一个资源应用生态环境。它强调的是资源的有机组成和可扩充性、开放性、生成性和发展性。微课程则除了相关的资源外，还包括相应的教学活动，是某门学科知识点的教学内容及实施的教学活动总和。微课的高级阶段或发展趋势就是微课程。

2. 微课程的特点

（1）教学时间较短　　教学视频是微课程的核心组成内容。根据中小学生的认知特点和学习规律，微课程的时长一般为 5~8min，最长不宜超过 10min。因此，相对于传统的 40min 或 45min 的一节课的教学课例来说，微课程可以称为课例片段或微课程例。

（2）教学内容较少　　相对于较宽泛的传统课堂，微课程的问题聚集，主题突出，更适合教师的需要。微课程主要是为了突出课堂教学中某个学科知识点（如教学中重点、难点、疑点内容）的教学，或是反映课堂中某个教学环节、教学主题的教与学活动，相对于传统一节课要完成的复杂众多的教学内容，微课程的内容更加精简，因此又可以称为微课程堂。

（3）资源容量较小　　从大小上来说，微课程视频及配套辅助资源的总容量一般在几十兆左右，视频格式须是支持网络在线播放的流媒体格式（如 rm、wmv、flv 等），师生可流畅地在线观摩课例，查看教案、课件等辅助资源；也可灵活方便地将其下载保存到终端设备（如笔记本电脑、手机、mp4 等）上实现移动学习、泛在学习，非常适合教师的观摩、评课、反思和研究。

（4）内容构成"亲民化"　　微课程选取的教学内容一般要求主题突出、指向明确、相对完整。它以教学视频片段为主线"统整"教学设计（包括教案或学案）、课堂教学时使用到的多媒体素材和课件、教师课后的教学反思、学生的反馈意见及学科专家的文字点评等相关教学资源，构成了一个主题鲜明、类型多样、结构紧凑的"主题单元资源包"，营造了一个真实的"微教学资源环境"，这使得微课程资源具有视频教学案例的特征。广大教师和学生在这种真实的、具体的、典型案例化的教与学情景中可易于实现"隐性知识""默会知识"等高阶思维能力的学习并实现教学观念、技能、风格的模仿、迁移和提升，从而迅速提升教师的课堂教学水平、促进教师的专业成长，提高学生学业水平。

3. 微课程的分类　　微课程从技术的角度可以分为：高清摄像机实景拍摄型、虚拟仿真二维及三维动画型、触摸一体机 PPT 演示加真人型、电脑屏幕录制型、可汗学院（khan academy）（手写板）型、数字故事型。按教学活动中的教学方法划分，通常有知识讲授型、解题演算型、实验演示型。

4. 微课程设计与开发技术　　常见的制作方法有以下几种。

方法一：外部视频工具拍摄（摄像机＋黑板或电子白板＋粉笔、其他教学演示工具）。

具体过程：对教学过程同步摄像。即先针对微课主题，进行详细的教学设计，形成教案；然后利用黑板展开教学过程，利用便携式录像机将整个过程拍摄下来；最后对视频进行简单的后期制作，可以进行必要的编辑和美化。

优势：可以录制教师画面，教师按照日常习惯讲课，无需改变习惯，黑板上的内容与教师画面同步。不足：需要专门的演播环境，设备和环境造价高，需要多人合力才能完成微课视频的拍摄，效率低，后期编辑需要专业人士配合。

方法二：便携视频工具简单拍摄（手机或相机+白纸+不同颜色的笔、相关主题的教案）。

具体过程：使用便携摄像工具对纸笔结合演算、书写的教学过程进行录制。即先针对微课主题，进行详细的教学设计，形成教案；然后用笔在白纸上展现出教学过程，可以画图、书写、标记等，在他人的帮助下，用手机将教学过程拍摄下来。尽量保证语音清晰、画面稳定、演算过程逻辑性强，解答或教授过程明了易懂。最后进行必要的编辑和美化。

优势：工具随手可得。不足：录制效果粗糙，声音和画面效果较差，只能表现手写的内容，无法实现其他多种效果。

方法三：屏幕录制［电脑+耳麦（附带话筒）+屏幕录制软件+PPT］。

具体过程：先针对所选定的教学主题，搜集教学材料和媒体素材，制作PPT课件；然后在电脑屏幕上同时打开Camtasia Studio等录屏软件、教学PPT，执教者带好耳麦，调整好话筒的位置和音量，并调整好PPT界面和录屏界面的位置后，单击"录制"按钮，开始录制，执教者一边演示一边讲解，可以配合标记工具或其他多媒体软件或素材，尽量使教学过程生动有趣。最后对录制完成后的教学视频进行必要的处理和美化。

优势：录制微课较快捷方便，个人计算机上即可实现。不足：Camtasia Studio软件的应用较复杂，不支持直接手写，要实现手写功能还需安装和启动手写设备的配套软件，对教学应用缺乏一定针对性。

方法四：汗微微课宝（微课制作工具）+PPT。

具体过程：通过汗微微课宝对教学过程进行讲解演示，并同步录制。可以实现片段式的录制。

优势：汗微微课宝是集屏幕录制、电子白板、手写板、PPT插件、视频编辑、绘画板于一体的专业微课制作工具，提供微课制作一体化解决方案，无空间局限性，可以在任何地点实现微课制作。使用风格符合用户习惯，操作简单易上手。不足：可展现微课制作者头像，但是不能像录播教室一样展现完整人像。

5. 以"芹菜的生物学性状"为例制作微课程 综合以上常见的四种制作方法，兼顾以上方法的优势和中等职业学校教师的工作实际，下面以"芹菜的生物学性状"为例，以一种更加简便实用的微课制作方法，即"基于'宽屏PPT+屏幕录制'技术画中画模式微课程"（电脑+耳麦+手机+屏幕录制软件+2013版PPT）制作法来制作微课程。

具体制作过程：首先针对微课主题，进行详细的教学设计，形成教案，然后搜集教学材料和媒体素材，包括使用手机等录制必要的原创视频，制作PPT课件。微课程课件的整体结构设计如图2-6所示。最后教师在电脑上带好耳麦，调整好话筒的位置和音量，在2013版PPT"录制幻灯片演示"中，一边演示一边讲解，可以配合标记工具或其他多媒体软件或素材，尽量使教学过程生动有趣。录制完成的教学视频进行必要的处理和美化，保存成mp4视频格式。

以下是"芹菜的生物学性状"微课程的详细制作过程及技术要领。

（1）微课程设计与制作工具选择 硬件：多媒体计算机、手机或摄像机。软件：

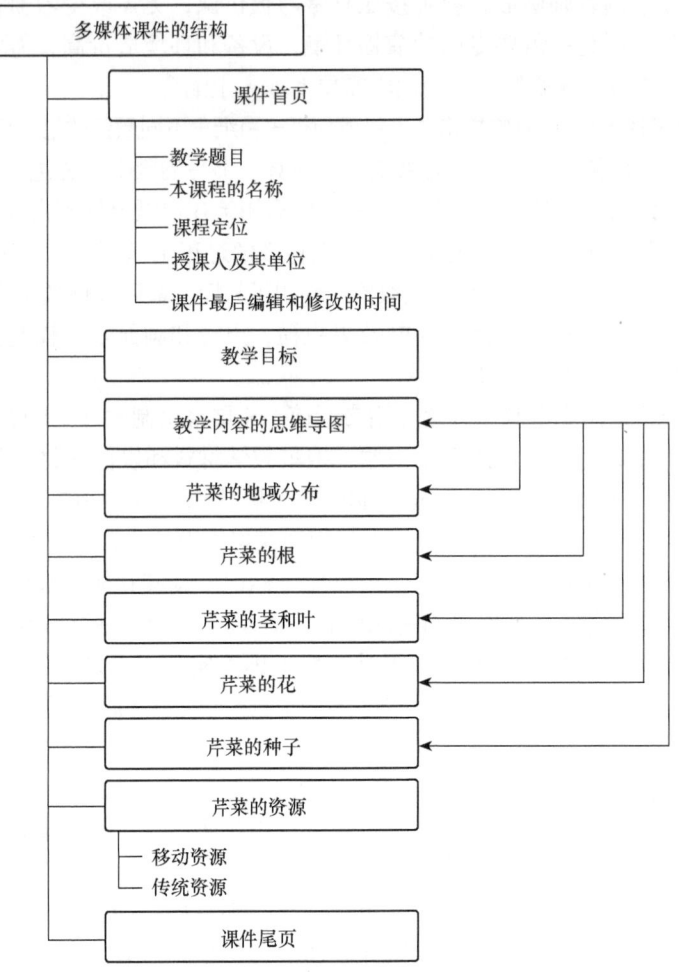

图 2-6 多媒体课件结构图

Microsoft Office PowerPoint 2013；剪辑师或 Camtasia Studio。

（2）宽屏（16∶9）母板设计

1）宽屏幻灯片设置。目前，随着应用软件的硬件性能及环境的不断提升，宽屏越来越成为主流的发展方向。宽屏的界面也越来越成为人们默认的、习惯的视觉选择。在 PowerPoint 2013 的软件环境里，宽屏的"设置"在"设计"菜单，"幻灯片大小"的设置按钮里，如图 2-7 所示。

2）幻灯片母板设置。幻灯片母版是确定幻灯片的背景、颜色、字体、版式等表达风格的设置选项，使用幻灯片模板可以使幻灯片达到整体风格的一致性，使学习者保持在一个稳定的视觉情境里，专注其内容的表达。

在 Power Point 2013 文档窗口"视图"功能区的"母版视图"组选择"幻灯片母板"可以得到图 2-8 和图 2-9 所示的界面。

在"幻灯片母板设置"的窗口左侧可以对"标题幻灯片"和"标题和内容"两个版式，进行设置，如设置背景、标题的字体和字号，这样在新添加的"标题和内容"版式的每页里，都使用一样的风格。例如，每页的右上角都显示的"芹菜的生物学性状"，就是

第二章 设施农业生产技术专业教学法选用基础分析

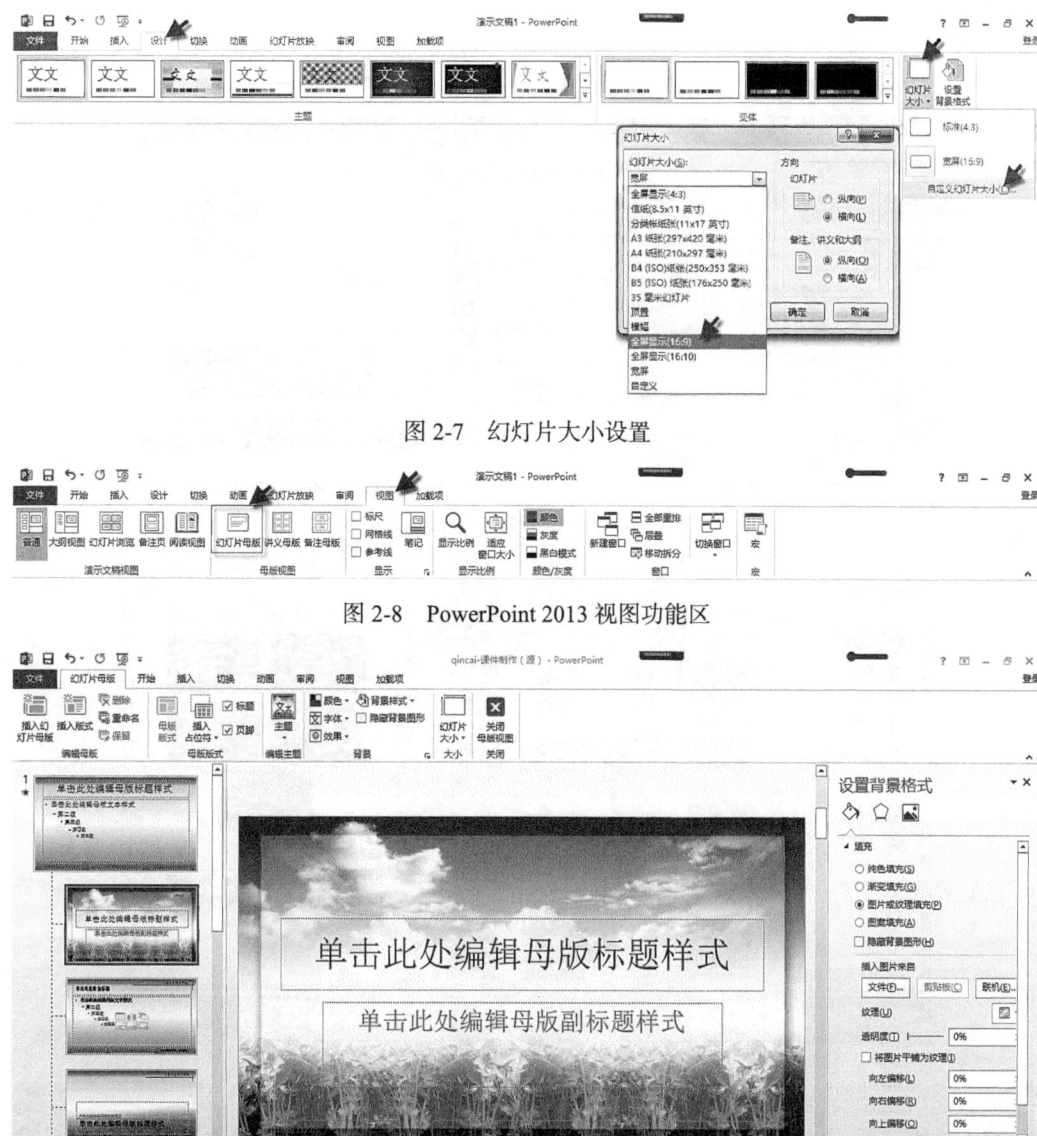

图 2-7 幻灯片大小设置

图 2-8 PowerPoint 2013 视图功能区

图 2-9 幻灯片母版设置

以文本框或图片的形式,在母版设置页面放在"标题和内容"版式的右上角得到的效果。

3)幻灯片母板的调用。幻灯片母版的调用实际上是通过新幻灯片版式的选用和设计,如图 2-10 所示。

(3)SmartArt 图形的设计与运用　　SmartArt 图形是信息和观点的视觉表示形式,可以通过从不同布局中选择创建 SmartArt 图形,从而快速、轻松、有效地传达信息。

在 PowerPoint 2013 文档窗口"插入"功能区,"插图"组中单击图标按钮 SmartArt,可以打开"选择 SmartArt 图形",对话框如图 2-11 所示,先确定欲使用 SmartArt 的内容的各个部分是什么关系,然后在对话框的左侧选择合适的类别,然后在中间"列表"栏

图 2-10　新建幻灯片调用母板

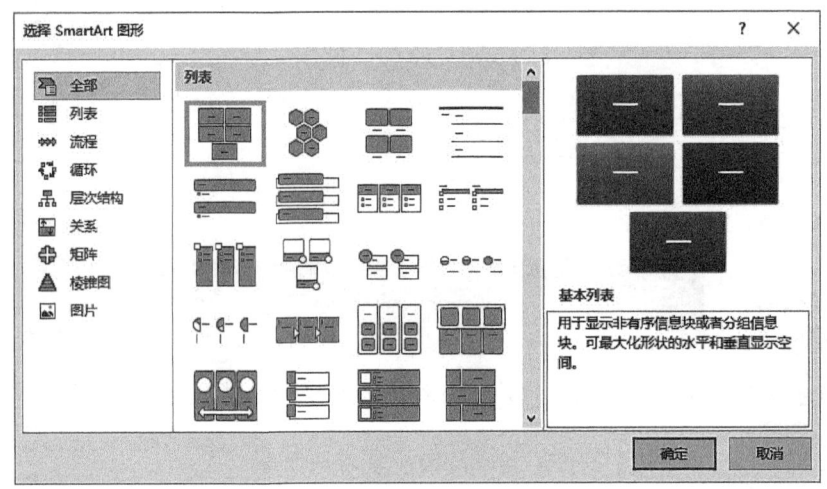

图 2-11　SmartArt 图形选择对话框

选择其中的一个样式，再将右栏下的说明里基本列表的内容和与表述内容的逻辑关系进行对比，如果一致，那么单击"确定"按钮。

继而在插入的 SmartArt 图形中单击文本占位符输入合适的文字即可。得到 SmartArt 图形后再单击任一元素，就可激活 SmartArt 工具，并对其进行"设计"和"格式"的选择，如图 2-12 所示。

根据表述内容的逻辑关系，可以选用 SmartArt 图形简洁清晰地表达"父子"概念的逻辑关系。结构化易于帮助学习者从整体上把握知识，更易于学习和记忆。如图 2-13 所示，是微课中的一页，系统地表述了芹菜的生物学性状与其所属知识点的逻辑关系。

（4）幻灯片多媒体的添加　　视频的添加。在演示文稿中需要表达技能性"连续操作性知识"的页面，首选的媒体是视频，如图 2-14 所示。

首先明确在演示文稿里，可以添加的常见视频格式有 avi、wmv、mp4 等，如果素材不是这几种，软件不支持添加的时候可以选择"格式工厂"软件转换成支持的格式再添加。

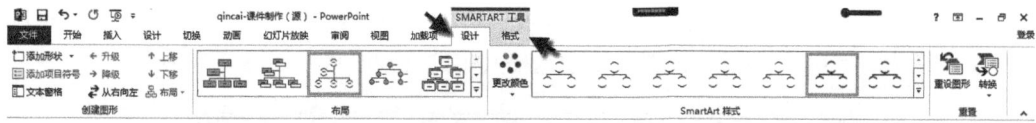

图 2-12 SmartArt 工具的"设计"与"格式"菜单

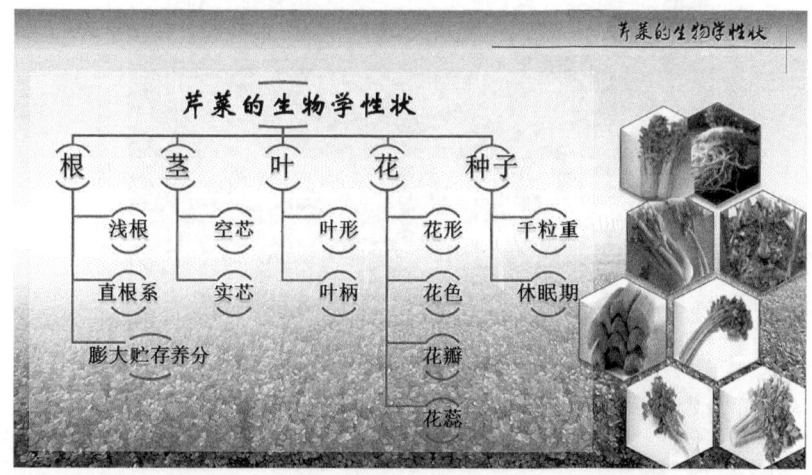

图 2-13 "芹菜的生物学性状"微课的思维导图

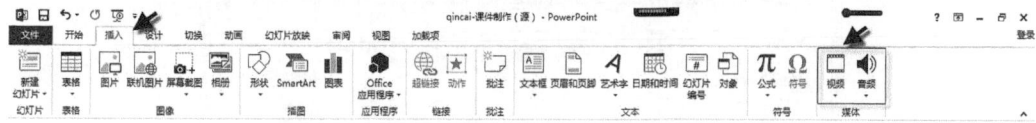

图 2-14 "插入"菜单"媒体"功能区的添加视频

在"芹菜的生物学性状"的微课演示文稿的设计中,可以通过选择"PC 上的视频"选项添加视频并预览。在 PowerPoint 2013 软件里,添加的视频文件会直接嵌入演示文稿里,如图 2-15 所示。保存的时候,视频文件会跟随演示文稿一起保存,免去了 2003 版本不能嵌入的弊端。

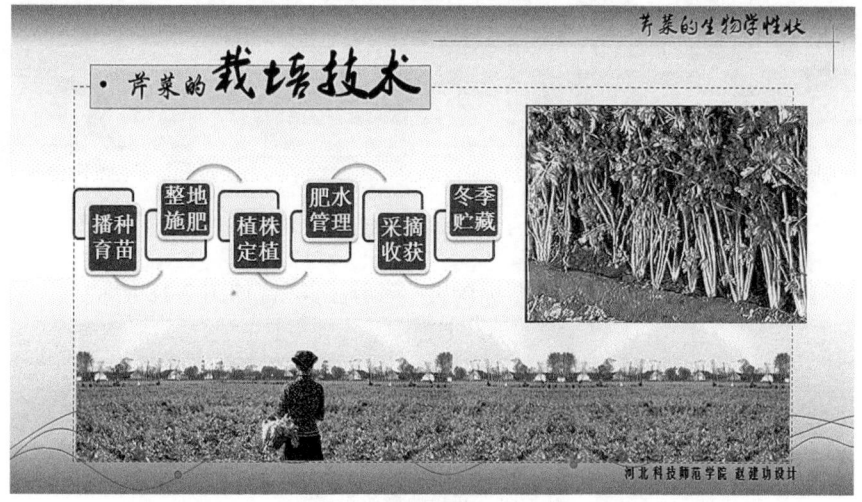

图 2-15 微课中添加视频

添加的视频可以通过"视频工具""播放"选项中的"剪裁视频"按钮,按需设视频的"起始"和"终止"的播放位置,实现选播其中的视频段落,如图2-16所示。

图 2-16 视频剪辑窗口

音频的添加。在演示文稿制作的微课中可以添加"旁白"或"背景音乐",旁白即解说词。在PowerPoint 2013版本中,音频的添加和视频的添加一样,具有"PC上的音频"和"录制音频"两个选择,录制音频注意要做好音频输入和输出的设置(图2-17)。

图 2-17 音频的添加

添加了音频文件以后,选择声音图标调出"音频工具",如图2-18所示。

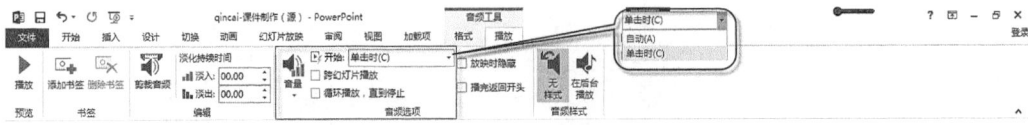

图 2-18 音频的播放设置

如果在整个学习过程里需要一种背景音乐，那么被选中的声音文件，要选择"跨幻灯播放"，这样背景音乐会持续不间断直至退出演示文稿界面。插入的声音开始工作播放的行为有两种："自动"是当前幻灯片开始，即播放音频，如果换页则声音停止播放；"单击"需要幻灯片在播放状态下，鼠标单击声音图标，此时，幻灯片不能选择隐藏。

（5）对象动画设置及幻灯片切换　　每页幻灯片的内容以精炼简洁为设置原则，每页面中的对象可以由合理的动画设置实现信息表达的连贯性和紧密性。

幻灯片的切换建议采用"淡出"选项，如图 2-19 所示。

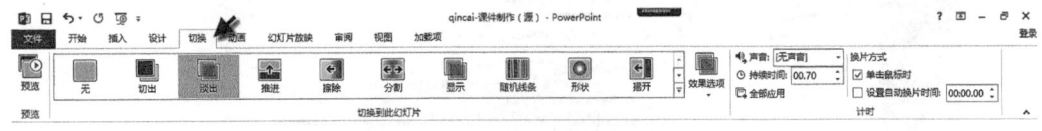

图 2-19　幻灯片切换设置

（6）幻灯片放映　　使用"幻灯片放映"，选用"录制幻灯片演示"项，如图 2-20 和图 2-21 所示。

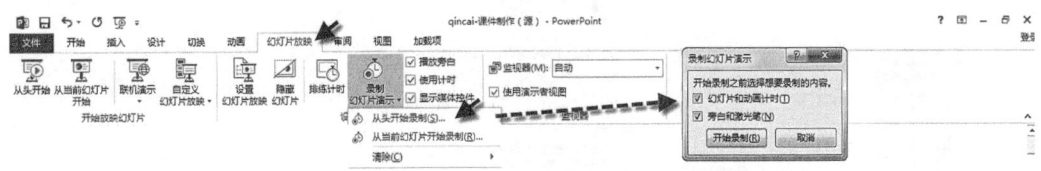

图 2-20　录制幻灯片演示

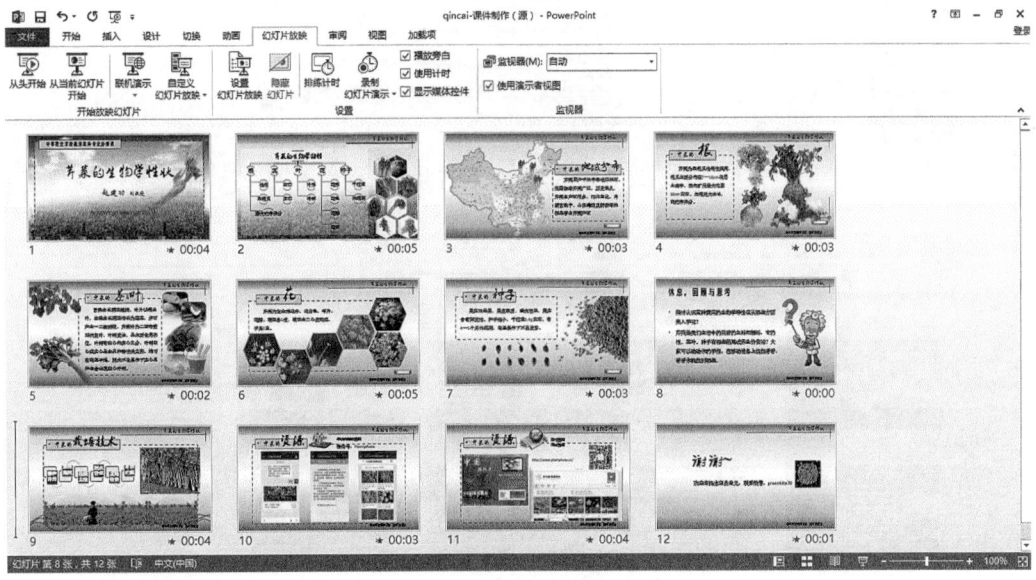

图 2-21　幻灯片浏览模式

（7）PPT 文件发布　　PPT 文件的保存与发布功能在 2007 版以后，有了很大的进步，除了能够保存成演示文稿格式外，还能保存成"Windows Media 视频"格式。视频中能够按照既定的时间播放，为制作音画同步的微课提供了技术支持和保障。

编辑设计好的演示文稿,可以以导出"创建视频"的方式,得到微课。视频选择"Internet 和 DVD",便携设备的分辨率质量为 852PPI×480PPI,如图 2-22 所示。音频选择"使用录制的计时和旁白",如图 2-23 所示。然后点击"创建视频"按钮就可以得到一个微课小视频了,如图 2-24 所示。

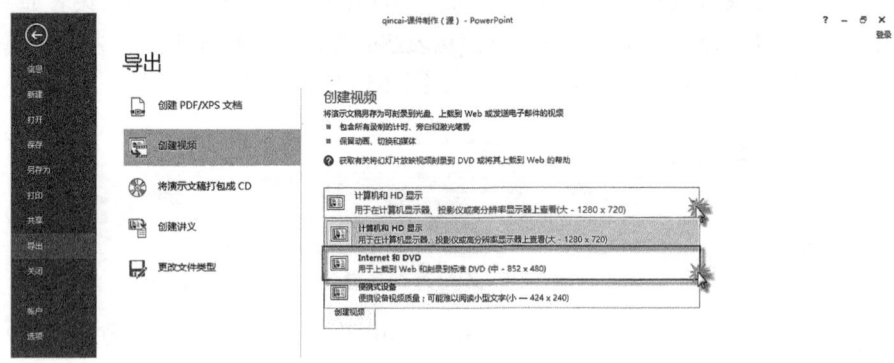

图 2-22　发布导出为视频时视频的选项设置

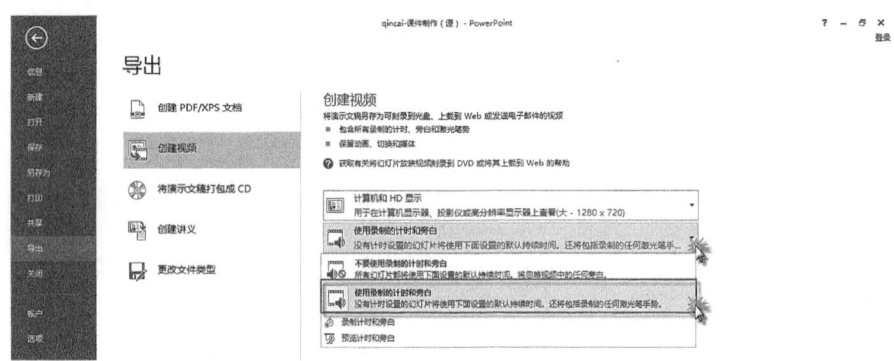

图 2-23　发布导出为视频时音频的选项设置

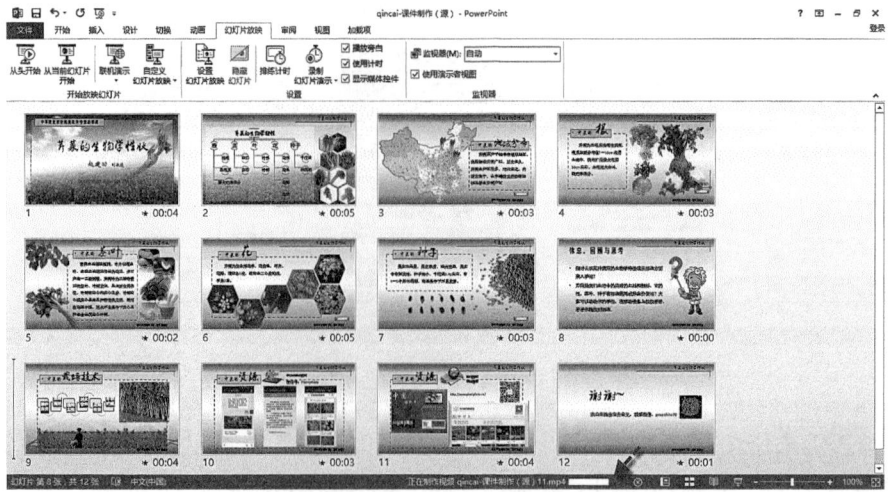

图 2-24　演示文稿导出为 mp4 格式的微课视频

（8）制作微课程时素材的选择与加工要领

1）图片的选择与加工。PowerPoint 2013 具有非常强大的图片加工和处理能力，例如，智能判断删除多余背景、具有丰富多彩的形状或图片的效果。

编制课程的演示文稿图片的选择应特别注意几点：第一，文件要和内容相符；第二，如果选择宽屏的模式，那么图片的最低要求是宽度的像素不得低于 500PPI；第三，编辑完毕一定要对图片进行一次压缩；第四，巧妙地用"图片工具"中的"格式"可以使外轮廓有更多的选择。

2）文本的设计与编排。演示文稿中封面的字体比较个性，随构图设置。内容页面里，标题使用微软雅黑、系统黑体等，字号最小不低于 44 号，内容文本建议使用楷体、宋体等，字号最小不低于 24 号。所有字体均加粗处理，字体颜色把握要与背景有较大的区分度。行间距建议使用 1.5 倍行距。

3）音频的采集与编辑。音频的采集可以采用直接录制的方法，也可以使用相关软件。音频的采集最好有比较成熟的解说词，这样可以保证结果和预期的时间安排相吻合。

在 PowerPoint 2013 窗口，使用幻灯片放映功能区的录制幻灯片演示，可以边演示、边测试、边录制每页的时间、对象的动画和讲授人的声音。

4）视频的采集。可以直接借助高清晰度的电脑摄像头，也可以使用手机，还可以使用摄像机。

视频的采集注意事项：第一，环境中光要均匀，尤其是背景光；第二，环境要安静，尽力降低环境噪音，外界的噪音指望后期降噪是不可能的；第三，背景尽可能简洁，甚至采用"蓝箱技术"更好，为未来视频抠像提供可能；第四，镜头要根据学习者学习的需要，有镜头和景别的变化，以突出重点。

5）视频的编辑。

"画中画"特效的编辑（精编音视频）。单纯的演示文稿和声音的播放没有足够的亲和力，学生在学习的过程中容易疲劳。所以可以在画面的留白处，分阶段显示教师的讲解画面，如图 2-25 所示。

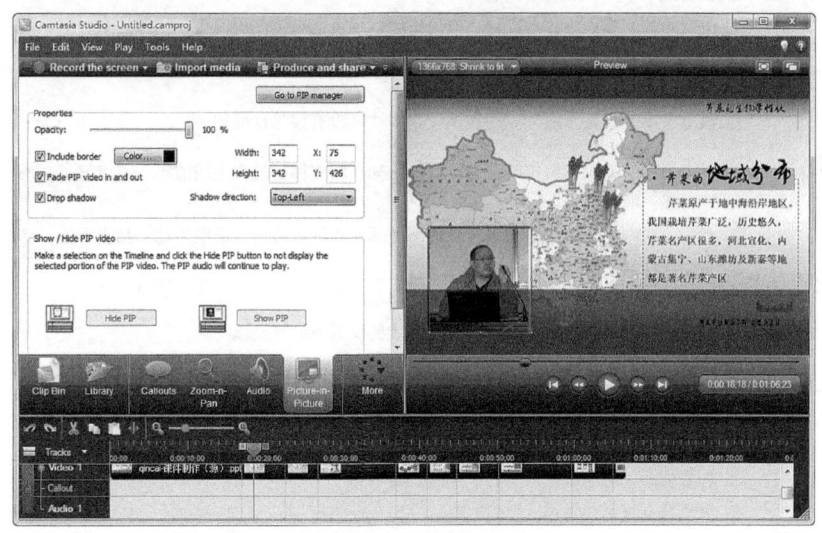

图 2-25　使用 Camtasia Studio 编制画中画

必要的标注和字幕。使用基于 PowerPoint 2013 软件配合屏幕录制开发微课，可以在 Powerpoint 2013 中完成必要的字幕和标注。

恰当的转场。使用基于 PowerPoint 2013 软件配合屏幕录制开发微课，可以在 Powerpoint 2013 中通过设置"幻灯片切换"实现转场的设计，以突出视频的趣味性和画面切换的温和度。

6. 微课程的运用及思考

1）微课程的运用。微课程作为数字化学习资源的一种形式，它集图文声像多种媒体于一身，"短小精悍"的设计和制作风格，更能集中利用学生的有效注意力高效地保持时间段。第一，使用微课程中的微课单元主要是用于完成"课前学习"任务，为"翻转课堂"模式的展开提供基础和物质支持。第二，主要是用来巩固和自主学习的解惑。

2）微课程的局限。微课程的优势在于它的"短小精悍"，在"翻转课堂"教学模式中，它重点是解决重难点的"前学习"，为课堂教学的师生探讨提供准备。课后又是复习和巩固的有效途径，所以针对"前学习"和"后巩固"的更有效的思考和交互提出了及时性要求，为此应搭设师生交互的平台以供及时沟通和交流。

7. 微课程及微课的评价标准

怎样的微课才是一个好微课？现在大家比较认可的如表 2-23 所示。

表 2-23 微课程及微课的评价标准

一级指标	观测点	权重
作品规范	① 微课程的目标、内容、活动、评价方面具有完整性 ② 微视频时长一般不超过 10min	10
整体设计	① 选题符合课程标准 ② 教学目标明确、可达 ③ 能够根据学生学习需要和教学内容特点，通过"学习单"等方式对于学生的自主学习进行整体设计	20
教学内容设计	① 只讲述一个知识点或技能点 ② 受众定位明确，不照本宣科，口语讲解，尽可能少地使用古板、枯燥的书面语，使讲解通俗易懂 ③ 营造一对一的教学情境 ④ 没有文字、语言、图片上的知识性错误或者没有误导性描述	30
教学活动设计	① 教学内容的组织与编排符合学习者的认知逻辑规律，过程主线清晰、重点突出，逻辑性强，明了易懂 ② 教学方法有创意，形式与内容新颖；教学过程深入浅出，形象生动，精彩有趣，启发引导性强 ③ 活动形式灵活多样，符合学生的学习习惯 ④ 活动方式有效运用信息技术，实现有效的反馈或共享交流	20
媒体效果	① 设计风格符合学生年龄特点，和内容匹配度高 ② 画面设计美观大方，配色合理，图像和内容契合度高 ③ 动画运用合理流畅，能吸引学生的注意力 ④ 配音清晰，语速适中，有利于学生理解内容 ⑤ 配乐能有效烘托气氛	20

（五）教学媒体的发展态势

媒体的发展与人类文化、科技发展密切相关，伴随着教学活动的历史展开。在这一发展进程中，教学媒体呈现由实物直观到文字抽象再到抽象直观的基本走向。因此，根据教学发展的历史线索，教学媒体的发展可以划分为原始教学媒体阶段、古代教学媒体阶段和现代教学媒体阶段。

夸美纽斯的《世界图解》出版至今，也是现代教学和教育技术的产生和发展时期。其具体又可分为三个时期：第一时期是从17世纪末至19世纪末。这一时期主要成就有：确立了直观性教学原则；在教学中自觉设计、制作和使用了专门的直观教学媒体。第二时期是从19世纪末到20世纪50年代，在这一时期电教媒体被逐步引入教学，教学媒体开始出现电子化和现代化的特征，有关的理论研究逐步加强。第三时期为20世纪50年代至今。在这一时期，电子技术、通信技术、信息处理技术飞速发展，现代教学设备不断完善，教学媒体由视听结合媒体发展到多媒体综合运用，由单项传递发展到交互作用，并结合计算机向高智能、大容量、快速度、多功能等方向发展。在理论方面，信息论、系统论、控制论被引入教学领域，并吸收了心理学、传播学、美学、教育学等领域的新成果，通过对比试验和理论论证，从多角度分析、探索了教学媒体的优化组合、表现形式、适用条件和适用效果。

随着互联网科技的迅猛发展，新的媒体概念和形式层出不穷，也将带来教学媒体和教学环境的新变化，如新媒体。新媒体是相对于传统媒体而言，是报刊、广播、电视等传统媒体以后发展起来的新的媒体形态，新媒体被形象地称为"第五媒体"，是利用数字技术、网络技术、移动技术，通过互联网、无线通信网、有线网络等渠道及电脑、手机、数字电视机等终端，向用户提供信息和娱乐的传播形态和媒体形态。

新媒体的特征具有交互性与即时性、海量性与共享性、多媒体与超文本、个性化与社群化。这些特征恰恰迎合与满足了人们移动学习、碎片化学习、泛在学习对媒体的要求，突出表现在信息以人为本、原创性的信息、基于数字技术和网络技术、信息量大、检索方便、多媒体超文本和互动性。在人们身边的具体形式为各种形式的学习移动终端，如智能电子书包、智能手机、交互电视、云盘等。

二、专业教学环境

（一）教学环境创设

教学环境是贯穿于教学过程中影响教师和学生的物质因素与人文因素的总和，任何教学活动都是在一定的环境中进行的，学生在学校中的发展与其教育和教学的环境质量有着密切的关系。

良好的教学环境可以积极地影响教学效果。同时，学生在良好的教学环境中还能进一步能动地克服不利因素，创造教学氛围，成为良好教学环境的一部分。人类教育的出发点和最终归宿是人类主体性的发展，因此教学应该由传统的以教为中心逐步走向以学生为中心，将学生放在认知主体的位置上。

（二）教学环境的类型

一般来讲，教学环境概括起来又可以分为硬环境和软环境两个方面：硬环境也称为物质环境，包括教室、教学仪器、实验环境及用品等物理因素；软环境也称为人文环境，包括校风班风、教师素养、师生关系等社会因素。中职学校的教学环境也可分为课堂环境、实验环境、实习环境。

1. 课堂环境 课堂环境是专业教学的最重要的环境之一。它是学生接受专业知识，与教师及同学进行专业交流的重要平台。课堂环境与学生的认知和情感发展有着密切的联系，当课堂有凝聚力、令人满意、有目标、有组织和少冲突时，教学效果明显提高。

设施专业的特殊性要求教师能够在教学媒体上尽量引进尝试新技术、新手段，丰富课堂效果；在专业知识上多拓展学生知识面，讲解一些课本以外的、前沿的专业知识，引发学生兴趣；在课堂气氛上尽量多地与学生产生语言、情感上的互动，鼓励学生思考、创造新观点新想法，组织好学生之间的课堂交流（如分小组讨论活动等）。

目前，课堂的教学硬件环境更多突出信息交流的前沿性和师生交流互动的及时性。如图2-26所示，这是"数码光学点阵教学系统"，它适应教室各种现有条件，实现白板移动交互教学。应用系统与教育深度结合，既还原教育的自然过程，又体现教育信息化的本质特征，是当下最适合教育的互动教学系统。

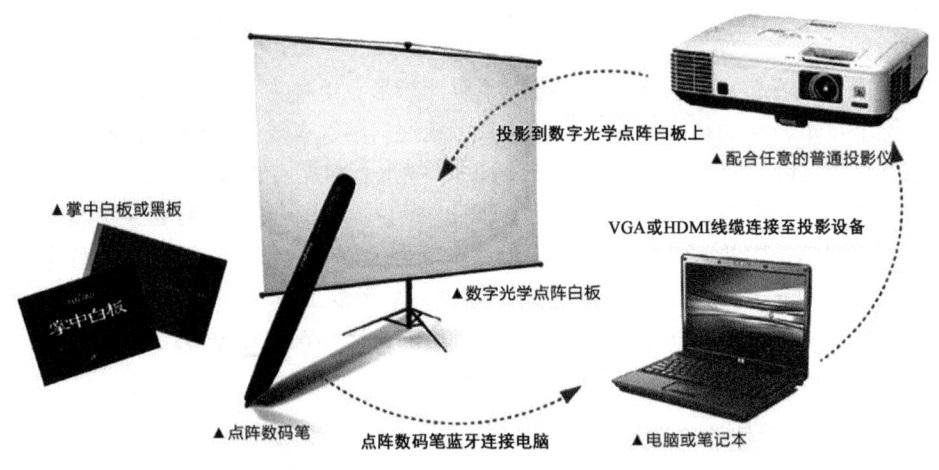

图2-26 数码光学点阵教学系统

2. 实验环境 实验环境对于中职设施专业教学也是不可或缺的，实验是对课堂教学的重要补充。设施专业的大量专业知识需要通过实验去获得专业体验。根据设施专业的现状和发展趋势，设施实验室要尽可能保证具有代表性和合理使用性。

实验环境突出创新环境的设计与构建，即目前的"创客空间"。首先"创客"一词来源于英文单词"hacker"，它并非指电脑领域的黑客，而是指不以赢利为目标，努力把各种创意转变为现实的人。创客是一群喜欢或者享受创新的人，追求自身创意的实现。而创客空间就是为这些创客提供实现创意和交流创意思路及产品的线下和线上相结合、创新和交友相结合的社区平台。国内创客空间属于初创阶段，创意来源也主要来自国外的开源网站，目前还没有形成有显著特色的、可持续发展的模式。除了个别创客空间属于综合性平台之外，今后创客空间的专业化将势在必行。创客空间本身的商业模式和运行模式也是值得探讨和摸索的。由此可见，为学生按专业的需求构建高于纯现实空间的创客平台，将是未来专业实验室建设的方向。

实验室与作品展列室或标本室等共建。要求学校建有足够带宽的 Wi-Fi 环境，学生可以通过移动终端随时访问数字化的"历届学生的优秀作品、最新的实验过程教学视频、实验过程的问答"等。

3. 实习环境 实习环境是培养技能型应用人才的必要支撑条件。中职专业又是技能型应用性很强的专业，所以学校要尽量为学生提供良好的实习环境。实习基地能够为学生提供课堂理论与专业实践的实训机会，对专业人才走向社会有着莫大的帮助。学校最重要的是确定实习制度、实习计划、实习基地建设计划，保证学生能够稳定顺利地按时进行专业实习。

实习环境将随着新一代的虚拟现实和增强现实技术的发展得到更高的提升。虚拟现实和增强现实是未来媒体和环境发展的前沿，它更多地提倡学习者是一个"浸入式"的情境。增强现实技术又能基于现实条件，它将为学习者提供更便捷、直观和亲切的体验。虚拟现实和增强现实的研发和引进教育教学的实习环境将大大节省实习成本，更加有效地规避现实条件在时间和空间上限制，进而提高学习者的实习效果和效率。

第五节 专业教学设计

一、教学设计的概述

（一）教学设计的概念

教学系统设计（instructional system design, ISD），也称为教学设计（instructional design, ID），是以传播理论、学习理论和教学理论为基础，运用系统论的观点和方法，分析教学中的问题和需求从而找出最佳解决方案的一种理论和方法。

（二）教学设计的系统特征

教学系统设计的研究对象是不同层次的学与教的系统。这一系统中包括了促进学生学习的内容、条件、资源、方法、活动等。创设教学系统的根本目的是帮助学习者达到预期的目标。

教学系统设计的研究方法是应用系统方法研究、探索教学系统中各个要素之间及要素与整体之间的本质联系，并在设计中综合考虑和协调它们的关系，使各要素有机结合起来以完成教学系统的功能。

教学系统设计的目的是将传播理论、学习理论和教学理论等基础理论，系统地应用于解决教学实际问题，形成经过验证、能实现预期功能的教与学系统。它们可以是直接使用于教学过程，完成一定教学目标的教学资源（如印刷教材、音像教材、学习指导手册、测试题和教师用书等），也可以是对一门课的大纲与实施方案或是对一个单元、一节课教学计划的详细说明。

教学设计作为教学的重要组成部分，从宏观层面看具有以下基本特征。

1. 稳定与可变的统一 教学设计的研究同教育研究一起经过了多次变化。从行为主义的教学设计到人本主义的教学设计,直至建构主义的教学设计,从认知领域的教学设计到情感态度领域的教学设计,从以教为中心的设计到以学为中心的设计,从实体课堂的教学设计到网络虚拟的教学设计。教学设计的变化显示了其开放性、发展性和可变性的特点。但在复杂多样的变化之中依然存在恒定不变的东西,即教学设计的本质没有变,其本体没有变。如同教育一样,教育是不断发展变化的,各个时期有不同的特点。随着新时期的到来,教育呈现了更多新变化,但无论怎样变化,教育依然是教育,"永远具有教育的人类普遍性和永恒不变性",教学设计亦然。教学设计在新的社会历史时期,随着科学技术的发展、媒体技术的进步和人类对教育认识的不断提高,设计的方式方法也在不断地改变,它的研究视角和领域在不断扩大,不断有新的理论介入其中,对问题的认识也在逐层深入。但在不断改变的同时,教学设计的本体和价值追寻没有变,对教学有效性和合理性的追求没有变,指导学生学习和促进发展的目标没有变,从教学设计初始至今保持了一贯性和稳定性。因此,教学设计就是一个统一体,是稳定性与可变性的统一,是本体与价值追寻的稳定与方式方法可变的统一。

2. 理性与非理性的并行 理性与非理性是相对而言的,德国著名社会学家马克斯·韦伯把理性分为工具理性和价值理性。工具理性奉行的是使用有效的手段得到既定目的和结果,追求的是有效控制;而价值理性则是一种内在需要的满足,它重视目的而轻视手段,追求价值合理性。理性的标准及其认识方式决定理性的性质,工具理性把价值理性看作非理性,价值理性把工具理性看作非理性,两种理性都站在各自的立场上为自己的正确性和科学性作辩护。

教学设计从进入人们的研究视野起,就带有理性的标签,认为有评价一切认识和事物的尺度和标准,也存在认识事物的最合理和最有效的方法。教学设计倡导对教学目标、教学内容、教学方法、教学手段、教学媒体及教学策略的规范认识和设计,通过对教学系统中目标、对象、内容的分析,选择最有效的手段和策略,达到最优的教学效果。这种观点认为针对教学设计而言,存在自明的理性的标准。由此,出现了以瑞格鲁斯和梅瑞尔为代表的规定性教学设计理论,也出现了以加涅和史密斯、雷根等以心理学研究为基础的教学设计理论,这种理性实质上是一种工具理性。同时,为保证教学设计的客观性和规范性,奉行此观点的研究者认为在教学设计的过程中还应尽量避免设计者的情感和态度的参与。由此这种工具理性行其道的教学设计表现出价值理性的缺失,因为"没有有效手段、途径和方式等措施的价值理性"在教学设计中呈现出明显的非理性特点。但事实上,教学设计的主体是人,是人就无法避免情感、态度、价值观对行为的影响。在教学设计的过程中,教师和学生主体间在设计的目的性、情感的参与性等方面的差异不仅影响设计的过程,也影响设计的结果。价值理性强调人文精神,强调学生内在需要的满足,把意志、情感放在首位,从这一认识角度来讲,工具理性作为一种手段理性,忽视信仰的力量、方向和目的的作用就成了"没有灵魂的残缺理性,甚至是非理性"。

在教学设计实践中,人们在追求价值理性的同时,无法漠视工具理性的作用。同样,在选择了逻辑的认识和方法的同时,人们也无法回避认识的目的性和情感参与性的力量。教学设计作为师生主体间为了学生的发展,以指导学习为目的而进行的系统计划过程和活动，已经表明了两种理性的态度。教学设计的目的是指导学生学习和为了学生发展，这就需要遵从学习的规律和发展的逻辑；教学设计的主体是师生主体间性的，这就需要渗入作为人的理想追求和价值取向。在"被规范的"认识和实践之外，有非理性的师生"不断涌动的生命活力"为教学设计的理性活动注入动力和灵魂。所以，有效的教学设计应是科学精神和人文精神的统一，也是两种理性与其非理性的并行，这符合现代学习型社会和人文教育对教学及教学设计的要求。

3. 预设与生成的共在 教学设计因具有设计的发生形态，因此对它的认识长时间保持在一种预设和计划的思维框架中。例如，加涅认为教学设计是计划教学系统的系统过程，美国学者肯普（J. E. Kemp）认为教学设计是运用系统方法分析研究教学过程中相互联系的各部分的问题和需求，在连续模式中确立解决它们的方法步骤，然后评价教学成果的系统计划过程。我国学者李克东等也认为，教学设计就是运用系统方法和步骤，并对教学结果作出评价的一种计划过程与操作程序。这些认识在凸显其系统性的基础上，都肯定了教学设计的预设性，把教学设计看作用系统的方法分析教学问题、研究解决问题途径、评价教学结果的系统规划或计划的过程，强调在教学活动开始前的规划和计划。

设计是否只存在于教学之前，在教学过程中是否只存在计划的操作和运行，这是值得考量的问题。教学设计作为师生主体间以指导学习为目的而进行的设计活动，它具有情境性，有教师和学生活生生的经验存在其中，因此在计划实施的过程中，由于人的因素的存在，需要根据教学情境进行权变，在活动的过程中不断调控。这意味着在预成的设计之外，还会有动态生成的设计产生。生成的教学设计是对预设教学设计的补充，而预设的教学设计是生成教学设计的先导。这个问题已经引起研究者的关注，著名的教学设计专家维恩倡导：教学设计者的活动需要发生在学生与教学材料互动之时，而不是之前。有学者认为：教学设计中的预设不是规定性的指令，而是动态、弹性的精心设计，是为各种可能的生成做好准备。在教学设计本质的规范下，从教学设计预设性与生成性产生的根源分析，预设的教学设计应是"自觉"的教学设计，它是以教师自觉的教学知识和学生自觉的学习知识，以及师生主体间设计思维方式为背景而存在，它不是自发自在的，而是通过一系列系统化的活动预设教学行为。而生成的教学设计应是"自在"的教学设计，它是教学系统运行和指导学习的实践过程中自在自发的设计，它以教师和学生对于教与学的"潜意识"和"信念"的方式自发地存在，并发挥作用。它是动态的，随教学进程的发展而生成；它又是内在的，更具复杂性；它是教学设计中师生主体间性的具体表现，在教学系统中预设的教学设计和生成的教学设计共在，并保持动态平衡的张力。

4. 交往与对话的发端 教育的起点是教学，教学的起点是教学设计，而教学设计则是师生主体间交往与对话的发端。

教学中师生是平等的，主体间的主体性是平等的，主体间性是生活世界中人与人之间理解、沟通和交往的前提。既然教学设计是师生主体间为了学生的发展，以指导学习为目的而进行的设计活动，就意味着在教学设计过程中师生都是作为真实、完整、独特的主体出现的，双方享有同等的权利，不存在教师对学生学习的设计和控制，也不存在以农业社会特点为表征的对学生的"培养"和以工业社会特点为表征的对学生的"造就"，不存在管理和被管理的关系，而是彼此的精神相遇、理解和接纳。在教学设计活动中，师生平等地都要为设计的活动负责，教师不再是"独白"式地分析或"去情境化"地应用某种模式确立解决问题的方法步骤，而是通过与学生的对话与交往，理解学生，理解文本，也理解情境。学生在教学设计活动中通过对话与交往，理解文本，理解学习，也理解自己，在教师和学生的思维相遇中和活动交往中不断获得"共享意义"。在倡导主体间性的教学设计中，师生应平等地交流，充分发挥主体间的能动性、创造性，在教学系统和情境中确立指导学习的方法。在教学设计中学生和教师享有同样的话语权，而区别只在于当教师作为平等中的首席出现时，对师生主体间的交往与对话，对师本、生本之间主客体的交往与对话富有更多引导的责任。师生的交往和对话发生在教学的各个阶段，教学设计以其先导性的地位，应是师生交往与对话的发端。综上，教学设计作为"存在者"的存在不是"教学"和"设计"两个词汇或领域的简单相加，它自身就是一个完整的统一体。教学设计作为教师与学生主体间以指导学习为目的而进行的系统计划过程和活动，其主体间性的特点赋予了它不断发展的潜力。它不仅是"预成"的，更是生成的，是不断变化和自组织的。它集稳定性、可变性、复杂性、开放性、系统性和情境性于一身，是稳定与可变的统一、理性与非理性的并行、设与生成的共在、交往与对话的发端。

（三）教学设计的本质

对其本质的界定，不同的历史时期会有所不同，其本质往往附着有时代特点。从现当代信息社会和学习型社会的角度对教学设计自本质的认识可以从三个方面进行解读。

首先，教学设计在设计主体上强调师生主体间性。主体间性即主体之间的关系，是现象学、解释学、存在主义和后现代主义哲学的重要概念。师生主体间性作为教育人际关系的一种，不认为学生是被认识、被发展的客体，也不认为学生是在认识对象、认识主体之间不断滑移的"主体"，而认为学生是真正意义上的主体，既是认识者主体，也是被认识者主体；是实践者主体，也是被实践者主体。在教学设计过程中，学生不再是被动的被设计，也不是作为设计时被"考虑"的"主体"因素，而是真正作为主体参与其中，通过对话、交往和理解实现其主体地位，这也是后现代主义和哲学解释学所极力主张的。

其次，教学设计在设计目的上强调以指导学生学习为目的。教学设计体系庞大，从分类学来讲，教学设计有系统教学设计、课堂教学设计、产品教学设计之分；也有资源设计、目标设计、策略设计和评价设计的区别；有以教为主的设计、以学为主的设计，也有主导—主体的教学设计；有支架式教学设计，也有抛锚式教学设计，等等。诸多种类的教学设计从历时性角度看，经历了从简单到复杂、从经验到理性、从行为到人本的变化。从共时性角度来看，富含着专项与多维、聚焦与逆向、实体与虚拟的区别。设计本身是复杂的，众多的设计方法和理念相互区别又相互交叉，表面上看是有多样化的设计方式和内容，实质都是目标影响下的选择。教学设计是一种目标导向的系列活动。目标是基本的、微观层面上，课时教学目标、产品教学目标或诊断问题的教学目标可决定教学设计选择的"策略""方法""过程"及"评价标准"。若跳出具象，从宏观层面上看，则是教育理念和教学观决定了不同的设计方法和策略选择，教学设计者"一定是基于特定的教学理念或价值观发现问题和分析问题,也一定是基于各自所具有的教学素养和基本能力行动的"。因此,在现代学习型社会和创新人才培养的要求下,这些方法无论秉持了哪种理念方法和原则,也无论其实施效果如何,其根本目的都是为了指导学生学习,为了服务教与学。所有教学设计的原初或终极原因都是为了教学的有效性和合理性,追求的最高和终极目标都是有效地培养人和成就人。

最后,教学设计还是系统计划过程和活动。虽然"教学"是目的,但"设计"作为另一个核心概念在作本质分析时也不能无端消解。教学设计中的设计,不同于工业设计、建筑设计。它不是直接与物联系、间接与人联系,而是与具有主体性的人直接联系。因此,教学设计无法也不应按照预定的程序简单地、程式化地去完成,而应是师生主体间针对教学目标、内容进行教学建构预设和生成的系统计划过程和活动。当然,在教学设计中"设计"本身有其自身特点,设计活动具有普遍性、是后理性认识活动、具有理论性和创造性等特点。但这些特点不属于教学设计的"自本质",根植于"设计"特点的分析,往往是从某一角度认识的教学设计,结果是对教学设计"类本质"的认识,而不是对教学设计区别于其他人类社会活动的"自本质"的认识。

二、教学设计的模式

（一）教学模式的概念、特性

1. 教学模式的概念 教学系统设计模式（教学模式）是一套程序化的步骤,一个教学系统设计过程模式具有许多阶段。但是,所有的教学系统设计模式都包括四个基本要素:学习者、目标、策略、评价。设计不同的教学系统需要不同的教学系统设计模式;在不同的教学条件下应该也有不同的教学系统设计模式,教学模式包含三个要点:① 教学系统设计模式是对教学系统设计实践的再现;② 它是理论性的,代表着教学系统设计的理论内容;③ 它是简约的形式,是教学系统设计理论的简约体现。

教学系统设计模式名目繁多,但从其理论基础和实施方法看,不外乎三大类:① "以教为主"的教学系统设计模式;② "以学为主"的教学系统设计模式;③ "教师为主导,学生为主体"的教学系统设计模式(简称"主导—主体"模式)。

教学系统设计模式在教学系统设计的实践工作中主要的作用有以下三方面:① 作为相互交流的有效手段;② 作为管理教学系统设计活动的指南;③ 作为设计过程决策的依据,可以帮助设计者在设计过程中作出有效的选择与决策。

2. 教学模式的基本特性 教学模式具有下列五种特性。

（1）依附性 它强烈地依附于教育思想、教学理论和学习理论,换句话说,用不同的教育思想、教学理论和学习理论指导就必然形成不同的教学模式。策略与方法对于思想、理论没有这种依附性,同一种教学策略、教学方法可以在不同的教育思想、教学理论和学习理论指导下的不同教学活动中采用。这种对理论的依附性是教学模式区别于教学策略、教学方法的最本质特性。

（2）动态性 教学模式是"教学活动进程"的稳定结构形式,这里强调的是"进程",即必须是在教学活动进程中表现出来的稳定结构形式,脱离"进程"即无所谓教学模式,因而教学模式具有动态性。而策略与方法就是不在教学活动进程中也能表现出来,例如，教学内容的组织策略与组织方法及教学资源的管理策略与管理方法，就完全可以脱离教学进程而独立存在。换句话说，教学策略与方法在很多情况下是静态而不是动态的。这是教学模式区别于教学策略、方法的又一本质特性。

（3）系统性　　教学模式是由教学系统的四要素（教师、学生、教材、媒体）在教学活动进程中相互联系、相互作用而形成的稳定结构形式，离开教学系统的四个要素（哪怕是只缺少其中的一个或两个要素）就不可能具有这种结构形式。所以教学模式是教学系统整体性能的体现，而不是系统局部性能的体现，更不是其中某个要素的个别特性或某几个要素的若干种特性的体现。教学策略与方法则可以只与其中的 1～2 个要素相联系，而不必同时与四个要素相关联。所以，与教学系统的整体性能相联系，这是教学模式区别于教学策略、方法的第三个本质特性。

（4）层次性　　由于教学模式是由教学系统的四个要素相互联系、相互作用而形成，四要素中的"教学内容"的载体教材则与学科有关，因此在不涉及学科具体内容的场合，可以讨论不同学科共同遵循的"总教学模式"，甚至同一学科内不同教学单元（如中学物理中的力学、热学、声学、光学等不同教学单元）的更低层次的"子教学模式"，从而表现出教学模式的层次性。对于教学设计来说，通常是涉及某个教学单元或是某节课的设计，因此需要考虑的主要是某个教学单元或某节课的子教学模式设计。

（5）稳定性　　尽管教学模式具有动态性，但它不是随意变化、不可捉摸的，而是稳定的结构形式。之所以有这种稳定性则和教学模式强烈依附于某种教育思想、教学理论与学习理论有关。

通过以上分析可见，本书所定义的教学模式是与教学策略、教学方法完全不同的概念。根据现代汉语词典的解释，"策略"是指行动的指导方针和工作的方式、方法。那么教学策略就应当是指教学方面的指南和处方。如上所述，按照瑞奇鲁斯的分类，这种指南或处方共有三类：教学组织策略、教学传递策略和教学管理策略。显然这与上面定义的教学模式是两回事。关于"方法"，众所周知，是指解决问题的思想、窍门和程式，与上述教学模式的定义也不相同。但是多年来，国内外教育界却往往把教学模式与教学策略、教学方法混为一谈。其中影响最大的应推美国乔以斯和威尔的观点，他们在 1972 年编写了 *Models of Teaching*（《教学模式》）一书，其中总结了四大类共 20 多种不同的教学模式，在国际上产生了较大的影响。该书把教学模式定义为与教育思想、教学理论、学习理论无关的某种教学范式，即有一定代表性能起示范作用的教学方法与教学程式，实际上是把教学模式划入教学方法或教学策略的范畴。目前国内教育界有一种很流行的说法——教学方法是小方法，教学模式是大方法，其根源盖出于此。除此以外，当前国内外教育界关于教学模式有很多说法。仅从国内关于"教育概论""教学论"和"教育原理"等专著或教材中可以找到的教学模式定义就有 20 多个。但没有一个与本书上面给出的定义相同，也不具有上述五种特性。所以希望广大读者绝不要把本书所说的教学模式与其他文章所说的教学模式混为一谈，其他文章所提的教学模式（不论是国内还是国外）大体上均可划入教学策略或教学方法范畴，甚至有些人还把这三者（教学模式、教学策略、教学方法）看作同义语。但是，本书所定义的教学模式由于具有上述五种特性（尤其是前三种特性），和教学策略、方法有本质区别，所以必须对它们严格加以区分。

（二）教学模式的设计

按照教学模式的层次性，教学模式有总模式与子模式之分，总模式的数量很少，而且是已知的。所谓教学模式设计，是指如何根据某个教学单元或某节课的教学内容要求设计出与总模式相一致的子模式。

目前流行的总教学模式大致有三种类型：教师中心模式、学生中心模式和双主模式。

（1）教师中心模式　　是"以教师为中心，教师利用讲解、板书和各种媒体作为教学的手段和方法向学生传授知识；学生则被动地接受教师传授的知识"。在这种模式中，教师是主动的施教者（知识的传授者、灌输者）；学生是外界刺激的被动接受者、知识灌输的对象；教材是教师向学生灌输的内容；教学媒体则是教师向学生灌输的方法、手段。教师、学生、教材、媒体等四要素各自的作用清楚，彼此之间的关系明确，从而成为教学活动进程的一种稳定结构形式，即教学模式。如图 2-27 所示，显然，传统教学模式是建立在"传递—接受"教学理论和行为主义的"刺激—反应"学习理论基础之上的。

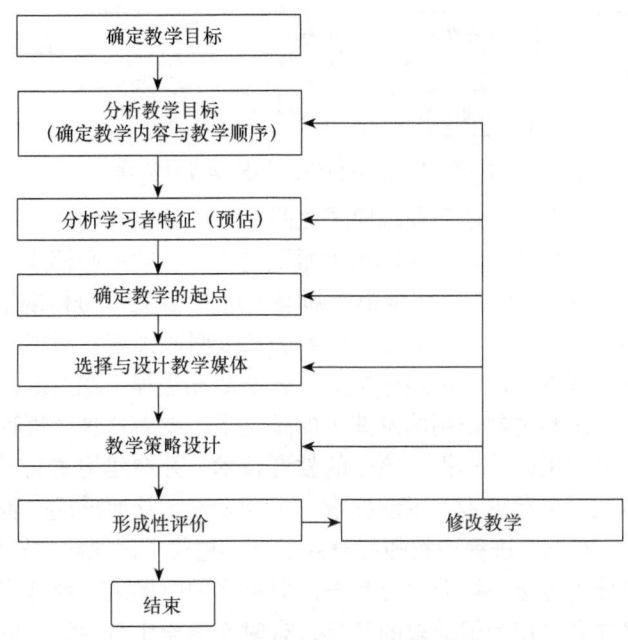

图 2-27　"教师中心模式"教学设计流程

（2）学生中心模式　　是以学生为中心，在整个教学过程中由教师起组织者、指导者、帮助者和促进者的作用，利用情境、协作、会话等学习环境要素，充分发挥学生的主动性、积极性和首创精神，最终达到使学生有效地实现对当前所学知识的意义建构的目的。在这种模式（图 2-28）中，学生是知识意义的主动建构者；教师是教学过程的组织者、指导者、意义建构的帮助者、促进者；教材所提供的知识不再是教师传授的内容，而是学生主动建构意义的对象；媒体也不再是帮助教师传授知识的手段、方法，而是用来创设情境、进行协作学习和会话交流，即作为学生主动学习、协作式探索的认知工具。显然，在这种场合，教师、学生、教材和媒体等四要素与传统教学相比，各自有完全不同的作用，彼此之间有完全不同的关系。因而成为教学活动进程的另外一种稳定结构形式，即建构主义学习环境下的教学模式。这种模式的理论基础就是建构主义的学习理论与教学理论。

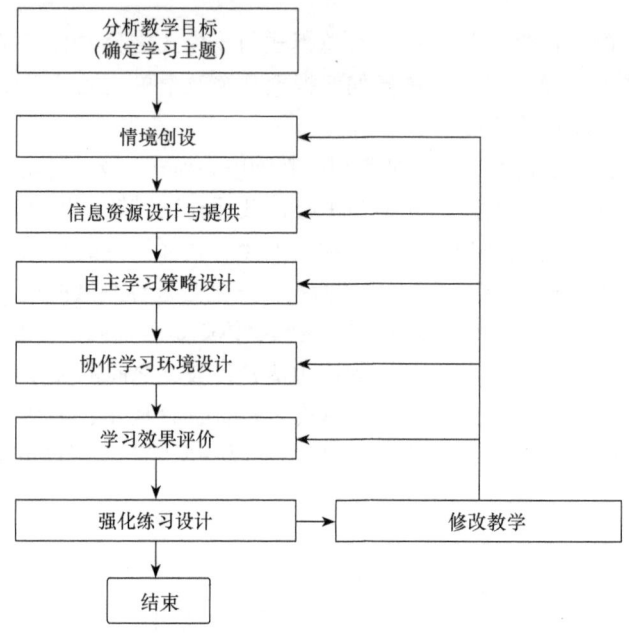

图 2-28 "学生中心模式"教学设计流程

（3）双主模式　　介于上述两种总模式之间，它不是以教师为中心，也不完全是以学生为中心，而是既发挥教师的主导作用（而不是像"教师中心模式"中那样发挥"主导"作用——自始至终主导课堂，完全由教师唱主角），又要充分体现学生的认知主体作用，即要把"教师中心"和"学生中心"两者的长处吸收过来，而把两者的消极因素加以避免。这就要求在基本保留"传递—接受"教学活动进程（在大班授课情况下，这有利于教师对教学的组织和主导作用的发挥）的条件下，要对这种"进程"加以认真地改造，即在此进程中要利用以计算机为核心的教育技术，并在建构主义理论指导下通过人机交互让学生更多地去主动思考、主动探索、主动发现，从而形成一种新的教学活动进程的稳定结构形式。在整个进程中教师有时处于中心地位（以便起主导作用），但并非自始至终；学生有时处于传递—接受学习状态，但更多的时候是在教师帮助下进行主动思考与探索；教学媒体有时作为辅助教的工具，有时作为学生自主学习的认知工具；教材要素也各自有不同的作用，彼此之间有不同的联系，从而形成一种新的教学模式——"双主模式"。如图 2-29 所示，这种模式的理论基础既有"传递—接受"教学理论和行为主义学习理论，也有建构主义的教学理论和学习理论。

教学模式设计不仅是以教为中心教学设计的核心内容与落脚点，也是以学为中心教学设计的重要组成部分。事实上，教学模式所具有的依附性、动态性和系统性等重要属性是对任何教学系统（不管是以教为中心还是以学为中心）都起作用的。如果在以学为中心的教学设计中忽略了这一环节（如只考虑以上几个环节，即主要强调学习环境的设计），将无法保证整个教学活动进程的前后呼应、连贯完整和各教学要素之间的交互作用及相互配合。

学生中心的教学模式设计方法和教师中心模式或双主模式中的设计方法基本相同，即要根据当前教学单元或某节课的知识内容设计出既能符合基于建构主义的以学生为中

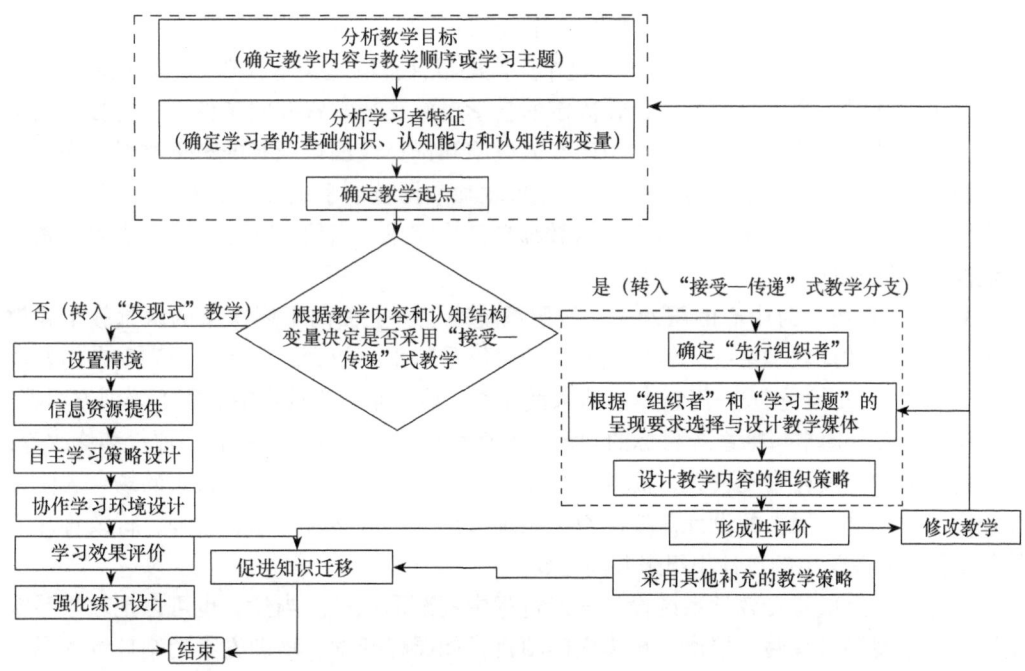

图 2-29 "双主模式"教学设计流程

心的总教学模式要求,又能满足对当前教学内容进行意义建构需要的子教学模式。设计的重点是要在建构主义的学习理论和教学理论指导下,运用系统观点和动态观点审视以上各个环节的设计,把教学系统四要素在以上各环节中的作用及相互关系加以整理、归并及综合,使之形成一个有机的稳定的教学活动进程,并用有关的词语把这个稳定的进程概括出来,就成为以学为中心的教学模式。

应当指出,前面提到的双主模式下的子教学模式设计与基于建构主义的学生中心模式下的子教学模式设计并无实质差别,两者所用方法、步骤均相同,只是理论基础有差异,前者既考虑"传递—接受"教学理论和行为主义学习理论又考虑建构主义的教学理论与学习理论,而后者则只考虑建构主义的理论。因而从设计结果来看,对于前者来说,教师在整个教学进程中所起的主导作用要多一些,学生在整个教学进程中主动性的发挥则少一些;而后者则刚好相反。至于这两种设计结果,哪一种更好,则不能一概而论。一切依具体的环境、条件为转移。这两种设计在相关条件和环境的支持下,都有可能获得最佳的效果;反之,盲目地、教条地套用固定模式则可能事与愿违。

（三）教学系统设计的不同层次

教学系统设计是一个问题解决的过程,根据教学中问题范围、大小的不同,教学系统设计也相应地具有不同的层次,即教学系统设计的基本理论与方法可用于设计不同层次的教学系统,到目前为止,教学系统设计一般可归纳为三个层次。

1. 以"产品"为中心的层次 教学系统设计的最初发展是从以"产品"为中心的层次开始的。它把教学中需要使用的媒体、材料、教学包等当做产品来进行设计。教学产品的类型、内容和教学功能常常由教学系统设计人员和教师、学科专家共同确定,有时还吸收媒体专家和媒体技术人员参加，对产品进行设计、开发和测试、评价。

2. 以"课堂"为中心的层次 这个层次的设计范围是课堂教学，它是根据教学大纲的要求，针对一个班级的学生，在固定的教学设施和教学资源的条件下进行教学系统设计。其设计工作的重点是充分利用已有的设施和选择或编辑现有的教学材料来完成目标，而不是开发新的教学材料（产品）。如果教师掌握教学系统设计的有关知识与技能，整个课堂层次的教学系统设计可完全由教师自己来完成，当然，在必要时，也可由教学系统设计人员辅助进行。

3. 以"系统"为中心的层次 按照系统观点，上面两个层次中的课堂教学和教学产品都可看做是教学系统，但这里所指的系统是特指比较大、比较综合和复杂的教学系统。例如，一所学校或一门新专业的课程设置、某行业职业教育中的职工培训方案等。这一层次的设计通常包括系统目标的确定，实现目标方案的建立、试行、评价和修改等，涉及内容面广，设计难度较大，而且系统设计一旦完成就要投入范围很大的场合去使用和推广。因此这一层次的设计需要由教学系统设计人员、学科专家、教师、行政管理人员甚至包括有关学生的设计小组来共同完成。

以上三个层次是在教学系统设计发展过程中逐渐形成的。当然，也可以把教学系统设计分为宏观和微观两个层次，规模大的项目，如课程开发、培训方案的制订等都属于宏观层次的教学系统设计；而对一门具体课程、一个单元、一堂课甚至一个媒体材料的设计都属于微观层次的教学系统设计。产品、课堂、系统三个层次都有相应的教学系统设计模式，在具体设计实践中，可以按照自己所面临教学问题的层次，选用相应的设计模式。

三、教学设计的基本要素

教学设计一般包含有下列五个基本要素：教学任务及对象、教学目标、教学策略、教学过程、自我评价。任务及对象、目标、策略、过程和评价五个基本要素相互联系、相互制约，构成了教学设计的总体框架。

（一）教学任务及对象设计

以工作过程为导向的课程改革在中职深入推进，课堂教学不再仅仅是传授知识，教学的一切活动都是着眼于学生的发展。在教学过程中如何促进学生的发展、培养学生的能力，是现代教学思想的一个基本着眼点。因此，教学由"教"教材向"用"教材转变。以往教师关注的主要是"如何教"问题，如今教师应关注的首先是"教什么"问题，也就是需要明确教学的任务，进而提出教学目标、选择教学内容和制订教学策略。

1. 教学任务分析 教学任务分析主要包括教学内容分析、教材分析、教学目标分析。教学内容是要完成的教学任务，是实现教学目标的主要载体。以往人们仅关注教材分析，在这种分析过程中，教师将教科书作为主要依据，教材分析基本关注教学的重点、难点及考点方面，比较注重显性教材的运用而忽视隐性教材的挖掘和利用，较少关注与学习教材内容有密切关系的认知和心理因素，以及教材对学生能力的要求，而对教学的重点和难点也只是阐述其内容，没有做进一步的分析。在新一轮基础教育课程改革（简称"新课改"）背景下，教学内容分析既要求对显性教材的运用，也要求对隐性教材的挖掘和利用。

2. 教学对象分析 学生是分析教学任务必须要考虑的因素，分析学生是为了帮助学生解决学习中的困难，完成教学任务。要求教师做到以下两点：一是要了解教学活动开始前学生在认知、情感、态度等方面已经达到了什么样的水平（即学生的学历和学情），这一水平标志着学生已经能做什么，说什么，想明白了什么，等等。这是学生掌握新的学习任务的起点水平。二是要了解教学活动结束后预期学生在认知、情感、态度等方面必须达到的状态。对这种状态的把握最终会转化为确定的教学任务与具体的学习目标。只有当教师对教学前和教学后这两种状态的差距做到心中有数时，才能根据学生的实际情况，确定真正恰当的切合学生实际的教学任务和学习目标。

（二）教学目标设计

教学目标是教育者在教学过程中，希望受教育者达到的要求或产生的变化结果，也是教师完成教学任务的归宿。在对教学目标的理解和陈述上，与以往传统教案相比应该有较大变化，具体体现在目标的主体和维度、具体教学目标陈述等方面。

1. 教学目标的主体和维度 教学目标以学生的学习目标为依据，学习目标对于学生的学习具有指向性，同时还可以作为学习效果的检测标准。所以制订准确、适合学生的学习目标是非常重要的。新课程标准从关注学生的学习出发，强调学生是学习的主体，教学目标是教学活动中师生共同追求的，而不是由教师所操纵的。因此，教学目标的主体显然应该是学生。而传统的教案对于目标的设计，所体现的主体是教师而非学生。从教学目标设立的维度来看也更加全面，确立了知识与技能、过程与方法、情感态度与价值观三位一体的课程教学目标，这是发展性教学的核心内涵，它与传统课堂教学只关注知识的接受和技能的训练是截然不同的。体现在课堂教学目标上，就是注重追求知识与技能、过程与方法、情感态度与价值观三个方面的有机整合，突出了过程与方法的地位。因此，在教学目标的描述中，要把知识技能、能力、情感态度等方面都考虑到。而传统的教案中，目标的设置较多地关注知识、技能的培养，缺少对于能力和情感领域的设计。

2. 具体教学目标的陈述 由于教学目标是具体规定学生在教学活动结束后在认知和情感态度等方面能够达到的新水平。因此，在陈述教学目标时要具体明确，要做到以下三点：一是对知识、技能目标的陈述要反映学生所形成的具体行为。在陈述上不宜用含糊不清、缺乏质和量规定的"了解""理解""掌握"等词，必须用可观察和测量的行为动词来描述学生所形成的具体行为，要符合学生的认知水平，陈述词要具体、鲜活。二是对过程性目标的陈述要具体、明确。新课程标准关注"学习过程、改变学习的方式和方法"。三是对情感、态度与价值观的目标陈述要明确学生应参加的活动或体验的内容，通常只明确规定学生应参加的活动或体验内容，而不具体规定学生应从活动中获得什么结果。

（三）教学策略的设计

所谓教学策略，就是为了实现教学目标，完成教学任务所采用的方法、步骤、媒体和组织形式等教学措施构成的综合性方案。它是实施教学活动的基本依据，是教学设计的中心环节。可以从以下几个方面去加以考虑。

1. 教学组织形式　　新课程标准在课程实施方面，倡导自主、合作、探究的学习方式。通过学生自主提问、自主研究、自主体验、自主交流的过程，激发学生思维，开发学生潜能。可见，引导学生多种方式自主参与学习活动已成为有效促进学生发展的基本途径。因此，符合新课程理念和教学目标要求的新的课堂组织形式，也成为教学设计不可忽视的一个要素。

2. 教学方法　　教无定法，教学有规。面对多种多样的教学方法，哪些是教学设计中应优先考虑的方法，这些方法又该如何有机地结合在一起，这些都是制订教学策略的基本问题。应该根据教学目标、学生特点、学科特点、教师特点、教学环境、教学时间、教学技术条件等诸多因素来选择教学方法。

3. 学法指导　　既要重视学生学习兴趣的培养和动机的激发，重视教学过程的情感化，还要关注学生学习能力和创造能力的培养，更要考虑教学的有效性。因此，可以从以下几个策略来考虑学法指导。制订促进学生主动学习的教学策略，即把调动学生学习的内驱力放在首位，让学生置身于民主的、愉悦的课堂氛围中放飞思维、潜心探究、快乐创造。制订促进学生自主学习的教学策略，教师要从学生的经验、生活出发，创设一定的问题情境，引导学生发现、分析、解决问题，为学生的自主发展提供时间和空间，使学生在实践探索的过程中培养自主学习的意识，发展自主学习的能力。制订促进学生创新学习的教学策略，教学设计中要考虑让学生学会质疑，善于发现问题、思考问题；学会探究，乐于进行研究性学习；学会评价，敢于发表不同意见和独特的见解；学会反思，敏于分析自身学习的得失，探索学习的规律。

4. 教学媒体　　媒体可以是作为教学环境设计的一个部分，也是教学活动中教学呈现的一种载体，它们不是独立地存在于教学之中，而是与教学方式结合在一起成为教学策略的主要因素。

随着多媒体这一新型教育技术越来越多地进入课堂，媒体的设计比起单纯板书设计多了丰富性和生动性，因而，设计也更需要花费时间和精力，更需要有一定的专业要求。但是也不难发现对媒体运用设计存在的问题，如所选择或制订的教学媒体与本节课的主题联系不当、华而不实、喧宾夺主引起注意的混乱，从形式上看很生动、很美观，而内容却无助于学生认知能力的发展；运用多媒体呈现教学内容时的节奏和速度及次序掌握不当造成学生认知的脱节。特别要指出的是，粉笔加黑板的板书作为传统的、常规的媒体在教学中还应该有一席之地，而且还占有相当大的比重，所以在设计媒体时千万别忽视了对板书的设计。

（四）教学过程设计

1. 过程设计意图　　现代教学关注学生的主动参与，让学生在自主探究中，在情感体验中学习知识，完善人格。一方面，教学不再是单一的教师传授知识，学生纯粹接受和掌握知识与技能；另一方面，教学不再在封闭的状态下进行，教学更趋向于多维的、开放的教学形态的呈现。在这样的新理念下，教学过程的设计与以往教案编写那种单一、线性、主要设计教师教学步骤和方法的思维形式和编写格式有很大的不同，它在每一个教学环节都要同时考虑教学的意图、教学组织中活动的主体、教学行为和方式、媒体的使用、时间的分配及对教学效果的预期，等等。所以在一定的单位时间内对于教学的活动过程是呈立体或网状思考状态，教学诸因素不是沿"教"这条单行线前行，而是在学与教中交错朝着教学目标进行着。

2. 过程设计需要考虑的因素 活动的主体对象更加具体、明确，除此以外，设计中增加了预期效果这一因素，因为设计的引进是为了将一个现存的情境改变成为所期望的情境，谋求这种变化正是教学设计的目的。教学设计是以目标为导向的，那么在教学过程中，对于目标的达成与否是在教学过程中通过不断地反馈调控来实现的。而预期效果的设计便是实现反馈调控的一个关键的手段。另外，教学设计的目的是能够使教师在目标指引下理性地进行教学，因此，对于每一环节中的教学目的也应该有充分的认识，所以在过程设计中，增加了教学目的这一要素。

（五）教学设计自我评价

教学设计的功能与传统教案有所不同是在于它不仅仅只是上课的依据。教学设计，首先能够促使教师去理性地思考教学，同时在教学元认知能力上有所提高，只有这样，才能够真正体现教师与学生双发展的教育目的。为了实现这一功能，自我评价是教学设计一个不可缺少的因素。如果把教学设计作为一个系统来看的话，它是一个在开发、设计、利用和评价四个方面全面研究学习过程与学习资源的"理论与实践"。在时间上，教学设计分为了三个时间段，即课的准备的设计、课的实施中的再次设计（即生成）、课后的反思性的设计修正。因此，教学设计除了包括教学任务、教学目标分析、策略制订和过程设计以外，最后应该对教学设计进行评价，这是教师的一个不可缺的元认知活动。教学设计的评价，可以通过两条途径进行。一是在设计完成之后设计实施之前，对自己的设计进行预测，这样能够帮助设计者在设计的实施过程中更好地应对各种突如其来的教学事件，更好地在教学活动中进行设计的二度创造。二是在教学活动之后进行的教学设计的评价，目的在于总结设计的得与失。因为，任何一个设计都是为了更好地帮助教师在教学活动中达成教学目标，完成教学任务，况且设计与实践活动本身会存在一定的误差，理论上再合理的设计只有经过实践检验才能真正有效。所以，只有通过这样的反思性评价的设计，才是一个完整的、成熟的和有效的设计，从与传统教案的不同功能中，还可以看出，教学设计不是封闭的、一成不变的，而是在时空上都更具有开放性和灵活性，也更具有先进性。

四、教学设计的案例

教学设计有系统、课堂和教学产品三个不同层次，下面以上一节的"芹菜的生物学性状"微课程产品形式设计为例，具体分析如何做教学设计。

（一）教学分析

1. 学习者特征分析

（1）一般特点 中职学生与普通高中学生相比，文化课学习基础相对薄弱。初中阶段的文化基础差，年龄小，被动学习因素偏多，综合素质普遍不高，学习能力差异较大，对专业知识生疏。虽然已经具有一些基本的生活的经验，但是对事物细节的观察能力不是很强，尤其对不是很感兴趣的事物，更是常常忽视。饱尝失意和失败的经历以后，学生对激发专业课学习动机和提升自主学习力非常困难。

（2）预备能力分析　　在学习蔬菜的栽培技术的前部分课程的过程中，部分学生已经知道针对某种蔬菜的生物学性状应该从哪几个方面或哪些细节去认识，但对芹菜没有更清晰的认识。多数学生因为轻视专业课程学习，对认识和掌握某种蔬菜的生物学性状的要点依然不是很清晰。

（3）目标能力分析　　在进行新的任务"芹菜的栽培技术"学习之前，需要知道和掌握芹菜的生物学性状的要点。更高的要求是由此项目的学习领会掌握其他蔬菜生物学特性的认识和思考的框架及学习方法。

2. 学情分析

（1）已知　　在芹菜的这部分知识学习之前，学生已经能够掌握某一种植物的生物学性状要包括哪些模块化的知识点。这是学生学习芹菜的生物学性状的"基本概念框架"和依托，也是知识层面的认知基础。只有部分学生知道分析某种蔬菜的生物学性状，需要对上述模块的哪些具体细节内容需要细化和具体。

（2）未知　　虽然芹菜是人们日常生活中司空见惯的饭桌上菜肴的主料，但是也仅仅是对它的茎叶有个感性认识，对它的根、花、种子及在生长的不同时期的细部特征仍然是个谜。

针对这些未知或模糊的概念，学生基于强烈的求知欲和好奇心非常想知道芹菜的这些属性的具体内容，他们能够借助目前发达的信息化途径获取部分信息，但是对于信息的权威性和正确性就会存在质疑。

（3）怎么知　　就目前这个阶段的学生，他们的认知能力和水平已经达到了一定的程度，能够对未知的，想知的知识具备一定的检索、查询、自主学习能力和元认知能力，他们会反思和总结已经经历和学习到的知识和技能。就以建构主义学习理论为基础的微课程的资源来说，教师在设计开发时，要特别注意学生研究"认知思维模型"的形成或构建的过程及特点，因为它是微课程设计与开发的基础和出发点。只有清楚和熟悉学生的思维的过程和习惯，教师才能有针对性地设计和开发适合这个阶段学生学习的教学资源。

3. 教学目标确立

（1）认知领域　　识记芹菜的生物学性状的知识模块的组成，能说出分析植物生物学性状的要点。

（2）技能领域　　能够依据植物的生物学性状，准确识别不同生长阶段的芹菜。

（3）情感领域　　通过对知识检索过程的实践，养成积极探索的习惯和品质，改善学习态度，养成元认知的学习习惯和思考方法，不断提升学习效果。

4. 教学内容分析　　这部分内容是教材中蔬菜生产技术的细化内容。具体教学内容中有着内在的基本逻辑，即生物学性状包含了辨别该种蔬菜的特征内容，为后续具体的种植和加工等提供知识基础。

（二）教学媒体选用

使用PPT设计开发的微课课件，主要用来课堂教学前的预学习，或翻转课堂教学实施前学生的预学习。微课程的微课单元中选择不同的媒体有不同的原因和目的。

图片能更加直观地展示感性的知识要点，如种植的地域分布，芹菜花的特写使学生更易于掌握其生理的特点。思维导图清晰展示给学生教学内容各个知识点之间的内在逻辑关系，它是实现有意义学习的前提。

文本突出其简明扼要，尤其是揭示重点最有效。

声音是多通道学习中，听觉通道中特有媒体形式，它为学习者提供更简洁清晰的声音刺激信号。

视频，能够跨时空完成，教学内容的简明介绍。例如，可以跨空间实现对芹菜分地域及特点进行概要性认识；可以实现不同生长期重点特征的微观认识，即能够用短短几分钟跨越其一个生长期。

在媒体的选用中可以遵循"能用表格不用文本，能用图片不用表格"的原则；图片和视频可以实现跨时空的表达。

（三）教学策略选用

使用PPT设计开发的微课主要是用来支持自主学习者的学习，因此根据不同的教学目标的要求和学习者的特点，可以选用的策略核心如下。

（1）支架式教学策略　　在微课程的微课视频单元中，在预测学生会有困难的位置添加必要的提示。

（2）抛锚式教学策略　　把教学的重点以问题的形式携带在任务或情境中，适时抛出，引发学生思考或掌握要点。

（3）模型策略　　显性动作行为模型与隐形模型的配合使用，可以让学生的学习不是仅仅停留在操作层面，而是通过隐形模型引导学生学会深入反思，以元认知的方式完成知识的迁移。

（四）教学评价

此微课程的教学评价，按其教学功能的划分，通常分为诊断性评价、形成性评价和终结性评价。诊断性评价可用学前设问或揭示教学目标来实现。形成性评价可以对学习过程的实施进行评判，具体的方法可采用边检索、边学习、边绘制学习内容的概念图。要求能够清晰明了学习内容的各个节点的概念及其标注，能够借此掌握学习系统知识的方法和习惯。终结性评价采用量规的方法，或完成测试题目的方法，或者尝试完成另一种蔬菜的生物学特性的学习。可见如果以应用所学，尝试完成另一种蔬菜的生物学特性学习作为测试方法，要求时间多，要求有网络的条件，要求学习者有更强的学习动机、更好的学习兴趣、良好学习耐心和清晰的自主学习的方法。

（五）设计反思

微课主要是用来支持自主学习的，所以微课中更多地需要了解、基于、熟悉和运用"学生思维模型"，更多地体现对学生学法的指导和影响，更多地引导他们勤于动脑，勤于总结，勤于创新的学习习惯。所以在微课教学内容的组织过程中，应注意阶段性地对学生进行"元认知"级的引导和培养。例如，教学内容的思考，基于移动设备的相关知识点的拓展。

微课的更高级发展阶段就是微课程，那么适合学习对象特点的、丰富的微课视频单元将是为自主学习者学习提供有效帮助的支架，也将是"专业创客空间"必备的解惑和导学资源。

第三章 设施农业生产技术专业教学法选用案例

第一节 设施建造与维护部分教学方法选用案例

一、课程分析

"设施建造与维护"是中等职业学校设施农业生产技术专业的一门专业基础平台课程,是从事设施农业生产技术岗位工作的必要课程。其任务是培养学生具备农业生产设施的设计、建造、使用和维护能力,为学生学习专业技术知识和职业技能、提高全面素质、增强职业适应变化能力和继续学习的能力奠定基础。

课程教学总体目标是熟悉和掌握农业生产设施的发展、设施场地的选择和布局、设施群的规划设计、温室大棚等主要生产设施的结构设计与建造、环境调节等配套设备的安装等,为学习专门化方向课程奠定基础,并在此基础上形成职业能力。

课程内容的选择打破以知识传授为主的形式,转变为以工作过程为导向组织教材内容,让学生在具体任务实施中学习理论知识,主要包括电热温床的铺设与维护、塑料大棚的建造与维护、日光温室的建造与维护、连栋温室的建造与维护、设施园区规划五部分内容。

二、教学方法选用及说明

设施建造与维护学习领域可以设计成五个学习情境,学生对每一个学习情境学习,教师可以从行动导向教学法中选取项目教学法、引导文教学法、头脑风暴法等多种教学方法结合使用。本部分以学习情境塑料大棚的建造为例,根据其内容特点主要介绍项目教学法、头脑风暴法的运用。如何运用项目教学法,选择项目是关键。因不合适的项目会使项目教学在应用过程中遇到困难,无法顺利地按预期计划进行。这就需要教师在充分熟悉教材的基础上打破常规,突破教材原有的知识体系,按照设施建造与维护的工作内容和流程进行项目的选择。同时,还要充分考虑到中职学生的可接受程度及项目内容与园区或农场实际工作流程的契合度。特别是在项目实施的过程中,分组、掌控时间和进度、指导学生掌握正确的操作方法等很重要。

明确教学过程中的一些规则,使学生养成良好的学习及思维习惯。例如,学习规则中的体验式学习,做中学,学不能被教,做不能被学,学习的悖论;课堂规则可以是关闭手机,不准接听手机和查看短信。同时,手势也很重要,教师举起手,说明小组讨论或活动停止,若教师击打黑板三下,说明小组讨论或活动还有 3min(或 n min)的时间;小组成员若举起三个手指说明该小组还需讨论的 3min 时间。学生让教师了解自己的学习习惯,及时与教师沟通。

三、教学实施

(一)教师的准备工作

以塑料大棚的建造为例。

设计项目：塑料大棚的建造。

确定教学环境和教学媒体选用：多媒体教室、实训室，或者假设在学校承包的 $30m^2$ 土地上，教学生建造 10 栋塑料大棚（因学校条件而异，可以让学生建造大棚模型）。

确定学习方式：小组合作学习。

教学情境：您是名讲授设施建造与维护的中职教师，需运用项目教学法讲授塑料大棚的建造，为完成此项任务，在正确的教学环境下，进行内容的选择。

工具与设备：即时贴、彩笔、粘扣、大白纸、竹木若干、钢筋若干、聚苯乙烯塑料薄膜若干、铁丝、稻草绳、螺母、角撑、沥青等；建棚图纸等大棚建造辅助材料。

人员：安装一栋大棚需要 5~6 人，技术骨干需要熟悉大棚的结构与构件的作用、用法、安装方式。正式安装之前，应全面检查一下每套零部件是否齐全，有无造成损伤，并指定专人保管，以免丢失。

（二）师生实施与评价工作任务

1. 实施项目教学法前，了解师范生对项目教学法的前理解

活动Ⅰ[①]：讨论什么是项目教学法及对项目教学法的理解。

1）将学生随机围成一圈，根据班级人数（假定 30 人），从 1~5 报数，为同一个数字的学生组成一个小组，即每个小组 6 人。

2）每个学生将下面的内容分别填写到不同的即时贴上：①我对项目教学法的理解；②我对项目教学法的最大疑惑。

3）小组成员将对问题的回答汇总后，贴到墙上。

4）各小组轮流浏览大家的回答。

5）小组分享对项目教学的理解。

本活动的关键是了解学生对项目教学法最基本的认识，教师一定要不断走动看学生在写的时候是否能满足要求，并适时引导。在小组分享时，每小组选一个学生进行汇报，汇报完如有问题需探讨，其他小组可以进行解答或提问，教师可参与讨论，最后对相关问题明确，使其对项目教学法的理解逐渐清晰。

为了活跃小组气氛，增强学生的学习乐趣，可以使用不同的学习策略，参阅附录 1。

■ **知识链接**

组建小组的方法（陈向明，2003a）

1. 按数字分组。先数出参与者人数，计算出不同的组合，以便把参与者分成各种不同大小的组。如 30 人可以分成 10 个 3 人组、5 个 6 人组、6 个 5 人组、7 个 4 人组和 1 个 2 人组，等等。

2. 组建家庭。准备一些卡片，每张卡片上标上 4 人小组或 5 人小组中的一个角色，如农民爸爸、农民妈妈、农民姐姐、农民哥哥。也可以是动物或者水果名称，或者是教师之家、海员之家等。给每人一张卡片，四处走动，与遇到的人彼此交流，告诉对方的角色，但教

---

① 本章中的活动主要针对师范生开展，其中"教师"是指职技高师院校的教师，"学生"是指师范生，而正文其他部分的"教师"多指中职教师，"学生"多指中职学生，请读者在阅读时结合上下文进行区分。

师大声喊家庭重组时，学生根据卡片快速组成家庭。组成的家庭小组表演他们的家庭角色。

3. 小组自我选择。学生就形成小组的标准进行头脑风暴。标准不应带有价值判断，应该相对客观、中立（性别、年龄、身高等），或反映不同的技能、兴趣。很显然，有很多不同的标准可以选择，让学生反思什么标准最合适、最恰当。每个人在自己选择的每一个标准下填写一张很短的履历表，如性别、年龄、兴趣、特长等。每个人可以选择一个以上的标准。如果组成两个小组，可以分配给小组A和小组B各一面墙，学生根据自己的特点是否有利于小组形成，然后把自己的履历表贴在自己认为适合的墙上，这样就形成了两个组。如有学生认为自己的特点在另一组得以体现可以移动。

还有交换座位、站立场等多种分组方法，通过不同方法组成小组，可以调动小组成员间合作学习。

2. 组织学生进行课程内容分析，学会确定项目

活动Ⅱ：确定设施建造与维护学习领域中可以设计成项目的内容。

1）让学生分成小组讨论，如何确定设施建造与维护课程的项目。

2）让学生各自想出办法（可能的建议工作过程、大棚的类型、建筑材料等）。

3）教师在其讨论期间四处走动，观察他们所建议的是否符合项目选定的标准。提问、引导他们发现自己所建议的办法，能否在工作场合中使用该项目，等等。激发学生讨论他们建议项目如果实施会遇到什么障碍、项目实施的时间等问题。

4）各小组将自己确定的项目写在纸上，并挂在墙上展示，教师在总结活动时，利用学生所写的，引导他们，让他们发现自己所讨论的，最后明确项目确定的依据、方法、理论的难易程度等，然后汇总确定该课程的项目（表3-1）。

表3-1 各小组设施建造与维护部分确定项目汇总分析表

小组	项目一	项目二	项目三	项目四	项目五	…
一组	电热温床的铺设与维护	塑料大棚的建造与维护	日光温室的建造与维护	连栋温室的建造与维护	设施园区的规划与设计	…
二组	控温仪的维护	竹木结构大棚建造	竹木结构塑料薄膜日光温室建造	连栋温室的维护		
三组	电热线的布设	钢管装配式大棚建造	钢架砖石结构日光温室建造			
四组	…	棚膜维护			棚室区规划	
五组		大棚合理棚型设计	骨架及电动卷帘机的建造	温室建设场地的施工控制测量	绿化规划	…
汇总分析						

本活动的主要目的是让学生学会确定项目教学法中的项目，可能学生会写出不一定是表上呈现的项目，教师和学生逐一进行分析时，对照作为教学项目的条件、选择的依据、实施的可能性等诸多方面对学生写出的项目进行评判，然后由师生共同确定教学项目。参阅第五章的第五节"项目教学法"。

知识链接

开发教学项目应考虑的因素

1. 教学项目内容具有职业工作的典型性和基础性。
2. 教学项目能将教学任务的理论知识和实践技能结合在一起。
3. 教学项目要和企业实际生产过程或现实商业活动直接相关。
4. 学生有独立进行计划工作的机会。
5. 有明确而具体的成果展示。
6. 具有一定难度,在一定范围内学习新的知识技能。

3. 教学项目设计及制订项目计划

（1）教学项目设计　　项目设计时要充分考虑设施建造与维护课程的具体特点和中职学生的接受能力。在项目设计上,首先,教师要选择教材中适合用项目教学法进行教学的内容,进行教学内容和教学顺序的重新编排,并详尽地把教学内容介绍给学生；其次,根据项目的特征选择学生分成合适的小组,让学生在小组讨论时能充分考虑每个学生的优劣势,达到最佳形式的组合,使棚室建造项目能够顺利地进行；最后,还要设置合适的棚室建造项目难度,既能够发掘学生的主观能动性、创造性,也能让项目顺利进行。

（2）制订项目计划　　首先,要把全班学生分成5～7人的小组,在小组成员的具体安排上要充分考虑学生的个体差异,做到小组成员之间能够优势互补；其次,教师要详尽地说明本次设施建造项目的具体内容,以及要达到的项目效果,使每个同学都能比较清晰地知道自己所要承担的责任和义务,并且规定项目的时间；最后,每个小组要自由选择出一个设施建造项目的负责人,在小组负责人的组织下围绕项目的中心内容畅所欲言并制订出具有可操作性的项目计划。以"电热温床的建造"为例,学生任务工作单如下。"塑料大棚的建造"的学生任务工作单可参照此进行设计。

电热温床的建造　编号：DRWC001（自定）

工作任务描述：根据温室育苗需要,通过教师提供参考书、教学课件、音像资料、实地参观、自己查阅的参考资料,学生能够在教师的指导下完成电热温床的建造任务,并使之能应用于生产。

1. 学习目标：①了解电热温床的作用；②掌握电热温床建造场地选择的基本要求；③熟悉电热温床的种类与结构；④熟悉电热温床所用的设备；⑤掌握电热温床的功率密度、总功率及布线间距的计算方法；⑥熟悉电热温床的建造过程；⑦掌握控温仪和交流接触器的连接与使用方法。

2. 阅读资料（资讯）：①设施建造与维护教材；②教学单元学生手册；③网络精品资源课；④图书馆、实训室学习角书籍、杂志；⑤电热温床建造相关专业网站；⑥电热温床设计建造的图片及音像资料。

3. 制订建造计划（关注或需要解决的问题）：①根据生产的需要,如何选择合适的温床建造场地；②根据建造苗床面积进行计算,选择什么样的电热线及接线方式；

③挖床坑的深度、铺垫隔热层、散热层、电热线布设、电热线与电源何时连接，等等。

4. 小组讨论交流：①确定如何分组、讨论时间、讨论的内容；②提交产品、工作记录、个人考核单、工作总结等。

5. 学习条件：多媒体教室、设施农业实训基地、任务单、实施方案、工作记录表、考核单等。

6. 作业（知识应用）：①电热温床的结构；②电热温床铺设时，其功率密度和电热线长度如何确定；③电热先铺设时应注意什么问题。

7. 学习心得：讨论反思电热温床的建造过程，有哪些收获、困惑等。

8. 评价考核（态度、学习方法、知识运用等）：①自我评价；②教师评价。

4. 实施项目计划 在项目计划的实施过程中，小组要根据之前制订的项目计划，有步骤地进行，成员内部有具体的分工和职责，协作小组成员内要进行充分的讨论和验证。在整个项目计划的实施应用中，教师不过多地干涉项目的进行和发展，而是充当引导者、协作者、鼓励者的角色。在项目独立实施的基础上，在一些关键的环节进行恰当的引导，并进行阶段性的检验，对上一阶段出现的问题及时进行纠正。在实施项目计划的过程中，充分调动学生的积极性、创造性等主观能动性，提高学生发现问题、解决问题的综合能力，培养学生在项目实施中的决断力和信心。

（1）教师引导 教师的引导包括展示目前经常使用的竹木结构大棚，使学生有基本的认识。

1）理论讲解。首先，要对塑料大棚进行分类让学生对塑料大棚有一个具体的了解，或是让学生去学校基地有一个感性认识。让学生充分了解各种塑料大棚的规格、方位，针对不同地理条件、园区规划、建大棚的目的、栽培的园艺植物等做好细致的、充分的准备工作。其次，提前向学生介绍大棚建造的影响因素及注意事项，使学生在教学实践操作中加以关注，如操作时动作应小心谨慎、避免伤到自己，防止因动作不恰当影响大棚结构的稳定性；如果当地的气候特殊，要考虑选择适宜的材料等。

2）操作示范。理论的讲解让学生对塑料大棚的建造有了一个整体的了解，但对于实际操作的把握仍然比较欠缺。教师应当选取大棚建造中的某一环节进行具体的示范操作，如全竹木大棚建造绑拉杆，教师要对全部的工作进行大体的了解，制订出相应项目的具体操作步骤，演示具体的操作环节，之后让学生进行具体实践操作。

（2）学生实践

1）建造准备。竹木结构大棚建筑材料的准备应根据确定的规模和采取的棚型来考虑，既要考虑不能浪费，又要考虑使用年限。棚向为东西方向延长，于土壤封冻前将骨架建成。这种大棚采用了大量的竹竿做立柱，用竹竿和竹片作拱，每道拱下都有一排立柱，用拉杆将各排立柱连接起来。每道拱包括 4 根中部粗约 4.5cm 长约 5.0m 的竹竿，和两根长 4.0m 宽 4.2cm 的竹片组成。立柱则根据要求用前述规格的竹竿截取。竹竿和竹片茎节处有许多尖锐的刺，要用小型的型材切割机将其除去。竹竿基部插入土壤的部分要蘸沥青防腐，上部则要分别在距离顶端 5cm、30cm、55cm 的位置钻孔，用于穿过固定拱杆、拉杆和托承薄膜的铁丝。

2）埋立柱。每道拱杆下高度不同的所有立柱称作一排，东西方向高度相同的立柱称作一列。按120cm间距一列一列地埋立柱。作立柱的竹竿中部粗度应达到4.5cm，将蘸竹竿沥青的一端埋入地下，深50cm。按设计要求确定露在地面以上部分的高度，同一列立柱高度要一致，各列、各排要分别对齐。

3）绑拉杆。在距离立柱顶部25～30cm的位置绑拉杆，将各列立柱连在一起。绑拉杆时，可用10号和16号铅丝穿过立柱上预先钻出的孔，用钳子将拉杆拧在立柱上。

4）绑拱杆。每排立柱上有一道拱杆，每道拱杆又由4根竹竿和2根竹片组成。位于中间位置的两根竹竿较粗的一端相对，位于两侧的竹竿则是较粗的一端朝向大棚两侧。竹竿连接处，可加绑一根长2m的细竹竿加固。拱杆压在立柱的正上方，用铅丝穿过立柱顶端的钻孔加以固定，覆盖薄膜前还要缠绕一些废旧塑料条，以防铅丝腐蚀薄膜。

每道拱杆两端为了适宜弯折而选用了竹片，竹片一端蘸沥青防腐，插入地下，另一端经弯折后绑在作为杠杆的竹竿之上。

5）建棚头。大棚东西两端的拱杆和立柱用于建棚头（山墙），为提高坚固性，在每两根立柱之间再加埋一根立柱，立柱高度依据拱杆自然坡度而定。对每根立柱，包括加埋的立柱，再绑一根支柱，支柱伸向棚内，插入地下，与地面呈45°，用铅丝绑好，连接处缠绕塑料条，防止铅丝腐蚀或刺穿塑料薄膜。然后，像绑拉杆那样，也在支柱上绑竹竿，将支柱连接固定。再在棚头立柱上绑3道竹片，棚头中间位置留小门。

6）覆盖薄膜。春季大风天气频繁，不利于覆盖薄膜，因此，真正的生产用棚应在1月下旬即开始覆盖大棚薄膜。选用聚氯乙烯无滴膜，宽度20m以上的大棚可覆盖4幅薄膜，每幅薄膜的具体幅宽依据所购买薄膜的幅宽确定，中间两幅较宽，侧面的两幅较窄。采用扒缝放风方式，留三道通风口，中央一道，两侧各一道。

用电话线作压膜线，因为铅丝容易烫破或腐蚀薄膜，尼龙绳又容易老化。每道拱杆之间设一道压膜线，压膜线两端绑在埋于大棚两侧的地锚上。

棚头部分的薄膜下部埋入地下，棚头中部设3道竹片，预先在竹片上钻孔，用铅丝穿过竹片上的小孔及薄膜，与棚内对应部位的竹片绑在一起。棚头中部留门，为减少冷风吹入，门要尽可能小些，用木条作门框，其上钉塑料薄膜。

（3）根据实施项目计划的步骤，通过活动进行练习

活动Ⅲ：学习如何教中职学生建造一个采光好、抗风、牢固的塑料大棚。

在教师的指导下，师范生分小组合作学习，建造一座塑料结构大棚，如无实际建棚的时间、财力、场地，可适当压缩规模，模拟建造，学习建造过程，熟悉关键环节。

活动要求：在您的小组中找出如何让塑料大棚牢固、抗风、采光好的秘诀。

参考相关网站的注释、各棚型的特点及上述的棚室建造过程要求。

参考相关书籍：《保护地设施类型与建造》《园艺设施建造与环境调控》。

评估标准（假设建造全竹木结构大棚，每个类型的大棚都有其建造标准）：①要求大棚的立柱位置、拱杆间距、拉杆位置准确；②同列立柱高度一致；③各组件搭接部位牢固，捆绑铁丝能拧紧，且无安全隐患；④竹节处无毛刺；⑤覆盖薄膜后膜面平整。

活动的注意事项及提示如下。

1）本次活动的目的在于拓展学生关于做项目和教如何做项目是两个概念，要知道做项目时：①重要的能力可以分成若干小部分，即子任务；②能力由知识和技能组成；

③如需获得能力,首先需要传授知识(确保学生懂得知识),随后传授技能,并提供练习技能的机会;④除了技术知识与技能,还需掌握方法能力、社交与个人能力,从而执行整体任务;⑤能运用部分能力不等于能完成整体任务,学生需要综合练习所有能力。

2)开展本次活动的过程(用画廊漫步的策略,见附录1):①将学生分成小组建造大棚的模型,参与竞赛。为他们提供参考材料(网站、文件等)进行参考。②准备不同建筑材料(竹木、钢筋、钢管等),不同组间可以进行尝试或分析选择哪种材料能帮助他们在竞赛中取得更好成绩。③在建造大棚的讨论过程中,向他们培养除了设计建造之外,还有各种会影响到其竞赛最终结果的观念。例如,不同材料的大棚结构不同,风对大棚直接施加压力,当棚内外压强差达到一定程度时会产生一种破坏力,以及毫无刚性的塑料膜被掀开或卷起一定开度,当外界空气以很高速度涌入棚内而产生对塑料膜的举力等,这些都将影响大棚的稳定性,因此,在棚型设计、大棚的长跨比、高跨比、大棚的方位、规格等都需要考虑(这将帮助他们了解方法能力)。④学生完成各自建造的大棚后,进行比赛,并根据评估标准的列表来记录分数。最后一条标准是要求学生解释各自建造的大棚特点(体现出社交能力)。

3)比赛结束后,要求学生讨论,如何培训中职学生参与此竞赛(使用画廊漫步策略)。

4)教师四处走动了解其他学生的表现后促进讨论。

5)从课程中按下列方面组织讨论要点(写在黑板上)——"要传授什么":①要传授的知识如大棚的类型、大棚选用的建筑材料、大棚的规格与方位等;②要传授的技能如如何搭建大棚;③要传授的方法技能如在风力较大、雨水较多的地方,该选择建什么样大棚,可以设置不同的环境条件,考虑建棚是否有差异,该如何综合各种因素;④要传授的社交技能如团队合作,如何对评审来展示讲解;⑤要传授的个人技能如(不能在竞赛中作弊),在教学进程中,当教师激励他们在比赛中获取优异成绩时,帮助他们如何获取信息来不断提升自己。

6)要求学生分析并填写这部分的各种能力(表3-2)。

表3-2 园艺设施建造和维护能力分析表

大棚类型	传授的知识、技能、态度	基本内容
竹木结构大棚建造	要传授的专业知识	
	要传授的专业技能	
	要传授的方法技能	
	要传授的社交技能	
	要传授的个人技能	
钢筋骨架大棚建造	要传授的知识	
	要传授的技能	
	要传授的方法技能	
	要传授的社交技能	
	要传授的个人技能	
…	…	

7）关于"如何传授"（促进讨论）：①首先传授简单棚型，仅在学生掌握这一棚型时，才继续传授不同大棚类型；②每种类型可能与基本棚型大同小异（如钢筋骨架大棚的拉筋焊合可以采用斜交式、平行式、交叉式单杆梁的连接）；③除了传授如何建造大棚之外，教师必须在学习活动中不断纳入其他技能（方法、社交、个人技能），让学生全面获取技能，而非培养单一能力；④学生学习了能力中的各个小部分之后，必须提供机会进行综合练习，如在实际竞赛之前在班上开展小型竞赛。

8）学生在方法、社交、个人技能中所建议的关键词可写在黑板或挂图中，供后期活动中参考（陈梅珠，2015）。

5. 评估项目成果 正确的项目评估是判断建造的大棚项目进行顺利的一个重要环节，是项目教学的深化，主要包括项目小组成员内部自评、学生中互相评价及教师评价这三个环节。首先，每个项目小组的成员要派出一个代表呈现自己小组的项目成果，并针对项目成果进行自我评价，分析项目在进行过程中遇到的问题及解决的途径和方法，总结出自己小组成功和失败的经验；其次，各个项目小组之间要进行一个互相的评价，评价要中肯、实事求是，以便在今后的项目实施中吸取经验教训，得到共同的提高；最后，是教师的项目评价，要以肯定为主，对各小组成员的项目积极性进行肯定，对存在的问题进行适度的点评，对于表现突出的项目小组要进行鼓励和表扬，保持和提高学生对于以项目小组方式进行教学的积极性。小组自评与互评评价表见表3-3。

表3-3 小组自评与互评评价表

小组	大棚的类型	结构的稳固性	抗风能力	采光效果	表面平整度	综合打分
一组						
二组						
三组						
四组						
…						

（三）项目教学法操作技能汇总

活动Ⅳ：项目教学法研讨。

1）分小组，讨论项目教学法实施过程中项目选择的基本技巧。

2）利用课余时间，每个小组从电热温床、节能日供温室、连栋温室的建造与维护学习情境中选一部分内容，设计项目教学法实施方案。

3）将设计好的实施方案展示在展板上，供下一次课各组学习与讨论。

4）每小组选一人，用自己设计的教学方案实施教学。

5）小组进行讨论分析，运用项目教学法应该注意的问题。

6）本小组在实施项目教学过程中存在的不足，其他各组的教学有哪些可以借鉴和学习的地方。

7）各小组讨论实施项目教学的主要步骤，最后将各组的结果汇总分析，画出相应的步骤图（图3-1）。

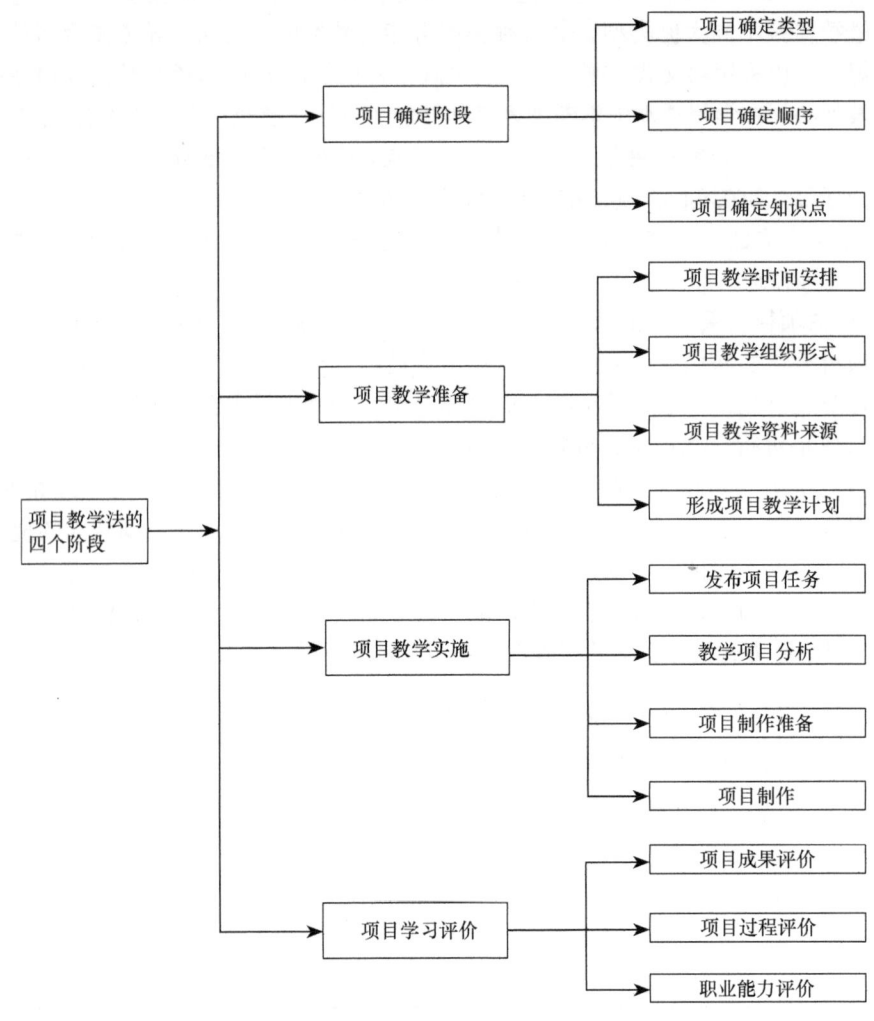

图 3-1　项目教学法实施步骤

■ **知识链接**

1. 塑料大棚的类型　其类型比较多，分类形式有以下三种。根据棚顶形状可以分为拱圆形大棚（有落地拱和柱支拱两类）和屋脊形大棚（图 3-2），我国多数为拱圆形大棚。拱圆形大棚对建造材料的要求较低，具有较强的抗风和承载能力，而屋脊形大棚对建造材料的承载能力要求较高。根据连接方式可分为单栋大棚及连栋大棚（图 3-3）。单栋大棚是以竹木、钢材、混凝土构件及薄壁钢管等材料构成，棚向以南北延长者居多，

图 3-2　拱圆形和屋脊形塑料大棚

其特点是采光性好，但保温性较差；连栋大棚是用2栋或2栋以上单栋大棚连接而成，优点是棚体大，保温性能好，便于机械化作业。根据骨架材料可分为竹木结构大棚、钢筋焊接钢拱架大棚、钢竹混合结构大棚、钢筋混凝土拱架大棚、装配式镀锌钢管塑料大棚及新型塑料薄膜大棚等。

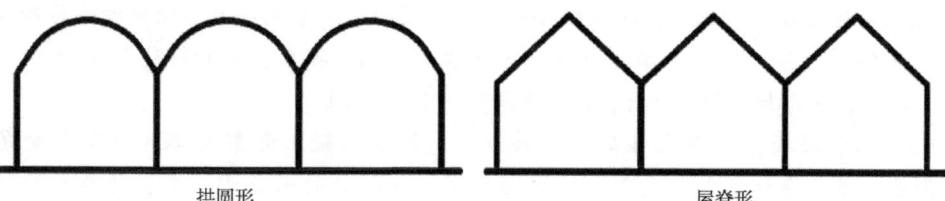

图 3-3 连栋塑料大棚

2. 各类大棚的结构特点

（1）竹木拱架大棚的结构特点　　竹木拱架大棚的跨度为 6~12m，高 2.2~2.8m，长 30~60m，每栋生产面积为 180~720m^2。由立柱、拱杆（拱架）、拉杆、压杆（或压膜线）和地锚等构成（图 3-4）。

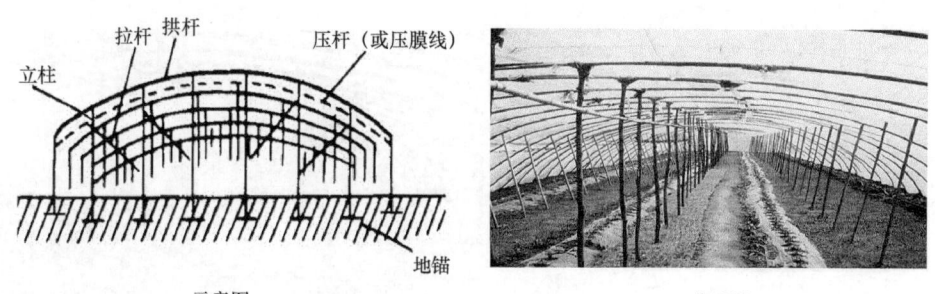

图 3-4 竹木拱架结构塑料大棚

立柱作为竹木大棚的主要支柱，承受棚架、薄膜的重量及雨、雪、风荷载，纵横呈直线排列。拱杆是支撑棚膜的骨架，决定大棚的形状，其横向固定在立柱上，呈自然拱形。拉杆起纵向连接拱杆和立柱、固定压杆的作用，使大棚整体加固，可防止大棚变形、倒塌。棚架上覆盖薄膜后，于两根拱杆间加一根压杆压在薄膜上，将薄膜压紧、压平，以利排水和抗风。

（2）钢筋焊接钢拱架大棚的结构特点　　钢筋焊接钢拱架大棚是在竹木结构大棚的基础上发展起来的，由拱架、拉杆组成，全棚无立柱。拱架由上弦杆、下弦杆及连接上、下弦杆的腹杆焊接而成（图3-5）。一般跨度 8~12m，高度为 2.6~3.0m，长度为

图 3-5 钢筋焊接钢拱架塑料大棚

30~60m，拱架间距1.0~1.2m。纵向各拱架间用拉杆或斜交式拉杆连接固定形成整体。拱架上覆盖塑料薄膜，拉紧后用8号铁丝压膜，压膜线两端固定在地锚上。钢筋焊接钢拱架大棚的优点是骨架坚固，制作工艺不复杂，只要保证焊接质量和构件的设计形状、尺寸，不需太多的设备；同时，这种大棚无立柱，棚内空间大，透光性好，作业方便，是性能比较好的设施。但这种拱架焊接点多，比较费工、费电，且需涂刷油漆防锈或采用构件电镀锌防锈，比较麻烦。同时，这种结构耗钢量较大，有的可达 7.5kg/m² 左右，造价比较高，但是如果维护得好，使用寿命可达10年以上。

（3）钢筋混凝土骨架大棚的结构特点　钢筋混凝土骨架大棚的拱架最初是由4根钢筋、覆盖在钢筋外部的混合砂浆层组成，呈弧状的长条形，靠近两端面的内部各有两根钢筋，通过混凝土浇筑与地脚成为一体，既保证了钢筋混凝土大棚骨架的强度，又方便运输和安装。一般跨度8~12m，脊高2.5~2.8m，长度30~60m，拱架间距1.0~1.2m；纵向各拱架间用拉杆连接、固定，形成整体（图3-6）。这种大棚骨架结构牢固，造价较低，能延长薄膜的使用时间，并延长大棚架的使用寿命，安装及使用方便；但由于钢筋混凝土拱架的横截面积较大，遮阴率高，棚内光照环境较差。

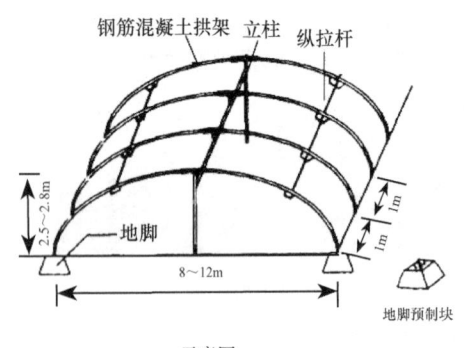
示意图

实景图

图3-6　钢筋混凝土拱架塑料大棚

目前，生产中全钢筋混凝土结构的大棚拱架已逐渐被钢筋混凝土竹木混合结构的拱架所替代。这种大棚采用钢筋混凝土做主拱架及支柱，用地锚钢绞线与主拱架、竹竿副拱架、塑料棚膜、压膜线共同织成网状复合结构，中间两排水泥柱支撑配重（图3-7，图3-8），结构牢固，抗风、雨、雪压能力强，且大棚内光照环境良好。

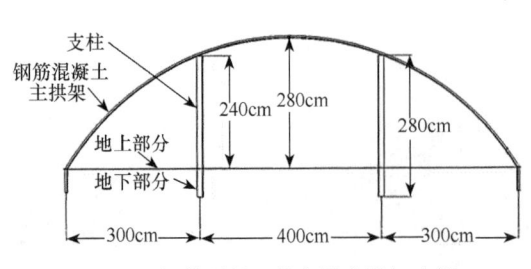

图3-7　钢筋混凝土竹木混合拱架大棚横断面结构尺寸图

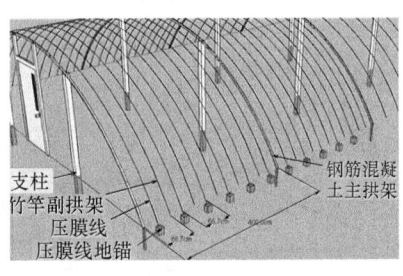

图3-8　钢筋混凝土竹木混合拱架大棚立体标注图

（4）装配式镀锌钢管塑料大棚的结构特点　装配式镀锌钢管塑料大棚的拱杆、拉杆、立杆均为薄壁钢管，并用专用卡具、套管连接棚杆组装成棚体（图3-9），所有杆件和卡具均采用内外热浸镀锌防锈处理，是工厂化生产的工业产品。

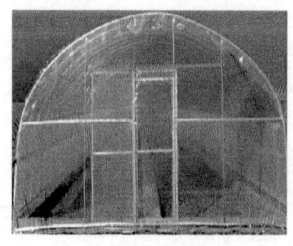
大棚门实景图

大棚内实景图

图3-9　装配式镀锌钢管塑料大棚

这种大棚的一般规格为：跨度8～12m，肩高1.0～1.8m，脊高2.5～3.2m，长30～60m，拱架间距0.6～1.0m。由于这种大棚为组装式结构，建造方便，并可拆卸迁移；棚内空间大、遮光少、通风好、作业方便，有利于作物生长；构件抗腐蚀性好、整体强度高、承受风雪能力强，使用寿命可达15年以上，是目前生产上用得较多的塑料大棚结构形式。

第二节　设施蔬菜生产技术部分教学方法选用案例

一、课程分析

设施蔬菜生产技术是中职设施农业生产技术专业的核心课程，该课程以能力培养为本位，以职业实践为主线，以具体的生产任务为载体，以设施内蔬菜作物完整的生产过程为行动体系的总体设计要求，典型蔬菜栽培采用六步法进行教学，着重培养学生搜集信息、整理资料、分析和解决问题的能力。主要包含的内容为茄果类、瓜类、豆类、白菜类、叶菜类、葱蒜类、芽苗类等蔬菜设施栽培技术。

二、教学方法选用及说明

依据各部分内容的不同，运用六步教学法，完成几大类设施蔬菜的生产任务，在具体内容的讲解时主要采用引导文教学法、演示法、讨论法等多种教学方法，使学生掌握设施蔬菜生产的基本知识和生产技能，能制订蔬菜的周年生产计划，会组织实施，进行生产，熟悉蔬菜绿色、无公害、有机生产标准，会用新技术等。

三、茄果类蔬菜设施生产技术教学实施

（一）茄果类蔬菜设施生产技术学习情境描述

对茄果类蔬菜设施生产技术学习情境的描述是实施教学的基础，见表3-4。

表 3-4　茄果类蔬菜设施生产技术学习情境描述

学习情境：茄果类蔬菜设施生产技术		学时：40	
学习目标： 能根据当地的具体情况和基地栽培设施，选择适合的茄果类品种 能培育茄果类蔬菜壮苗 进行茄果类蔬菜设施生产的整地施肥和适时定植 能进行茄果类蔬菜设施生产的田间管理 能适时采收、采后处理和短期保鲜 能制订茄果类蔬菜设施生产的周年计划			
学习内容： 茄果类蔬菜的生物学特性 茄果类蔬菜棚室生产品种选择与播前处理，育苗 棚室土壤处理、整地、定植 生长环境调控、病虫害识别与防治 采收保鲜质量评定等知识 生产过程中保证安全与环保		教学方法： 引导文教学法 讨论法 头脑风暴法 启发与互动式 鼓励教学法 小组讨论法	
教学资源： 多媒体 教材、PPT、视频等 一体化植物、植保实训室 农业技术示范园 任务单、计划单 评价单	对学生的知识和能力要求： 具备植物与植物生理基础知识 具备土壤肥料与农业气象基本知识 具备病虫害防治基础知识 具有一定的自然常识 具有一定的文献搜索能力 具有计算机操作的基础知识		对教师的知识和能力要求： 具备教学的基本能力 具备专业的理论知识和实践经验 能按教学设计来控制与指导整个项目的进程 能正确处理、指导、总结与归纳学生操作中出现的一些问题
考核与评价			
评价的内容： ①茄果类蔬菜的生物学特性 ②茄果类蔬菜栽培技术的掌握 ③工作态度、团队合作、完成任务情况与效果 ④对任务完成的方法、步骤、结果、收获和意见进行详细记载和总结，并交上一份总结报告		考核的形式： 阶段考核与结果考核相结合，学生自评、教师小组评价、教师对学生评价、组间互评	

（二）茄果类蔬菜设施生产教学实施方案

茄果类蔬菜主要包括番茄、辣椒、茄子，在分类学上属于茄科植物，以番茄为例，对其生产教学实施方案进行设计，实施步骤为资讯—计划—决策—实施—检查—评估 6 步，每步包括教学环节组织形式等，见表 3-5。

（1）生产任务　　番茄（辣椒）春提早大棚生产。

（2）工作任务描述　　根据实训基地生产需要，提出茄果类蔬菜（番茄、辣椒）春提早大棚生产任务，制订生产计划，完成茄果类蔬菜的育苗、整地、田间管理、采收等设施生产任务，提交合格产品。

（3）说明　　一个教学班分四组，每两组完成一种番茄、辣椒生产任务。

（4）教学条件与资源　　如表 3-4 所示。

表 3-5 茄果类设施蔬菜生产教学实施方案

实施步骤	主要内容	组织形式	教学方法	教学进程
资讯	① 教师下达茄果类（番茄、辣椒）蔬菜大棚春提早生产任务 ② 一个班级分成 4 个生产小组，每两个小组分别完成番茄、辣椒春提早大棚生产任务 ③ 发放工作单，学生借助教科书、参考书、网络资源等，查找完成工作任务的必要信息：熟悉茄果类蔬菜的生物学特性、品种特性，熟悉茄果类各种蔬菜的壮苗标准育苗技术、整地定植技术、定植后的管理技术、采收与采后处理技术	全体学生 教师指导 观看、查阅资料	引导文教学法 项目教学法 讲授法	
计划	① 学生以小组为单位进行整理、分析、归纳资讯资料及相关信息，制订生产计划 ② 根据学习目标，查看具体工作任务实施过程的检查项目及评价标准	分组对话 学生主导	引导文教学法 讨论法	
决策	① 各组提交方案，进行答辩 ② 阐述制订工作计划的基本思路和工作单的设计方案 ③ 学生根据分析、讨论和教师的提示设计修改并完善工作计划单 ④ 完成工作任务单 ⑤ 提交生产资料清单	小组讨论	引导文教学法 讨论法	
实施	① 各组学生根据任务单完成生产任务（关键技能小组互换训练） ② 培育壮苗 ③ 整地施肥、适时定植 ④ 定植后管理（环境控制、植株调整、植物生长调节剂的应用、病虫害防治） ⑤ 适时采收及采收后处理 ⑥ 观察记录蔬菜生物学特性	分组合作 学生主导 教师指导	演示法 学做合一	
检查	① 根据生产任务，检查任务实施的全过程并对任务完成的情况进行阶段评价 ② 对照考核评价标准评判工作成果是否合格，学生和小组逐项填写评价单 ③ 工作记录、总结等文件检查	分组工作 田间对话 教师督查	引导文教学法	
评估	① 学生提交产品 ② 对照完成任务的优劣，进行教师对小组评价与教师对学生的评价及小组互评 ③ 学生与教师共同提出不足及改进意见 ④ 学生评价教学过程并提出建议 ⑤ 学生交流工作体会和经验，对教学过程提出合理化建议	学生自我展示 教师参与课堂对话		

（三）茄果类蔬菜设施生产技术教学案例

任务：茄果类蔬菜设施栽培技术。

学习目标：①应知。茄果类蔬菜主要种类和共同特性，主要种类的生物学特性及其主要生物学特性和栽培关系，蔬菜生产基本常识。②应会。会根据栽培设施及栽培季节，正确地选择栽培品种，会制订生产计划，能够正确地进行生产。

任务分析：①重点。茄果类育苗、植株调整、保花保果技术。②难点。病害防治。

教学方法：引导文教学法、演示法、讨论法。

任务内容：①任务提出，引导学生进行任务资讯；②学生收集信息，学习相关知识；③根据工作任务单要求，学习相关知识；④教师审查，解答学生提出的问题，对共性问题进行讲解；⑤学生根据工作计划，进行任务实施；⑥学生完成工作任务单和工作记录；⑦教师与学生对任务完成情况进行考核、评价。

任务完成步骤（主要选用部分内容列举引导文教学法、演示法的使用）如下。

1. 教学准备阶段 首先要开发设计好"引导文"。引导文的准备工作主要包括：明确教学目标，确定引导问题，提供专业信息渠道。根据班级的学生人数、涉及知识与技能的广度与深度、具体工作任务难度和所需物质条件，确定引导文教学法的组织形式，见表3-6。教学时，依据班级学生人数情况，划分为4人或3～5人小组，组内推荐一名组长。

表3-6 引导文教学法的组织形式

序号	涉及知识	涉及技能	工作任务难度	所需物质条件	组织形式	具体措施	工作成果数
1	独立章节知识	单一容易技能	难度小，个人能独立完成	花费少可以虚拟	独立工作形式	每个学生根据引导文独立制订计划，独立实施计划，独立评估计划	班级人数
2	多个章节或单门课程知识	单一门类多项技能	难度适中，需要团队合作完成	花费由小组成员集体承担，任务可以部分虚拟实践	小组工作形式	一般把学习能力不同的学生安排在一组，小组成员讨论共同制订复杂项目的整体工作计划，然后按照具体分工，每个学生独立完成自己的工作任务	分组数
3	涉及多门课程的综合性知识	综合性、多门类技能	任务涉及面广，环节多，需很多人分工完成	花费巨大，只能通过实践取得成果	全班集体工作形式	在教师指导下，共同讨论细分工作任务，再对班级分组，分别完成不同的子任务	1个

根据实训基地生产需要，提出茄果类蔬菜（番茄、辣椒）春提早大棚生产计划，完成茄果类蔬菜（番茄、辣椒）育苗、整地、定植、田间管理、采收等设施生产任务，提交合格产品。

根据工作任务提供获取学习信息的方式，获得相关知识，并记录学习内容。

活动Ⅰ：判断所提问题是否有助于讨论。

活动要求：对下面教师课堂所提出的问题进行分析。

问题1：小明，你为什么同意小红说的话？

问题2：小明，你同意小红所说的话吗？

问题3：李丽，为什么你要在这里种黄瓜？

问题4：李丽，你什么时候种黄瓜？

问题5：如果你是农场主会怎么做？

问题6：请解释你的小组为何决定用列出这些事项来完成项目。
问题7：大家能列出这个步骤所需要的物品吗？
问题8：明白了吗？

分成两人小组，使用"思考—配对—相互交流"策略（见附录1），确定提出的问题是否有助于促进讨论，请做好对搭档的答案进行解释说明的准备。

教师提供引导性的问题是引导文的核心。教师可以通过促进学习活动的方式来改变高层次思考的水平。其中有一些技巧，如利用所设计的学习任务及相关的学习策略，通过在学习活动中穿插提问，对学生的作业和他们回答问题及时进行反馈。

本活动的主要目的是教会师范生通过提问，让中职学生参与，鼓励中职学生讨论，集中中职学生的注意力和思考力，促进、引导学习，测试先备知识、技能，测试中职学生的理解程度——采集学习证据，将思考集中到关键概念与问题上，加深对课题的理解，培养较高层次的思维能力、自我认知技能，促进反思型思考。培养学生学会提出问题，促进更好地讨论。在促进学习时，教师有时需要从一个问题引出另一个问题，可能是为了要学生澄清他们的答案，也可能是需要问得更深入或者需要求证。提问的种类可以包括澄清型问题；"对我详细解说"型问题；"告诉我原因"型问题；互换观点型问题；假设型问题；对问题提出问题等。

引导文教学法是整个教学过程中资讯、计划、决策、检查等阶段常用的一种方法。

活动Ⅱ：训练思维过程，掌握提问技巧。

1）提问能起到引导的作用，提问可以促进思考，从而培养学生的分析能力，发展高层次思维能力。阅读表3-7这个例子，思考在教授方法能力的过程中，如何通过提问促进思维活动。

表3-7　根据所给的食谱，确定适当的烹饪器材

思维过程	引导的问题
从食谱里，辨识不同种类和分量的食材	这食谱里都有哪些食材？食材的重量是多少？
确定不同的烹饪方法	这些食材有哪些烹饪方法？
回顾不同烹饪器材的功能	不同烹饪器材的功能有什么不同？
对应不同烹饪器材的功能和各种烹饪方法及同种类的食材	这些食材可以选用哪些烹饪器材？

2）参考上述示例，结合第二章学习任务设计示例，根据播种季节，确定番茄或辣椒播种方式的学习活动，填写表3-8，设计用来引导思维过程的问题。每4人或5人一组，进行讨论，每小组将讨论结果写在挂板上，然后教师逐一分析，每个问题的提问方式是否有助于促进学生的思维活动，可由其他小组成员提出不同的提问技巧。

表3-8　辅助学习活动问题设计表

番茄（辣椒）播种方式的学习活动（描述如何开展活动）	辅助学习活动开展的问题

活动主要目的：让学生分组讨论他们会怎么教中职学生分析在生产实践中播种时可能会出现的问题，找出问题的关键所在（思考能力）。

学生可能不知道该怎样教思考能力，就用这个活动激发他们的思维，学会想一想。

各组完成讨论后，把结果写在挂图上，请一组同学解释他们的论点。

教师用"思维过程的类型"来总结讨论。

知识链接

思维过程的类型（陈梅珠，萧美玲，2015）

※ 部分与整体的关系。思维过程是确定整体中的关键部分，考虑如果个别部分缺失会导致何种状况；或根据每个部分和整体的关系，描述每个部分的功能，描述部分与整体的关系，或它们如何协同运作。

※ 因果关系。此思考技能包括确定某件事或某种现象的原因。确定可能的原因，假定该原因成立，继而确定可能的证据，检查现实中是否存在可能的证据，确定原因是否合理，如找出番茄苗株弱小的可能原因。

※ 进行演绎（从一般到特殊）。此技巧包括以某些普遍规律为基础而得出结论。思维过程是确定能用于该情况的普遍规律，确定若使该普遍规律成立的必要条件/特征，检查在该情况下是否存在这些特征，在当前情况下进行总结，如用100倍福尔马林液浸番茄种子是最合适的吗。

※ 进行推理。基于对数据或收集的信息的解释，对物体、实践或现象进行合理推测，即基于合理的理由进行假设。包括两种推理技巧，一是以观察或已知因素为基础预测将要发生的事情。观察并研究该物体、事件或现象，回顾已有的知识和经验，预测结果。另一个是确定并解释造成事件或现象的可能原因。观察并研究事件或现象，回顾已有的相关知识或经验，确定可能的原因。

※ 比较。此思考技巧包括确定两种或更多物体、概念、过程或事件之间的相似点与不同点。思维过程是确定物体/原理的特性，确定相似的特性，针对相似点进行总结，确定不同的特性，针对不同点进行总结，针对相似点与不同点的有效度进行总结。

活动Ⅲ：提问技巧训练。

1）两人一组。

2）分析表3-9，在番茄设施栽培技术讲授过程中，有几个时段是需要教师提出问题的，思考一下，每一个时段提出问题的方式会有什么不同。

3）参考上面所给的教学计划"如何正确播种番茄"，写出如果你在教这门课时，在这三个阶段会提出什么样高层次的问题，来促进中职学生学习与讨论。填写表3-10。

4）填写完成后，由学生举手示意，说出自己小组设计的问题及预期答案，同学间相互评价。

教师向学生解释，进入课堂之前准备好问题至关重要。他们应当记住，提问将帮助他们评估学习，还能鼓励讨论。

教师要四处走动，指导学生写问题，让他们回顾提问目的，并思考预期响应。

表 3-9　如何正确播种番茄的教学计划

学习目标：学生应能够根据规定，掌握播种方法

激发兴趣的活动：
① 向学生展示同一块苗床，番茄苗疏密、高度、叶片数、茎粗、缺苗等不同的几种情况
② 通过提问来激发学生对产生不同效果的原因展开思考
③ 指导学生在 K-W-L 工作表中（见附录 1）的 K 与 W 列写下他们已经掌握的，以及想学到的内容，告知学生播种的深度会影响到出苗
④ 告知学生课程目标

学习活动：
① 演示如何播种，在演示期间提问
② 通过活动表来指导，让每个小组采用不同深度或覆不同厚度的土进行播种
③ 循循善诱，利用提问技巧，引导学生对播种方式、播种深度等有直接的了解

实践活动：
① 使用活动表，提供不同播种深度对出苗影响的说明，每个小组使用不同的播种厚度进行练习
② 几天以后，分组展示出苗情况，让每组讨论另一组出苗情况的原因，并给出反馈，教师也会对各组给出反馈

反思拓展活动：
① 引导每名学生在 K-W-L 工作表中的 L 列写学到的内容
② 通过提问，帮助学生总结播种的技巧

表 3-10　根据不同阶段，设计相应问题

激发兴趣活动
问题 1
预期的答案
学习活动
问题 2
预期的答案
反思拓展活动
问题 3
预期的答案

活动Ⅳ：设计茄果类蔬菜设施生产部分的引导文。

1）在上述两个活动的基础上，以茄果类蔬菜生产中的番茄育苗为例，设计培育大棚春茬番茄（辣椒）壮苗的引导文。

2）按学生人数分成每 4 人组成一个小组，经小组讨论最终形成引导文，并与其他小组分享，讲解并说明这样设计的理由，以便发现各组的优势及不足。引导文的基本格式见表 3-11。

表3-11 "培养大棚春茬番茄壮苗"引导文案例

导言：

作为蔬菜生产人员，番茄和辣椒作为日常食用较多的蔬菜，培育符合要求壮苗对其生长发育及管理将起到至关重要的作用，希望在此环节加强管理，精细操作

本引导文帮助您去认识、了解番茄的育苗过程，以满足培育壮苗的需求，进一步明确哪些方面是育苗过程中必须要考虑到的，以及在培育过程中每一环节间的联系也是至关重要的，小组成员间要密切合作，及时与各方保持良好的沟通

学习目标：

了解育苗过程；掌握种子消毒和浸种选用的药液浓度及时间；了解床土配制比例；掌握播种方法；掌握分苗的时机；掌握苗床各生长期的主要管理内容及方法

信息资料来源：

1. 书籍《设施蔬菜栽培技术》
2. 互联网资料
3. 专业教师的指导
4. 来自行业企业等有经验技术人员的咨询

引导正文：

1. 您的任务是育番茄苗

请在下列信息中挑选出对于上述任务至关重要的信息

□床土的比例；□种子处理；□生产季节；□设施类型；□育苗的过程；□生产成本；□略

经过您的团队讨论，列举出上述未提及的内容

2. 育苗前的准备工作有哪些？育苗过程中会使用哪些工具？可能会遇到哪些问题？在选择番茄（辣椒）品种时，如何与农场主沟通？作为生产技术人员为了培育壮苗，你会给农场主哪些建议

3. 播种期选在什么时候更合适

4. 根据当前季节和番茄品种特点，详细列出育番茄苗主要有哪几步，以及完成各步应考虑的问题是什么

序号	时间安排	工作任务	所需工具/材料	工作/学习地点	工作对象	外部条件	注意事项
1							
…							

备注：①工作任务主要是指床土配制、种子消毒与浸种、播种、分苗、苗期管理等；②所需工具和材料为明确完成任务所需的消毒液、肥料、薄膜、铁锹、镐、木耙、种子等；③外部条件主要为土壤、环境的温湿度等。

5. 在完成每一个任务时，记录你们遇到的问题
6. 在与服务对象进行沟通时，记录你们的协商过程，写出你们的思考
7. 与教师讨论你的工作计划，记录教师提出的修改建议
8. 请按照具体实施工作计划
9. 根据标准检查您的工作任务完成结果情况
10. 请与您的教师讨论您的评价结果

3）拓展内容。根据知识链接中有关番茄、辣椒设施生产技术的资讯，列出茄果类蔬菜（辣椒）设施生产中育苗、整地、定植、田间管理、采收等内容的引导文。

知识链接

番茄与辣椒设施生产技术相关资料

一、番茄的主要生物学特性是什么

（一）形态特征

1. 根　　番茄的主根和侧根分布深而广，根系的吸收能力强，较耐旱。
2. 茎　　番茄茎为半直立或半蔓性，个别为直立性，茎基部木质化。茎的伸长为合轴分枝，茎端形成花芽。番茄的主茎易生不定根，可扦插繁殖。
3. 叶　　番茄的单叶为羽状深裂或全裂，长15~45cm，每叶有小裂片5~9对。丰产叶形为长手掌形，叶肋及叶片较平，色绿，叶大，顶部叶正常展开。
4. 花器　　为完全花，黄色，自花授粉，花的授粉受精受环境条件影响较大，冷、热、干、湿、养分缺乏都会落花。
5. 花序　　主枝5~9节后着生花序，以后2~3叶一序。每序花数5~6朵至10朵。
6. 果实与种子　　果实为浆果。果实的形状、大小、颜色、心室数因品种而异。种子扁平短卵形，一端有稍凹入部分相当于脐。表面覆粗毛。种子较小，千粒重3.0~3.3g。

（二）生活周期

1. 发芽期　　从种子萌动至第一片真叶出现——露真，7~9d。
2. 幼苗期露真至出现大蕾　　幼苗期经历两个阶段：2~3片真叶前，未进行花芽分化，为基本营养生长阶段，一般需20~25d；幼苗出现2~3片真叶以后，苗端开始花芽分化，进入了花芽分化与发育阶段。这时花芽的分化和发育与营养生长同时进行，需25~30d。
3. 开花坐果期　　第一花序大蕾至坐果。这一时期很短，但对产量影响很大，是以营养生长为主向以生殖生长与营养生长共同发展的转化阶段，且正值定植。所以要保证开花坐果的外界条件。
4. 结果期　　从第一花序坐果至结果结束。一般正常条件下，从开花到果实成熟需45~55d，夏季盛果期约35d即可成熟。

结果期自始至终存在着营养生长与生殖生长的矛盾，从而易导致产量的消长呈波浪变化。这一时期的主要任务是调节秧果关系，缓和矛盾，加强肥水管理及植株调整。

（三）对环境条件的要求

1. 温度　　番茄为喜温蔬菜，但在果菜类中又较耐低温。其生长发育适宜温度为昼20~25℃、夜12~15℃，但不同时期有差异。
2. 光照　　番茄喜光，要求充足的光照，光饱和点为7万lx。光照不足，明显抑制干物质生产，造成徒长、落花落果及感病，所以不宜与遮阴植物相邻种植。其为中光性植物。
3. 水分　　番茄中蒸腾作用较强，但其根系比较发达，吸水力强，为半耐旱性蔬菜，即需水较多，但又不必经常大量灌溉。
4. 土壤及营养　　番茄对土壤要求不严，但以壤土、砂壤土为宜，pH6~7较好，是一种需肥多又耐肥的作物。吸收营养元素量K第一位、N次之、P最少。

二、番茄品种类型

栽培番茄品种可分为两个生长类型,即有限生长类型和无限生长类型。

1. 有限生长类型　植株主茎生长到一定节位后,花序封顶,主茎上果穗数的增加受到限制。植株矮小,结果较集中,多为早熟品种。

2. 无限生长类型　主茎顶端着生花序后,不断由侧芽代替主茎继续生长、结果、不封顶。这类品种生长期较长,植株高大,果形也多较大,多为中晚熟品种。

三、周年生产与茬口选择

在东北地区一般露地栽培只能种植一茬,应将生长期安排在无霜期内进行,将开花坐果期安排在最适温度季节,大棚主要用于春提前和秋延后栽培,加温温室可四季栽培,但主要采用春季早熟栽培和秋冬栽培。番茄不耐连作,在发病严重的地块应进行3年以上的轮作。

四、大棚春茬番茄栽培技术

1. 品种的选择　大棚早熟栽培的品种要求耐低温性强,在较低温度下能正常生长,结果坐果率高、耐弱光,能在光照较差的情况下正常生长发育。适于密植、抗病性强的品种。

2. 培育壮苗　壮苗标准:日历苗龄65~70d,苗高20cm,真叶8~9片,叶厚浓绿色,茎粗0.5cm,第一花序普遍现蕾。东北地区(如哈尔滨)一般在1月下旬至2月初在温室内育苗。如果采用大棚加小棚或大棚加微棚的两层覆盖栽培,播种期应适当提前。

(1)床土的配制　播种的床土可用体积比为4份腐熟有机肥和6份田土配成;营养乳配比为5份腐熟马粪或草炭,5份田土,田大壮1袋,可装3000个钵。

(2)播种与育苗　①种子消毒与浸种。一是高温晒种、二是热水烫种、三是药剂消毒。种子经处理后再进行播种,对早疫病、晚疫病有一定预防作用。②播种。每平方米用种子30g左右,覆土厚度为0.8~1.0cm。覆地膜,并加盖地膜等。③分苗。2片子叶一心叶至第一片真叶充分展开时分苗。

(3)苗期管理　①出苗期的管理。从播种到子叶微展即为出苗期,约需3d,为了促进苗快而整齐,必须维持较高的湿度和控制较高的温度。②破心期的管理。从子叶微展到第一片真叶展出即为破心期,4d左右。为了在此期不形成高脚苗并促进先长根,主要采取控的措施。③旺盛生长期的管理。幼苗破心后即生长加快进入旺盛生长期。为了使营养生长与生殖生长协调进行,应采取促控结合的管理措施。④炼苗期的管理。定植前6~7d即可进行炼苗。主要是采取控的措施,包括控湿降温、揭除覆盖物等。必要时可使床土露白或有意松土断根。

3. 整地施肥　番茄早熟栽培应该施足底肥和早整地。每公顷施优质腐熟农家肥75 000~150 000kg,过磷酸钙375kg左右,土地进行秋深翻20~30cm。为了提高地温,大棚早春栽培番茄时,在定植前20d要扣棚烤地。使用耐低温抗老化聚乙烯薄膜,头年秋天扣棚,地化冻后进行耙地,接着作垄或作畦,垄宽50~60cm,畦宽1m。

4. 适期定植

(1)定植时期　大棚春番茄的定植期,应根据大棚内的小气候来定,当10cm地温稳定在10℃以上,最低气温在0℃以上,并能稳定5~7d时,即可定植。

(2)定植和密度　早熟品种株行距(50~60)cm×(15~30)cm,每亩保苗3500~4000株,中晚熟品种株距33~36cm,每亩保苗3000~3300株。

5. 定植后的管理

（1）温湿度管理　植后3~4d内，棚内不通风，尽量升温，加快缓苗，白天棚内温度保持在25~30℃，夜间温度保持在17℃。大棚番茄定植缓苗后10d左右，采取降低棚温和控水的办法，白天棚温20~25℃，夜温13~15℃较为适宜，最高温度也不要超过30℃。

气温与地温的协调控制也是大棚温度管理的关键环节，气温越低，越要保持较高的地温，主要采取的措施有及时整枝打杈、阴雨天不能浇水等，防止土温降低。

开花期要防止30℃以上的高温，因番茄花粉萌发的适宜温度在20~30℃，即使棚温达到35℃的短期高温也会使花粉和胚珠的正常发育受到影响造成开花结果不良。

果实膨大期要求有足够时间的较高温度，白天棚内气温为25~26℃，夜间气温为15~17℃，可加速同化物质的流转速度，昼夜适宜地温在20~23℃。

盛果期的棚温30℃以上时，影响果实着色，因为番茄红色素形成的适温为20~24℃，高温使其养分分解，当果实膨大变白时，果实心部已开始变红，这时棚温不要高于25℃。

（2）肥水管理　定植时浇透定植水后，3~5d再浇一次缓苗水，此后直到第一穗果开始膨大，应以保墒为主，适当蹲苗。第一穗果第一果开始膨大后，再开始灌水，此后应保持土壤经常湿润，使土壤含水量维持在70%~80%（pH为2.3~2.5）。

第一穗果第一果长至核桃大小时，开始进行第一次追肥，每亩追磷酸二铵20kg，追后及时灌水。第二穗果、第三穗果迅速膨大期要追3次肥，每次追施尿素4.3kg、硫酸钾10kg，除此之外，还可进行叶面喷肥，每8~10d喷1次0.5%的磷酸二氢钾效果更好。

（3）植株调整　整枝打杈，协调好生殖生长（花果）与营养生长（茎叶）的关系，控制徒长。

1）整枝打杈。实行单干整枝可留4~5个穗果，打杈要及时，做到"打早、打小、打了"的原则，防止营养浪费。但第一次打杈不能过早，一般当杈子长足3cm时进行打杈。

2）疏花疏果。每穗保留3~5个大小相似、果形好的果实，疏去过多的小果。

3）及时搭架绑蔓。目前生产上多采用聚丙烯撕裂绳吊蔓、在株高25cm时向绳上缠棵。以后随着蔓的伸长呈S形将蔓缠绕在吊绳上。

4）摘叶。去除病叶、老叶等非功能叶。

（4）化学调控、保花疏果　一般在第一花序开花期用10~20mg/L的2-4D或用20~30mg/L的番茄灵蘸花，刺激子房膨大，保证果实坐稳。

6. 采收与催熟　一般开花后45~60d成熟。依据番茄果实的采收目的不同，通常将番茄的采收时期划分为绿熟期、变色期、成熟期和完熟期四个时期。

7. 病虫害防治　番茄的主要病害苗期有猝倒病和立枯病及生理病害沤根；成株期有早疫病，晚疫病、叶霉病、灰霉病及病毒病等。定植后危害番茄生产的主要虫害为温室白粉虱、蚜虫和斑潜蝇等。

五、辣椒的主要生物学特性

（一）形态特征

1. 根　根系不很发达，再生力较番茄弱。在育苗栽培情况下，根量少而浅。

2. 茎　茎直立，基部木质化、较坚韧。开花与分枝很有规律，为二叉分枝，少数也有三叉者。故果实均在分枝的顶端着生，形成门（根）椒、对角、四母斗、八面风、满天星。主茎各叶腋均可着生侧枝，需及时摘除。

3. 叶　单叶互生，卵圆或长卵圆形，全缘，先端渐尖，叶面光滑。

4. 花　白色或绿色，为完全花，为常异交作物。

5. 果实与种子　果实为浆果，果皮与胎座分离成较大空腔；种子短肾形，扁平稍皱，略具光泽，色淡如黄白色；种皮较厚实，发芽较慢；千粒重6～7g。

（二）对环境条件的要求

1. 温度　辣椒为喜温蔬菜，生长发育要求温暖的气候条件。
2. 光照　辣椒为中光性蔬菜，对日长反应不敏感。
3. 水分　辣椒对水分要求很严，不耐旱，也不耐涝，淹水几小时即会发生萎蔫。
4. 土壤及营养　一般辣椒对土壤要求不太严格，但大果型品种要求较高。

六、辣椒品种类型

甜椒品种有'辽椒1号''沈椒1号''哈椒1号'等。尖椒品种有'羊角''牛角''哈椒六号'等。

七、辣椒周年生产与茬口选择

辣椒根系较弱，需在地势高燥的肥沃壤土或砂壤土上栽培。为防止土壤带病菌，要与非茄科作物进行3～5年的轮作。辣椒保护地生产在哈尔滨地区多为冬春茬或春茬早熟栽培。

八、春提早大棚辣椒栽培技术

1. 育苗　壮苗标准：株高20cm，茎粗0.5cm，具有12～13片真叶，叶色浓绿，叶片肥厚。70%以上秧苗现蕾，日历苗龄为80～90d。

（1）浸种催芽　辣椒温汤浸种进行种子处理，催芽温度以28～30℃为宜；催芽时早晚翻动、投洗种子各一次，用纱布或透气性好的布类包裹，包裹不要过严，以保证充足的氧气供应。

（2）播种　辣椒的育苗方式及场所，与番茄大体相同。辣椒种子发芽出土对床土和水分的要求严格。床土用新田土6份，腐熟细圈肥4份，每立方米营养土加过磷酸钙0.75kg、敌克松6～8g。通常，播种前浇足底水。播种后覆1cm厚床土，并盖上地膜。当50%出苗后揭掉地膜，以免烤苗。播种量为15～20g/m^2，撒播种子，每亩播种量为120～150g。

（3）分苗（移苗）　辣椒的分苗适宜期为2片真叶展开期，移植方法与番茄相同。

（4）苗期管理

1）温度。出苗阶段白天保持30～35℃，夜间16～20℃，幼苗基本出齐后揭掉地膜，并逐渐放风，苗床白天温度在23～25℃，夜间16～18℃。分苗前3～4d，进一步加大放风，降低床温，白天20～25℃，夜间13～15℃，以利于提高幼苗抗逆性。分苗后一周内白天30～38℃，夜间18～20℃，缓苗后放风降温，白天25～27℃，夜间16～18℃。定植前7～10d进行炼苗，白天15～25℃，夜间5～15℃。

2）光照。辣椒在茄果类蔬菜中属耐弱光蔬菜。但由于冬春温室或大棚内透光率和光照度弱，光照时间短，因此，增加此时温室或大棚的透光率和光照时数仍很重要，具体方法见番茄。

3）水分。在水分的管理上应采取一次灌水要灌足，尽量减少灌水次数的原则。

2. 整地施肥　　定植前7～10d首先应进行大棚内的消毒与整地施肥。结合整地每亩施腐熟优质粪肥5000～7000kg，其中2/3普施，翻地后耙平。将余下的1/3粪肥掺0.25kg复合肥或过磷酸钙25kg、硫酸钾30kg、尿素15kg混匀后集中沟施。

3. 适时定植　　冬春茬及春茬辣椒栽培以垄栽为宜。一般可采用大小垄，即大行距70cm，小行距55cm，并在小行距两垄上铺一幅地膜。膜下沟为暗灌沟，大行距两垄间的明沟为作业行间。垄做好后，覆地膜。待10cm深最低地温达15℃以上，最低气温12℃以上时，可进行定植。

每穴定植2株，这样每亩可定植3200～3400穴，合6400～6800株。定植后浇足水，待水渗后及时封住。

4. 定植后管理

（1）环境管理要点　　应加强保温，尽量增加光照，以促进缓苗和缓苗后的生长发育。在温度管理指标上，白天以26～28℃为宜，夜间前半夜以18～23℃为宜，后半夜以15～18℃为宜。如果温度高于30℃或低于15℃，辣椒的落花率和畸形果率都会增加。辣椒的生育后期，处于温度较高的春夏季节，此时应逐渐加大温室或大棚的放风量，待外界最低气温高于15℃时，可进行昼夜放风；在光照管理上，清除棚膜上的污染或使用新的大棚膜，以增加透光率。

（2）追肥　　根据辣椒的需肥规律，在辣椒栽培中除施足基肥外，还要进行追肥，在门椒坐果2周后，每亩可追施尿素20kg及硫酸钾10kg或复合肥20kg。以后根据情况每隔水进行一次追肥，每次每亩追尿素15kg。追肥后应及时灌水。

（3）灌水　　在定植初期，为确保地温和蹲苗，应尽量少灌水。在缓苗后根据墒情，可利用膜下暗沟浇一次水，在门椒膨大前不再浇水。门椒开始膨大后，水分管理掌握"地表见干见湿"的原则，避免大水漫灌。

（4）植株调整　　采取改良式双干整枝。门椒采收后，植株基部易长出侧枝，消耗养分，要及时去掉。在结果中后期，要及时摘除下部老叶、黄叶、病叶。

5. 采收　　温室或大棚冬春茬和春茬辣椒栽培多以青椒为产品供应市场。通常应及早采收门椒和对椒。其他部位的果实原则上是在果实充分长大，果肉变硬后采收。

6. 病害防治

（1）辣椒炭疽病　　辣椒炭疽病主要危害将近成熟的果实、染病果实。炭疽病的防治应从种子开始，选用无病果实的种子，收后播前翻晒土壤，清除病残体，发病初期也可用80%炭疽福美可湿性粉剂600～800倍液与20%氟硅咪唑咪鲜胺800倍液的混合物。

（2）辣椒病毒病　　辣椒病毒病是影响我国辣(甜)椒生产的主要病害，世界分布广泛。辣椒病毒病发生后造成辣椒"三落"（落花、落叶、落果），田间症状十分复杂。防治方法主要有农业防治、药剂防治。农业防治可以选用抗病品种如常种品种'津椒3号''甜杂1号''甜杂2号'等，也可在辣椒定植后，开花结果初期，采取每隔4行种植1行玉米的间作方式进行栽培防治。药剂防治可用30kg水中加5支医用病毒唑、5克1%芸薹素内酯（先用55～60℃水溶解），混匀后喷施，7～10天1次，连续2～3次，病毒病治愈率高。

2. 师生实施与评价工作任务

引导文教学法实施分为布置任务、收集资料、制订计划、作出决策、实施计划、检查成果、评价反馈7个步骤，每一个步骤既是一个独立的行为或活动，又是一个互为连接的完整行为单元，任何一个中间环节都不能缺少。

（1）布置任务　　教师在布置任务前，可以安排学生观看现实中番茄育苗的基本情况，然后组织学生讲述自己育苗或者是看到别人育苗的经历，利用头脑风暴法，组织学生讨论育苗的工作内容和基本要求，然后下发引导文材料，组织学生阅读（也可以采用其他方式布置任务，可由下面的活动进行练习）。

活动Ⅰ：展示不同的任务布置方式。

活动要求：①学生两人一组，相互讨论给中职学生布置任务的方法；②让学生与搭档分享观点，得出一致的解决方案或想法；③让部分或全体与全班分享他的搭档的观点，或者让每对搭档与另一对搭档分享观点。

此活动主要目的是让师范生学会布置任务，此过程也是运用其他教学方法，如头脑风暴法、演示教学法、案例教学法等的一种形式，所以说任何一种方法的运用都不是孤立的。

（2）收集资料　　各组学生根据教师给出的引导文和信息来源，独立查找专业书籍，浏览专业网站，收集罗列与任务有关的信息，并在教师指导、组长组织下进行讨论，有目的地整理信息。

（3）制订计划　　工作计划是工作前的思考。要考虑完成任务所有的相关工作步骤和所需的工具、设备和材料等物质条件。各组进行任务细分和分工，确定育苗过程中每个环节的负责人。然后各自列出工作内容，做好时间安排，制订工作计划。组长最后汇总各成员的工作计划，制订小组工作计划，并邀请教师共同参与交流，明确工作流程。这一过程就是学生确定自己应该怎么做的过程。

这部分对于师范生来讲，主要明确教师的角色，学会如何参与指导学生制订工作计划，教师大多采用如上面介绍的引导文教学法。

（4）作出决策　　这一步骤是教师与学生共同对小组所做的工作计划进行可行性分析和重新修订的过程，即教师与学生共同确定怎么做的过程。各小组可能有几个候选计划或者组内未达成共识，如播种时间、覆土的厚度、床土的配比、浸种的温度等。作出决策就是教师与学生共同对工作计划进行可行性分析并确定最终方案的过程。

（5）实施计划　　小组成员各自开始进行准备工作，然后按照工作计划付诸实施。这期间有个人的独立工作，如收集整理资料，回答引导文问题；也有双方交流活动，如"生产人员"与"农场主"的播前沟通；还有多方商议活动，如各项任务成员讨论沟通育苗流程，需要水、电供给时，如何与相关部门或人员进行沟通等。

（6）检查成果　　引导文中一般都设计有检查表，学生能在上面了解到为实现学习目标要付出什么努力、达到什么标准。这将使他们学会独立地评价自己的工作成果，在实施过程中不断进行检查，及时纠正错误和改善质量。一般情况下，先由学生自检，然后由教师或其他学生检查，相互之间交换检查工作成果。

活动Ⅱ：设计番茄设施生产技术中各部分的检查表。

1）查阅学习评价方面的相关资料。

2）按照表3-12的设计要求，分组完成其他内容的填写。

3）分小组讨论这种表3-13的评价内容、评价方法是否合适，每组可以再设计出一份与其不同的评价内容及评价标准,并与其他小组交流分享。

4)经过一段时间的练习,对番茄设施栽培其他关键环节如定植、定植后的管理、采收等分阶段设计评价出方案。

表 3-12 番茄育苗评价内容及细则

序号	评价要求	等级	评分细则	评分
1	准备工作			
	① 所有工具、设备准备齐全		全部达到要求(A)	
	② 品种选用合适		有一项不符合要求(B)	
	③ 播种季节适宜		有两项不符合要求(C)	
	④ 环境条件适宜		准备工作不充分(D)	
2	床土配制			
	① 要求选用未施用除草剂的大田土或葱地土加腐熟的有机肥			
	② 床土配比合理			
	③ 施肥均匀			
3	种子消毒与浸种			
	① 种子消毒方式选择合理			
	② 浸种时间正确			
	③ 消毒剂、浸种剂浓度适宜			
4~7	…			
8	培育出的番茄苗			
	① 苗高			
	② 真叶数			
	③ 叶子的厚度及颜色			
	④ 茎粗			
	⑤ 第一花序是否现蕾			

(7)评价反馈 评价形式主要包括学生自评、小组互评、教师对小组的评价、教师对整个教学活动的评价,评价内容包括参与态度,收集信息是否具有真实性、全面性和可行性,提出的建议是否具有新意等。自评主要是小组代表阐述本组培育壮苗的设计思路和整个工作情况回顾;小组互评和教师评价在每组自评后进行,主要是共同探讨对该组作品的意见和建议(表 3-13)。最后教师回顾小结整个教学活动,还可以补充设计有关对小组其他成员的评价表,填写任务总结报告表(表 3-14)。

这 7 个步骤,从一开始就培养学生独立学习、计划、实施和检查工作的能力,这样他们就能学到真正的"工作方法",并能用这些方法独立解决今后职业生涯中遇到的具体问题。

表 3-13　学习效果评价表

姓名：_____　　　班级：_____　　　教学单元：_____

评价项目	评价内容	评价方法	分值	自评	小组评价	教师评价
学习态度	学习态度积极、端正，具有吃苦耐劳品质，能较好地完成学习任务	考勤、观察、笔试、口试、实际操作	7～10			
	态度积极、端正，但学习不够认真，完成任务过程中有差错		4～6			
	态度不积极、懒散、不能完成工作任务		0～3			
学习方法	掌握正确的学习方法，具备文献查阅、信息搜集与整理、自主学习、分析解决问题能力，学习效率高	观察、笔试、口试、实际操作	7～10			
	学习方法不够恰当，不能按要求完成学习任务，但是积极性高		4～6			
	不会学习，学习效率低，又不能主动学习		0～3			
教学参与	能够按要求完成自己或小组共同的任务，完成及时出色	观察、考勤、理论与实训测试	11～15			
	以个人或小组成员的角色，能够及时地完成学习任务，没有错误		6～10			
	缺席或者主观上不想参与学习，有抵触情绪，没能按要求完成学习任务		0～5			
目标1	熟练掌握设施农业的概念和农业生产设施的类型，了解国内外设施农业发展现状	笔试、口试、实际操作、自评	14～20			
	比较熟练掌握设施农业的概念和农业生产设施的类型，了解国内外设施农业发展现状		7～13			
	掌握设施农业的概念和农业生产设施的类型，了解国内外设施农业发展现状，但不够准确		0～6			
目标2	熟练掌握塑料大棚、日光温室、连栋温室的类型与基本结构，并能正确使用与维护	笔试、口试、实际操作、小组互评	14～20			
	初步掌握塑料大棚、日光温室、连栋温室的类型与基本结构，能使用与维护		7～13			

续表

评价项目	评价内容	评价方法	分值	自评	小组评价	教师评价
目标2	初步掌握塑料大棚、日光温室、连栋温室的类型与基本结构，能使用与维护，但不够熟练，不能解决生产中的问题		0~6			
团队协作	团队意识强，乐于奉献，沟通协调能力强，工作不推诿、不拈轻怕重	生产过程观察、谈话、调查、任务完成质量	11~15			
	有团队意识和奉献精神，沟通协调能力较强，工作不推诿、不拈轻怕重		6~10			
	团队意识弱，工作不积极主动，拈轻怕重，不能和组员很好地沟通合作		0~5			
生产安全	按要求完成生产任务，没出现安全问题	过程考核	5~10			
	生产过程中出现安全问题		0~4			
权重				20	30	50
得分						

表 3-14　任务总结报告表

班级：_____　　　姓名：_____　　　日期：_____

学习总结		学习体会（要求和建议）	拓展任务（辣椒、茄子的设施栽培）
完成任务所需知识点有哪些	完成任务所需技能		

四、瓜类蔬菜设施生产技术教学实施

活动Ⅰ：设计瓜类蔬菜设施生产教学实施方案。

1）学生分组利用课余时间进行教学方案的编写。

2）根据瓜类蔬菜设施生产技术学习情境描述（表 3-15），在其生产过程中的育苗、定植、定植后管理等内容教学是如何采用引导文教学法的。

表 3-15　瓜类蔬菜设施生产技术学习情境描述

学习情境：瓜类蔬菜设施生产技术		学时：40	
学习目标： 能根据当地的具体情况和基地栽培设施，选择合适的瓜类蔬菜品种 能培育瓜类蔬菜壮苗 能进行瓜类蔬菜设施生产的整地施肥和定植 能进行瓜类蔬菜设施生产的田间管理 能适时采收，进行采后处理和短期保鲜 能制订瓜类蔬菜设施生产的周年生产计划			
学习内容： 瓜类蔬菜的生物学特性 瓜类蔬菜棚室生产品种选择与播前处理、育苗 棚室土壤处理、整地、定植 环境调控、病虫害识别与防治 采收、保鲜、质量评定等知识 生产过程中保证安全与环保			教学方法： 引导文教学法 讨论法 头脑风暴法 启发与互动式 鼓励教学法 小组讨论法
教学资源： 多媒体 教材、PPT、视频等 一体化植物、植保实训室 农业技术示范园 任务单、计划单 评价单	对学生的知识和能力要求： 具备植物与植物生理基础知识 具备土壤肥料与农业气象基本知识 具备病虫害防治基础知识 具有一定的自然常识 具有一定的文献搜索能力 具有计算机操作的基础知识		对教师的知识和能力要求： 具备教学的基本能力 具备专业的理论知识和实践经验 能按教学设计来控制与指导整 　个项目的进程 能正确处理、指导、总结与归纳 　学生操作中出现的一场问题
考核与评价			
评价的内容： ① 瓜类蔬菜的生物学特性 ② 瓜类蔬菜栽培技术的掌握 ③ 工作态度、团队合作、完成任务情况与效果 ④ 对任务完成的方法、步骤、结果、收获和意见进行详细记载和总结，并上交一份总结报告		考核的形式： 阶段考核与结果考核相结合，学生自评、教师小组评价、教师对学生 　评价、组间互评	

活动Ⅱ：教瓜类蔬菜嫁接育苗技术（演示法的运用）。

活动的目的：瓜类蔬菜嫁接育苗是一项常用技术。通过嫁接不仅能减轻土传病害的危害，而且利用砧木根系发达、抗寒、耐热、耐湿和吸收肥力强等特点，能使嫁接的蔬菜生长健壮，对不良环境抵抗能力增强，从而收到增产效果。通过本活动，使师范生能够更好地教会中职学生如何根据西瓜品种特性选择适宜的砧木，确定砧木和接穗准确的播种期，学会西瓜幼苗嫁接技术，并能熟练地应用于生产。

活动要求如下。

1）让学生做好教学前的准备工作。

仪器设备：温室、喷雾器、喷壶。

材料与工具：黄瓜幼苗、黑籽南瓜幼苗、农药、农膜、床土、锄头、锹、刀片、竹签、嫁接夹、营养钵。

实训场所：由学生负责与学校的实训基地联系。

师资配置：约 40 人配 1 位指导教师、1 位教辅（活动实施时，可从专业学习较好的本科生中选取）。

2）组织学生阅读第四章第三节演示法，了解演示法的基本操作过程，以及演示时的基本要求。

3）分析教师进行瓜类嫁接的演示图片（图 3-10，图 3-11），看完两幅演示图以后，根据学生人数分成 4 人或 5 人小组，请每个小组进行讨论，由一个学生分析并讲解。需要注意的问题：①两幅演示图的区别；②看完后自己能否独立地、正确地进行嫁接；③说出瓜类嫁接的主要步骤；④演示时应该注意的问题；⑤教师在演示过程中存在的问题；⑥教师进行汇总，提出进行演示法的主要步骤及应用条件。

图 3-10 黄瓜靠接演示图（1）

4）根据以上活动内容，要求每小组写出用演示法教瓜类嫁接技术的实施过程与步骤，并进行小组间分享，同时小组可以进行自评，然后组间互评。

5）制订合理的学生考核标准，如蔬菜嫁接育苗技术考核标准，见表 3-16。

6）教学反思。运用演示法还存在哪些需要改进的地方。

表 3-16 蔬菜嫁接育苗技术考核表

考核点	操作要点	评定采分	分值	熟练程度
接穗的选择及切削	① 苗龄适宜	10		
	② 切削正确	15		
砧木的选择与切削	① 砧木苗龄适宜	10		
	② 切削正确	15		熟练全过程，在 1min 内完成
嫁接操作	贴靠准确，绑缚正确	20		
嫁接后管理	苗床遮阳，保持较高的温度和湿度	10		
成活率	成活率 95% 为合格，每降低 1 个百分点扣 2 分	20		
合计		100		

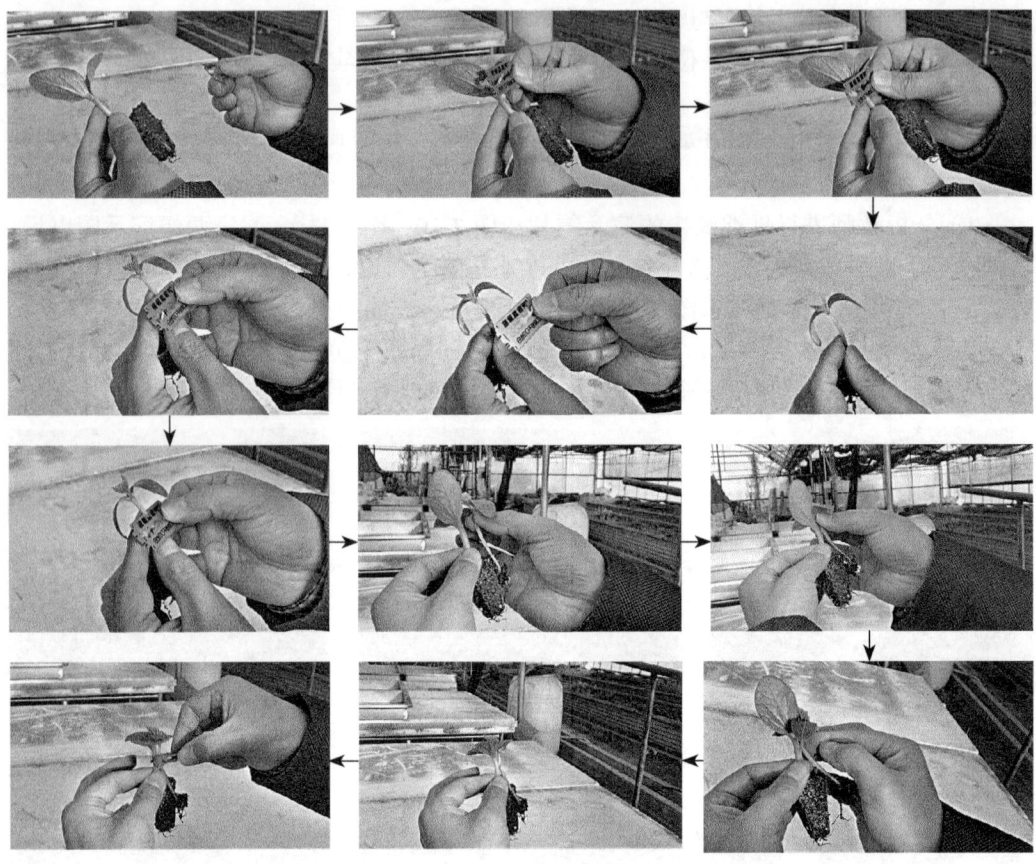

图 3-11 黄瓜靠接演示图（2）

本活动的主要目的是培养师范生掌握演示法的教学技能，因此，在演示过程中，要注意向学生讲解清楚技术要点。

要掌握瓜类嫁接技术操作规程，讲解示范时突出重点，特别是要渗透安全知识，提醒学生刀片不要伤到手，还应注意刀片的角度、切的深度，以免切断砧木或接穗。

知识链接

砧木的选择。首先应与接穗有较好的嫁接亲和力，其次是根据不同的嫁接目的选用具有特殊性状的砧木。了解适于作西瓜的砧木有黑籽南瓜、新土佐南瓜和葫芦。

接穗的选择。应选健壮、具有较强的生活力的。壮苗生活力强，嫁接成活率就高，反之，弱苗、徒长苗则不易成活。

砧木和接穗培育时间的选择。根据嫁接方式调整砧木和接穗的播种期，如西瓜接穗苗的播种期，采用靠接比砧木提前 5d 播种，采用插接则延后 4d 播种。

嫁接方法的选择。靠接按以下顺序进行操作，并注意各环节的技术要求：去砧木生长点→砧木的切削→接穗的切削→嫁接→栽苗。插接按以下顺序进行操作，并注意各环节的技术要求：去砧木生长点→砧木茎插孔→接穗的切削→斜面插入→嫁接苗放入苗床。

嫁接苗温湿度的选择。加强苗床温湿度的管理，为愈伤组织的生成创造适宜条件。

把嫁接好的苗整齐地摆入苗床中,并用细土填好钵间缝隙,立即扣棚膜,每摆满1m,即开始灌水,全畦摆满后,封好棚膜,白天覆盖遮阳网。嫁接后3d内苗床不通风,棚内温度,白天保持26~28℃,夜间保持18~20℃,湿度保持在90%~95%。3d后视苗情,以不萎蔫为度,进行短时间少量通风,以后逐渐加大通风。放入苗床后3~5d内,晴天早、晚要揭去遮阳网,使苗见光。嫁接苗以接穗长出新叶为成活的标志,一周后接口即愈合。靠接法嫁接后10d左右,先切断接穗的根,再过3~5d拿掉夹子。

五、蔬菜浸种催芽技术教学实施

(一)蔬菜浸种催芽技术教学情境描述

蔬菜浸种催芽技术教学情境描述的主要任务是:明确学习目标,设计相应教学情境,选择适当的教学资源和方法,确定评价形式与方法,具体见表3-17。

表3-17 蔬菜浸种催芽技术教学情境描述

教学情境:蔬菜浸种催芽技术		学时:2
情境描述:浸种催芽技术是播种前进行种子处理的一项基本技术,通过此种处理后种子完成吸水过程,出芽整齐,为以后达到苗齐、苗壮奠定基础,也是进行其他各种种子处理方法的基础。通过本实训,学生能根据不同蔬菜特性选择适宜的浸种催芽方法,学会浸种催芽技术,并能独立完成蔬菜种子的浸种催芽全过程		
学习目标		
能力目标	知识目标	职业素养
* 能够根据不同种子的特性制订适宜浸种催芽方案 * 掌握种子消毒的方法 * 了解促进种子早熟的处理方法 * 能够合理把握浸种程度 * 会正确地投洗 * 能够熟练使用人工气候室、光照培养箱、恒温箱、热水加热器等浸种设备 * 熟悉杯里催芽、热水袋催芽的方法 * 具有搜集信息、整理资料、分析解决问题的能力	* 不同种子的基本特性 * 浸种催芽计划制订 * 浸种催芽的优点及浸种的方法 * 温汤浸种的温度控制范围和时间 * 种子常用的消毒方法 * 种子催芽时投洗和揉搓的意义 * 不同种子催芽时的温度要求 * 不同催芽方式的优缺点	* 培养学生分析问题、解决问题的能力 * 培养学生科学的思维方式 * 严谨的工作作风、实事求是的工作态度 * 团队合作和承受挫折的能力
教学资源:课件、图片、音像资料、网络、实训设计方案;任务单、考核单		
考核与评价		
评价内容: ① 浸种水温及水量控制情况 ② 催芽时的温度选择及控制情况 ③ 工作计划、实施、操作及检查情况 ④ 团队合作、任务完成情况与效果 ⑤ 对任务完成的方法、步骤、结果、收获和意见进行详细记载和总结,并上交一份总结报告	考核形式: 包括过程考核与结果考核;学生自评(20%)、教师对小组评价(20%)、教师对学生评价(60%) 考核方法: 出勤、工作进度、操作技能、工作成果	

(二)蔬菜浸种催芽技术学生工作任务清单

学生工作任务清单是学生进行学习的手册,便于学生更好地学习蔬菜浸种催芽技术,了解工作实施的步骤与环境,见表3-18。

表 3-18　蔬菜浸种催芽技术学生工作任务清单

教学情境：蔬菜浸种催芽技术	
工作任务描述：根据实训基地生产需要，通过教师提供的蔬菜种子、参考书、教学课件、音像资料、自己查阅的参考资料，在教师指导下完成蔬菜种子的浸种催芽任务，最后获得符合要求的产品	
具体工作任务：	
1. 获得相关资料与信息	
① 熟悉不同种子的形状、颜色、大小及特性	
② 了解不同的浸种方法	
③ 熟悉一般浸种、温汤浸种和热水浸种的温度和时间要求	
④ 掌握投洗和揉搓的正确方法	
⑤ 熟悉种子催芽时对温度、光照、氧气和水分的条件要求	
⑥ 熟悉各种催芽工具的使用方法	
2. 制订实施工作计划	
① 精选种子，了解种子特性	
② 浸种及催芽方案的制订	
③ 浸种容器及催芽设备准备	
④ 浸种，水量及水温调节	
⑤ 催芽，产品获得	
3. 提交产品、工作记录、个人考核单、工作总结，材料归档、整理	
4. 讨论、反思浸种催芽中的关键技术	
实训条件：	
1. 多媒体教室	
2. 植物实训室、植物生长环境实训室（培养箱、人工气候箱等实验仪器）	
3. 图片、课件、音像资料、教学录像、网络资源	
4. 学习情境、任务单、实施方案、工作记录表、考核单	

（三）蔬菜浸种催芽实训教学引导单

设计实训教学引导单，是实训指导教师的教学参考资料，对实训教学的场地、教师安排、教学媒体等各方面提前做好准备，保证实训教学顺利进行，以蔬菜浸种催芽为例设计的教学引导单见表 3-19。

表 3-19　蔬菜浸种催芽实训教学引导单

实训名称	蔬菜浸种催芽
实训目的	① 掌握温汤浸种、热水烫种、化学药剂处理等蔬菜种子消毒技术 ② 了解蔬菜种子早熟高产的种子处理技术 ③ 根据蔬菜种子萌发条件及生产条件，掌握种子催芽技术
内容	① 蔬菜种子的浸种 ② 蔬菜种子的催芽
教学媒体	录像、教学课件、实训手册、实训验收规范
教学方法	讲述法　案例教学法
学生安排	30 人一个班级，每 5 个学生为一组
教师安排	专职教师 1 人、兼职教师 1 人、工人技师 2 人
实训场地	① 多媒体教室 ② 植物实训室、植物生长环境实训室
仪器，设备及材料	人工气候室、光照培养箱、恒温箱、温度计、量筒、容器、培养皿、热水加热器、纱布袋，种子
考核与评价方式	平时学习态度 20%、出勤率 20%、单项操作考核 40%、实训报告 20%

（四）蔬菜浸种催芽技术操作要点讲解

1. 教学前的准备工作

（1）仪器设备　　人工气候室、光照培养箱、恒温箱、热水加热器。

（2）材料与工具　　蔬菜种子、催芽袋或纱布、量筒、容器、培养皿、温度计。

（3）联系实训场所　　植物实训室、植物生长环境实训室。

（4）选取师资　　约30人配1位指导教师、1位教辅、工人技师2人（后面两类人员可以找有经验的学生）。

教学方法采用案例教学法。

2. 师生实施与评价浸种催芽任务

活动Ⅰ：设计浸种催芽教学案例。

1）参阅第五章第8节案例教学法及编制案例的基本要求。

2）每4人组成小组，根据教学内容进行讨论，以自己切身感受到的或者是查阅资料了解到的蔬菜种子浸种催芽的典型案例为基础，或者根据生产中真实场景设计教学案例。

3）案例设计好后，各小组将结果贴在粘贴板上，采用画廊漫步方法，组间相互学习，并用粘贴条标出每组案例设计好的地方和需要完善的地方。

■ 知识链接

编制案例的基本要求

叙述与信息的经济性。能够创建叙事的学习情境是案例教学的显著特征，可以帮助学生贴近生活情境，集中注意力，并融入前知识。叙事性给学生自主学习传递了细节饱满的情境，介绍了多样的问题和处理方法，允许有不同的解决方案，为学生自主学习提供了基础。

问题的范围与复杂度。案例中包含的问题很广泛，从非常棘手的专业问题到简单的工作任务都有，简单工作任务的问题就是找出隐含的并非可以立即察觉的逻辑关系。因此，原则上可以很好地根据学生、学习对象、要求和框架调整案例研究中的问题。案例的复杂度同样也可以有很多变化，由相关元素类型和数量构成的内在结构及这些元素之间的联系都可以有所变化。

讲述内容的虚构/事实。案例教学以真实发生的事件为基础，但是案例报告中也有虚构的成分，主要是处于教学目的考虑，对该故事进行了教学处理。

学习环境的开放性/封闭性。

定义的问题/提出的任务的开放性/封闭性。如果鼓励学生尝试使用不同的学习策略，就必须设计开放性的任务。

问题解决方案的开放性/封闭性。

活动Ⅱ：设计蔬菜浸种催芽案例教学过程。

1）分析下页给出的提示蔬菜浸种催芽案例教学实施步骤，提出意见和建议。

2）结合本页活动Ⅰ的案例分析，组成4人小组，共同探讨本组的案例教学实施主要步骤。

3）每组完成后，找出一组或两组的方案，采用案例教学法现场进行教学。

4）根据两组教学情况，其他小组提出意见和建议。

5）汇报组成员对自己的教学过程进行反思，并填写教学反思记录（表3-20）。

6）通过上面的教学方法进行教学，思考此部分内容尝试其他方法是不是更好。每个组写出反思记录。

表 3-20　教学反思记录

反思者姓名	
时间	
地点	
参加人员	
活动内容	
自我反思	我最大的收获
	我最高兴的事情是
	我最不高兴的事情是
	我最惊喜的事情是
仍旧存在的问题	
今后需要采取的行动	

资料来源：陈向明．2003．在参与中学习与行动［M］．北京：教育科学出版社

（五）蔬菜浸种催芽案例教学实施步骤

1）分组。依班级人数、学生的能力水平等，选择适宜的分组方式。

2）案例呈现。通过借助多媒体和纸质文本给学生呈现出案例，注意确保人手一份纸质案例，给学生3～5min的时间阅读案例（以案例的长短或复杂程度而定），让学生充分了解案例内容，理解案例实质和所要阐明的问题。

案例如下：某农场主承包了6670m^2塑料大棚，准备种植黄瓜，购买了500g种子，采用了温汤浸种消毒（热水烫种），将500g干种放在容器中用冷水浸湿，加入了热水搅拌均匀，因其没有温度计，只是凭感觉判断水温，大概维持10min，迅速将种子放入冷水中消除种子内部余热，然后在20℃的温水中又浸种10h，捞出后在40℃温度下进行催芽，因有其他事情觉得早一会晚一会看种子发芽情况影响不大，几天后发现只有小部分种子发芽，而且芽已经长了很长，大多数种子未发芽，这下可愁坏了农场主。

3）提出问题。

问题的呈现方式：多媒体投影仪逐条给出，也可以用自制的纸质问题卡。问题有：①为了能及时抓住育苗季节，请你为农场主考虑该如何补救？②是什么原因导致了催芽率较低？③农场主还需再买多少种子保证大棚定植使用？④从案例分析中我们得到了什么启发？⑤运用所学知识，提出黄瓜浸种催芽的想法和思路？⑥什么时候停止催芽？⑦发芽很长对播种有什么影响？

4）分组讨论。

5）小组发言。

6）自由讨论。

7）指导教师总评。

8）填写浸种催芽考核与评价单（表3-21）。

表 3-21 蔬菜浸种催芽考核与评价单

蔬菜实训项目：蔬菜浸种催芽		小组名称：_____		序号：_____		
参考资料名称：_____		实施日期：_____		浸种催芽过程记录总页数：_____		

评价项目		评价内容	分值	教师评价	学生评价	得分	总分
过程评价	工作态度	到岗情况	2%	1%	1%		
		认真负责	3%	2%	1%		
		与人沟通	2%	1%	1%		
		团队协作	3%	2%	1%		
	工作方法	学习能力	3%	8%	2%		
		计划能力	3%	2%	1%		
		解决问题能力	4%	3%	1%		
	实践操作	种子是否消毒	2%	2%	0.5%		
		精选种子的质量	2%	2%	0.5%		
	实践操作	浸种容器和水量的选择	2%	2%	0.5%		
		投洗种子的次数和方法	3%	2%	0.5%		
		浸种程度和时间的控制	5%	4%	1%		
		催芽温度设定是否合理	5%	4%	1%		
		催芽是否投洗和翻动	5%	4%	1%		
		停止催芽的时间掌控	5%	4%	1%		
终结性评价	浸种催芽结果	浸种催芽效果	10%	8%	2%		
		分析浸种催芽方法的合理性	10%	8%	2%		
	实训报告	填写是否正确、规范	20%	16%	4%		

第三节 设施园艺植物病虫害防治部分教学法选用及案例

一、课程分析

设施园艺植物病虫害防治是中职设施农业生产技术专业最重要的专业基本能力之一，也是植保工职业技能鉴定考核的内容，要求学生正确掌握园艺植物病虫害防治的基本知识和基本技能。掌握园艺植物病虫害综合防治的原则和技术措施，具备正确安全、合理配置和使用农药的技能，同时，要树立生态环境保护意识和安全意识，具有分析问题和解决问题的能力，具有从事园艺植物保护工作的责任感和事业心，具有良好的职业道德。

二、教学方法及说明

课程的实践性较强，应结合园艺植物生产的需要及农事季节，合理进行时间和空间的配置，适当调整课程内容。教学活动应采用现场教学、直观教学或是通过多媒体教学手段展示病虫侵害特征，特别是多种病虫害之间症状难以区别，可以采用思维导图的形式,一目了然地找出病虫害间的差异,方法应灵活多样。

三、教学实施

(一)园艺作物病虫害识别与鉴定的教学设计

这部分的内容是在第二章学习的基础上,让学生对内容有一个整体的了解,课程改革只有与教学改革同步进行,才能达到人才培养的全新变革。因此,在这部分,要让职教师范生对园艺作物病害识别与鉴定的学习情境描述、园艺作物病害识别与鉴定教学实施方案、设施园艺作物虫害防治技术整体教学实施方案有一个宏观的认识,这也是教师教学文档的重要组成部分,尽管不是专业教学法讲解的重点,但这是作为师范生必须要了解的重要组成部分,也是方法运用的前提。

1. 熟悉园艺作物病害识别与鉴定学习情境描述 具体学习情境描述方法在第二章构建课程体系部分已叙述。以园艺作物病害识别与鉴定为例,进行学习情境描述,见表3-22。

表3-22 园艺作物病害识别与鉴定学习情境描述

学习情境1:园艺作物病虫害识别与鉴定		学时:	
子学习情境1.2:园艺作物病害识别与鉴定		学时:	
授课班级:	教学学期:		授课教师:
授课地点:校内实训室和实训基地	授课时间:		制订者:
学习目标: ① 能够准确地进行当地典型园艺作物病害症状的识别 ② 能够识别病原真菌和细菌 ③ 能掌握病害诊断的基本程序 ④ 能够进行病害种类的鉴定			
工作任务描述: 根据农户提出的在园艺作物栽培过程中,蔬菜、花卉、果树出现的变色、萎蔫、坏死、腐烂、畸形等异常现象,而且在植株叶、茎、花、果的表面、内部和地下根部有斑、霉状物、粉状物、粒状物、脓状物等出现,要求学生进行观察、镜检、分析与识别,从症状和病原鉴定出病害种类,为今后预测其发展趋势和采取有效的综合防治措施打下基础			
具体任务内容: ① 根据工作任务获取学习资料,获得相关知识 ② 根据学习资料制订工作计划,完成工作单 ③ 各组根据当地生产实际情况,采集典型病害标本10种 ④ 进行室内鉴定、培养、镜检,完成典型症状描述,确定病害种类 ⑤ 正确识别当地蔬菜、花卉、果树中常见的病害(每种作物3种病害) ⑥ 制作病害标本10种 ⑦ 按照工作计划,遵守相关规定,学生独立完成每一个工作步骤,并进行记录、归档和提交报告			
教学条件与资源: ① 植保实训室、农业应用技术示范园(大棚、温室) ② 多媒体设备、生物显微镜、恒温恒湿培养箱、培养皿等实验仪器和药品 ③ 工作任务单、各种评价表、各种病害标本、PPT、视频、影像资料、教材、相关图书、网上资源等			

2. 园艺作物病害识别与鉴定教学实施方案 这只是园艺作物病害识别与鉴定的教学实施方案(表3-23),在制订设施园艺作物虫害的识别与鉴定时可以参考,也可以与其设计不同。

表 3-23　设施园艺作物病害识别与鉴定教学实施方案

实施步骤	主要内容	教学进程	组织形式	教学方法	课后分析
资讯	1. 根据农户的要求，到田间仔细观察 2. 发放工作任务单，根据工作任务利用各种手段，获取学习资料，获得相关知识 ① 病害的基本概念、发病原因和症状类型 ② 病原真菌和细菌的形态特征 ③ 不同病原所致病害特征 ④ 典型园艺作物病害特征 ⑤ 病害标本采集与制作的方法 ⑥ 生物显微镜的构造与使用 ⑦ 制片技术 3. 采用走访、问卷、座谈会、查阅资料等形式，调查本地区病害发生的种类	4学时	全体学生 教师指导为主 观看课件或录像 查阅图书资料	引导文教学法 项目教学法 引述法 调查法	
决策	1. 学生以小组为单位进行整理、分析、归纳资讯资料及相关信息，提出病害识别与鉴定的基本程序和方法 2. 阐述不同病害的典型症状 3. 阐述制订工作计划的基本思路和工作单的设计方案 4. 教师在学生决策中给予适当的引导，以确保决策不出大的偏差 5. 学生根据分析、讨论和教师的提示修改并完善工作计划和工作单设计	1学时	课堂分组 课堂对话 学生主导 教师监督	引导文教学法 讨论法	
计划	1. 确定病害识别与鉴定的基本程序 2. 病害识别与鉴定的组织准备，包括实训材料、仪器设备、训练单、工作单的编制等 3. 根据学习目标，查看工作任务实施过程的各项检查与评价标准	1学时	小组讨论 课堂对话 教师参与	引导文教学法 讨论法	
实施	1. 制片技术、病原的识别、病害症状识别与鉴定、病害标本采集与制作（教师进行演示，学生观看） 2. 学生根据工作任务单，独立完成工作任务 ① 病害标本的采集、制作与数码拍照 ② 病害的室内病原鉴定并绘图 ③ 病害症状的描述、鉴定与标签制作 ④ 完成基础和提高训练单 ⑤ 完成工作记录、调查报告和总结	8学时	分组工作 合理运用教学资源 学生主导 教师指导监督	演示法 学做合一	
检查	1. 根据工作任务检查任务实施的全过程，检查各环节完成的情况 2. 对照考核评价标准判断工作成果是否合格，学生和小组逐项填写评价单 3. 对病害标本、数码照片、工作记录、调查报告、总结等文件的检查	1学时	分组工作 课堂对话 教师监督	引导文教学法	
评估	1. 对任务完成的优、劣，进行教师对小组评价与教师对学生的评价 2. 学生与教师共同提出不足及改进意见 3. 学生评价教学过程并提出建议	1学时	教师参与 课堂对话	归纳法 （师生共同实施）	

3. 设施园艺作物虫害防治技术整体教学实施方案 表3-24只是设施园艺作物虫害防治技术作为一个学习情境在整体上的教学实施方案，在制订设施园艺作物病害的识别与鉴定时可以参考，也可以与其设计不同。因为学校在安排教学时可能要协调各门课程之间关系，每一次上课的时间是有限的，所以在具体的教学过程中，特别是在每一部分进行讲解时，可以因环境和学生学习基本情况而发生变化，这不是固定的模式，需要师范生在学习过程中灵活掌握，特别是经过一段时间熟练运用后应有所创新。

表3-24 设施园艺作物虫害防治技术教学实施方案

实施步骤	主要内容	教学进程	组织形式	教学方法	课后分析
资讯	1. 根据农户的要求，到田间仔细观察 2. 发放工作任务单，根据工作任务，利用各种手段，获取学习资料，获得相关知识 ① 害虫（昆虫）的基本形态、结构和功能 ② 害虫的主要危害症状 ③ 与园艺作物相关害虫种群的特性 ④ 昆虫标本采集与制作的方法 ⑤ 体视显微镜的构造与使用 3. 采用走访、问卷、座谈会、查阅资料等形式，调查本地区虫害发生的种类	4学时	全体学生 教师指导为主 观看课件或录像 查阅图书资料	引导文教学法 项目教学法 引述法	
决策	1. 学生以小组为单位进行整理、分析、归纳资讯资料及相关信息，提出虫害识别与鉴定的基本程序和方法 2. 阐述不同虫害的危害症状、形态特征和主要目科的典型特征 3. 阐述制订工作计划的基本思路和工作单的设计方案 4. 教师在学生决策中给予适当的引导，以确保决策不出大的偏差 5. 学生根据分析、讨论和教师的提示修改并完善工作计划和工作单设计	1学时	课堂分组 课堂对话 学生主导 教师监督	引导文教学法 讨论法	
计划	1. 确定虫害识别与鉴定的基本程序 2. 虫害识别与鉴定的组织准备，包括实训材料、仪器设备、训练单、工作单的编制等 3. 根据学习目标，查看工作任务实施过程的各项检查与评价标准	1学时	小组讨论 课堂对话 教师参与	引导文教学法 讨论法	
实施	1. 虫害识别与鉴定、昆虫标本采集与制作（教师进行演示，学生观看） 2. 学生根据工作任务单，独立完成工作任务 ① 昆虫标本的采集、制作与数码拍照 ② 害虫的室内鉴定与标签制作 ③ 完成基础和提高训练单 ④ 完成工作记录、调查报告和总结	5学时	分组工作 合理运用教学资源 学生主导 教师指导监督	演示法 学做合一	

续表

实施步骤	主要内容	教学进程	组织形式	教学方法	课后分析
检查	1. 根据工作任务检查任务实施的全过程，检查各环节完成的情况 2. 对照考核评价标准判断工作成果是否合格，逐项学生和小组填写评价单 3. 对虫害标本、数码照片、工作记录、调查报告、总结等文件的检查	0.5学时	分组工作 课堂对话 教师监督	引导文教学法	
评估	1. 对任务完成的优、劣，进行教师对小组评价与教师对学生的评价 2. 学生与教师共同提出不足及改进意见 3. 学生评价教学过程并提出建议	0.5学时	教师参与 课堂对话	归纳法 （师生共同实施）	

（二）设施园艺作物病害识别与鉴定的教学案例

本学习情境（单元）主要是培养学生能准确地进行当地典型园艺植物病害症状的识别、病原真菌还是细菌的识别、病害诊断的基本程序是什么、能对病害种类进行鉴定，只有准确判断病害，才能采取有针对性的防治措施。根据这些基本要求，结合职业学校学生的学习特点，以及表3-23的教学实施方案，在资讯阶段就应该教会学生完成田间调查、采集病害等任务，使学生掌握蔬菜生产中病虫害识别与诊断的基本技能。作为师范生，学会运用调查法、卡片展示法等进行教学十分重要，为此设计以下几个活动，以便培养师范生教学能力。

活动Ⅰ：当地大棚黄瓜常见病害调查。

对当地的塑料大棚黄瓜常见病害进行调查，一般可以采用入户与生产技术人员（或是菜农）进行访谈调查和调查表调查两种方式，根据这两种方法组织教学时，关键是要培养学生会设计调查表和做好访谈，获取真实有效的第一手资料的能力，同时，还能训练学生的沟通及交往能力。

（1）访谈调查

1）师范生两两结对。

2）开始访谈练习：一人做访谈者，另外一人做受访者，访谈的题目为"你是怎么发现黄瓜在不同生产阶段发生的病害的"。

3）3min后，双方交换访谈角色。

4）3min后，访谈结束，全体学生进行讨论：①你作为访谈者和受访者分别有什么感受？②你从受访者那里得到了什么信息？该信息是否准确？可以要受访者当场核实，如果不够准确，为什么会如此？③作为访谈者，你做得比较好的地方是什么？做得不好的地方是什么？④你该如何改进自己的访谈态度和访谈技巧？

（2）调查表调查

1）每4人一组，将设计好的调查表发放给每个小组，见表3-25。

2）小组讨论，表3-25是否有要添加的内容？设计形式上有什么修改建议？讨论完成后，由提出建议的小组发言，对表格进行整理完善。

3）组织学生进行讨论，调查时应注意的问题，采用调查法进行教学有什么好的意见和建议。

表 3-25　当地大棚黄瓜常见病害调查表

黄瓜的品种	病害的名称	发病时间	发生的部位	主要表现	危害的程度	遇到的问题	备注

活动Ⅱ：采集大棚黄瓜病害样本并分类整理（卡片展示法）。

1）根据当地的气候条件及季节，组织学生去采集黄瓜病害样本。

2）采集样本后，制作样本卡片（也可以利用以往采集的样本，制作成PPT，向学生展示，见图3-12、图3-13、图3-14）。

图 3-12　黄瓜霜霉病危害症状

图 3-13　黄瓜炭疽病危害症状

叶缘大型V形病斑　　　　　　　　　发病后期病叶及霉层

病果　　　　　　　　　　　　　病茎

图 3-14　黄瓜灰霉病危害症状

3）在图片展示时，尽量不要显示是什么病，处于什么时期等相关信息。

4）经学生观察后，每个人用简短的语言描述各个图片的危害症状，写在卡片上，由学生收集所有卡片并钉在展示板上。

5）师生共同加工整理。通过添加、移动、取消、分组和归类等方法，将卡片进行整理归类，得出病害的特征。

6）将卡片最后固定，成为最终结果。

7）5人组成小组讨论，卡片展示法在运用中存在的不足，如何与其他方法配合使用。

8）从小组中选取一位同学，尝试用卡片展示法讲解番茄常见病害。

9）小组进行讨论，讲解中表现好的地方及需要改进的地方是什么？应用卡片展示法注意的问题是什么？每小组填写教学反思记录表。

（三）设施蔬菜病害症状识别的教学案例

1. 思维导图的制作演示

（1）制作工具及使用　　操作系统：Windows 7/8/10。应用软件：MindMapper 16 Arena。硬件：多媒体计算机、打印机等输出设备。

（2）安装软件并运行　　思维导图软件 MindMapper16 Arena 运行界面，如图 3-15 所示。

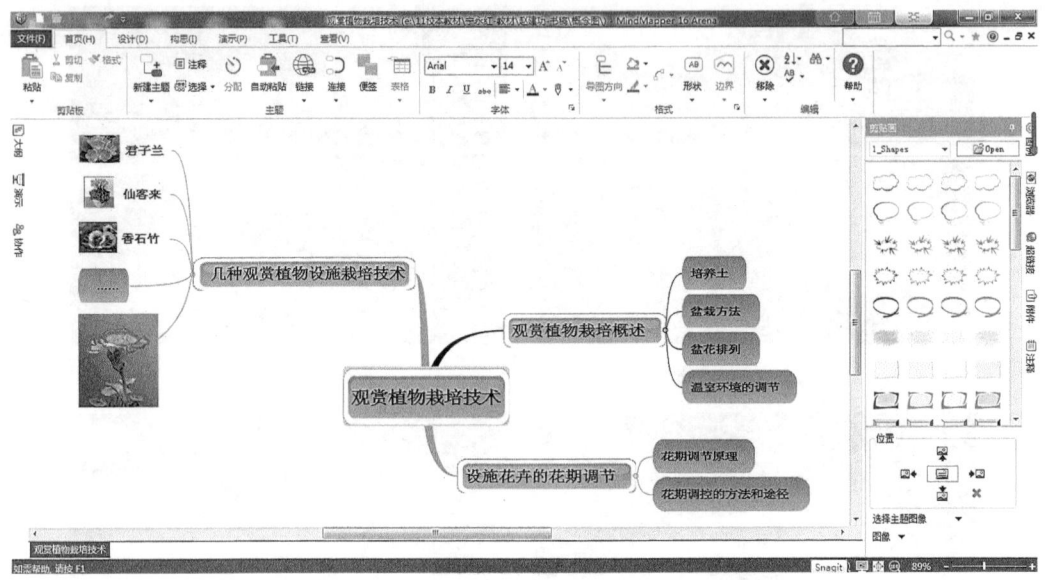

图 3-15 思维导图软件 MindMapper16 Arena 运行界面

(3) 选定主题内容"父核心词" 父与子节点概念是相对概念,以"观赏植物设施栽培技术"内容为例,绘制这部分学习内容的思维导图,如图 3-16 所示。

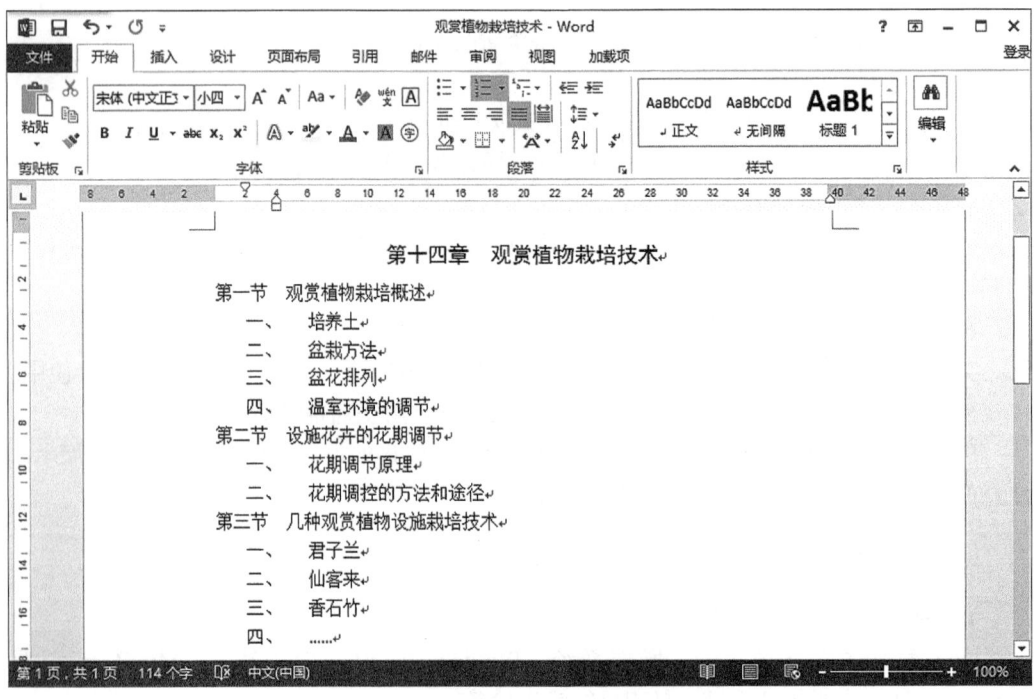

图 3-16 确定准备制作思维导图的内容

1）选择模板，如图 3-17 所示。

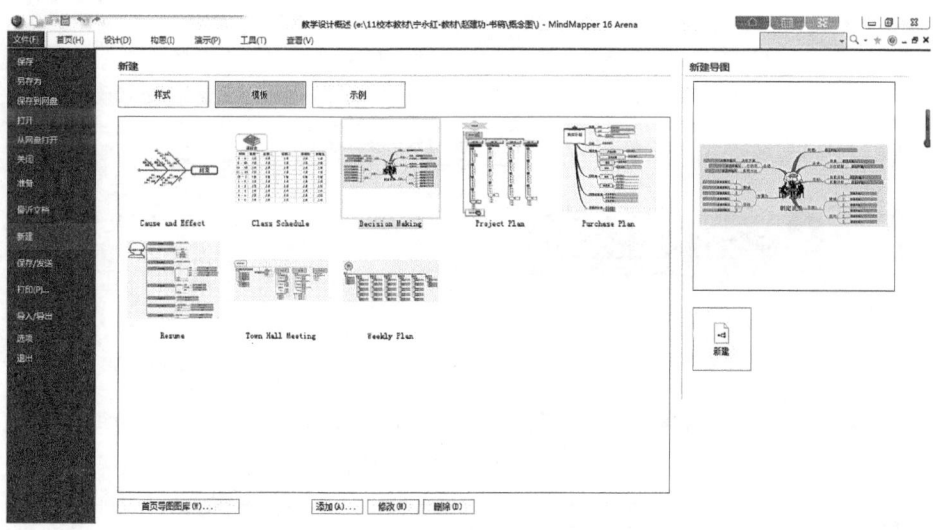

图 3-17　选择思维导图制作模板

2）可以选择 Radial Mindmapper 模板，如图 3-18 所示。

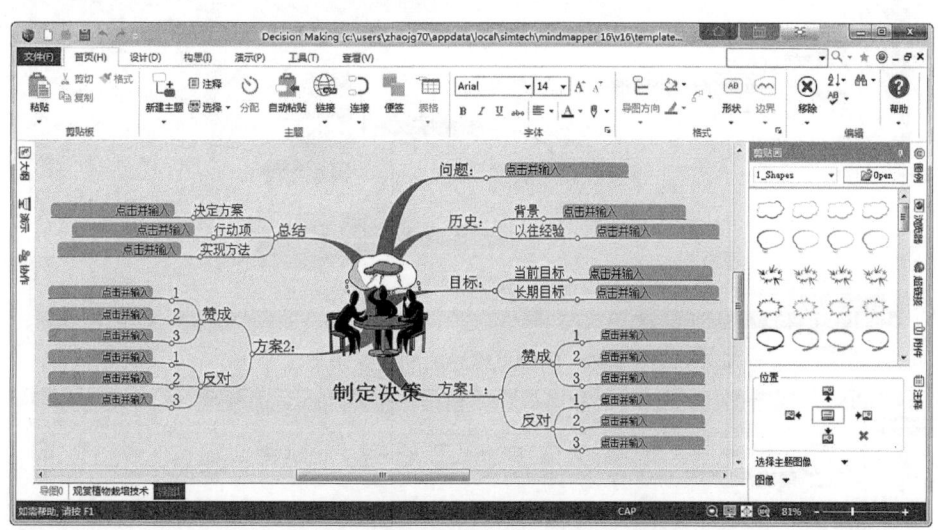

图 3-18　选择 Radial Mindmapper 模板

3）创建父节点和一级子节点，输入把章节题目设为父节点概念和第一节题目设为一级子节点概念，如图 3-19 所示。提示：创建子节点的方法是使用键盘的单击空格键。

4）以此类推，可以编制出如图 3-20 所示的思维导图。

5）对思维导图进行必要的形象化修饰，如图 3-21 所示。

6）保存文件，如此类推，即可以编制能够帮助你的思维导图或概念图。这只是个用来做预习知识用的，也可以用作总复习时备用。保存成 jpg 或 png 格式文件，不能再做编辑。思维导图的发布如图 3-22 所示。保存成 twd 文件及概念图软件源文件，后期还能再做编辑和修改。

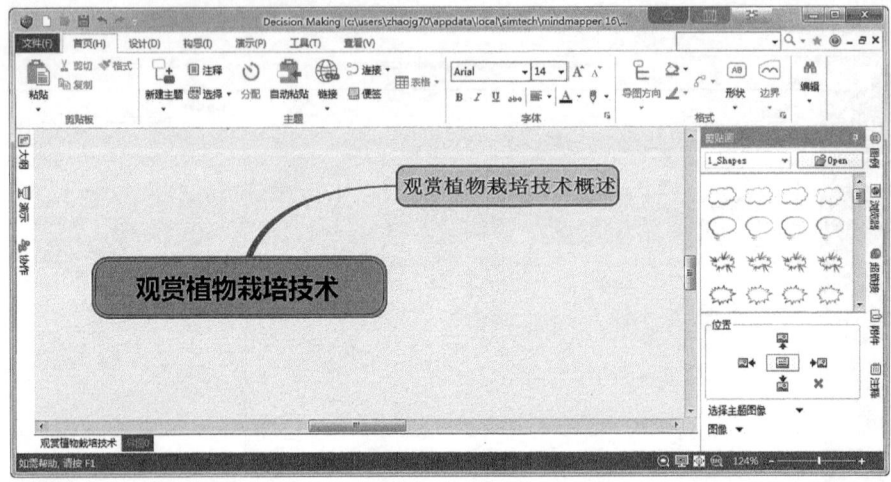

图 3-19　创建父节点和一级子节点

图 3-20　创建思维导图的各级子节点

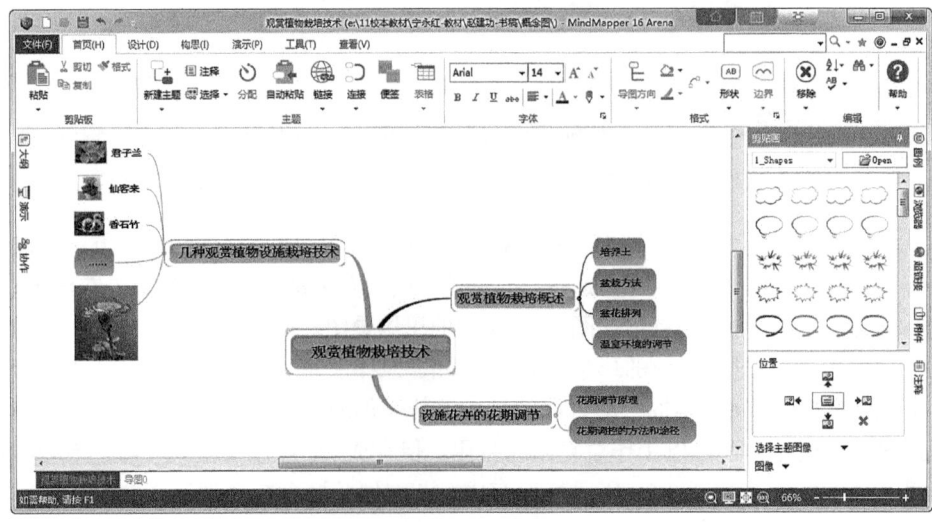

图 3-21　思维导图的修饰

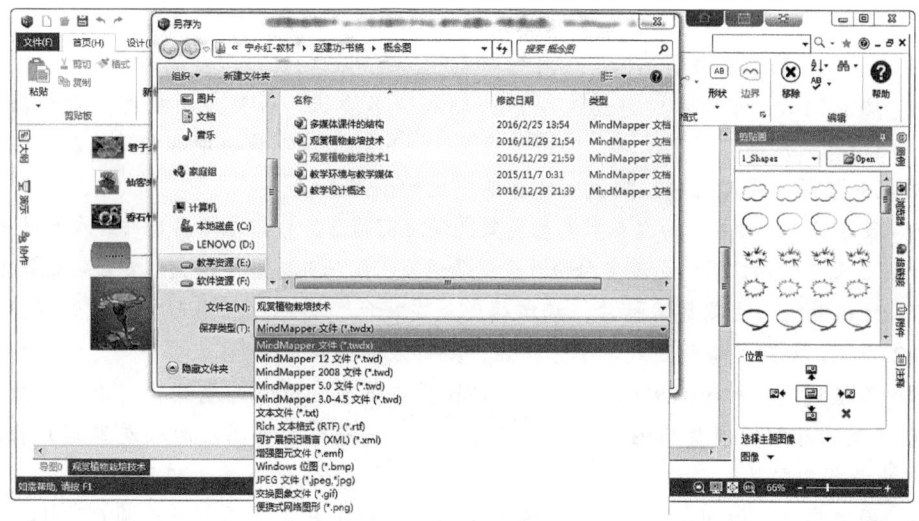

图 3-22 思维导图的发布

2. 黄瓜侵染性病害思维导图的教学练习

活动：黄瓜侵染性病害思维导图制作。

1）参阅第五章第四节，了解思维导图法。

2）根据下文知识链接中给出的常见的黄瓜侵染性病害的种类，确定主题。

3）分小组采用头脑风暴、交流等诸多方法进行讨论，不限形式，可以有不同的分类方法，小组共同绘制出本小组的思维导图。

4）完成思维导图后，每小组选出一人，轮流进行班级讲解。

5）讲解完成后，根据评分表，进行小组评判，评出哪个小组制作的思路清晰，便于对知识的掌握。

6）上述任务结束，小组成员间进行教学研讨，写出思维导图法的主要步骤，利用思维导图法进行教学的收获及需要改进的地方，在其他病虫害识别与诊断的教学中应该注意的问题是什么。

知识链接

黄瓜常见的侵染性病害

一、真菌病害

1. 霜霉病　　初期叶片上出现褪绿斑，后形成黄褐色不规则形病斑，因受叶脉限制而呈多角形。湿度高时叶片背面先呈水浸状，而后产生灰黑色霉层。叶背病斑的坏死处会渗出无色或浅黄色小液滴，病情蔓延迅速。

2. 白粉病　　俗称"白毛病"，以叶片受害最重，不危害果实。叶片正面背面和茎上产生白色近圆形的小粉斑，逐渐扩大成边缘不明显的大片白粉区。干燥环境中难以控制，防治时需同时浇水提高空气湿度并喷药。

3. 炭疽病　　叶片出现水浸状小斑点，后成近圆形斑，淡褐色，周围有黄晕，干燥时易穿孔，后期长出小黑点，潮湿时有红色黏稠物溢出。病瓜上病斑淡绿色、圆形、凹陷，中部有黑点，后期在病斑表面产生粉红色黏稠物。

4. 灰霉病　　低温下发生，果实从开败的雌花处发病，变软，萎缩、腐烂，并长出灰色霉层。叶部病斑初为水浸状，叶肉组织变薄，有明显轮纹，湿度高时易穿孔。

5. 斑点病　　中下部叶片易发病，初期病斑水渍状，后变为淡褐色，中部颜色较淡，逐渐干枯，周围具绿色晕环，病斑直径为1～3mm，后期病斑中部呈薄纸状，淡黄色或灰白色，质薄。湿度大时，病斑上会有不明显的小黑点。

6. 煤污病　　叶片上初生灰黑色至炭黑色煤污菌菌落，分布在叶面局部或在叶脉附近，严重的覆盖整个叶面。多时由温室白粉虱分泌物诱发，防治此病应先消灭温室白粉虱等害虫。

7. 叶斑病　　主要危害叶片，病斑褐色至灰褐色，圆形、椭圆形至不规则形，直径0.5～12.0mm，病斑边缘明显或不十分明显，病部表面生灰色霉层。

8. 黑星病　　叶面病斑近圆形，2～5mm，淡黄色，边缘呈星纹状，干枯后呈黄白色，后呈星状孔洞。嫩茎病斑水渍状暗绿色菱形，凹陷龟裂，高湿时长灰黑霉。瓜的病斑处溢出黄褐色胶状物，以后凹陷，高湿时密生黑霉。病瓜常弯曲、畸形。

9. 褐斑病　　初期在叶面生出灰褐色小斑点，逐渐扩展成圆形或近圆形边缘不太整齐的淡褐色或褐色病斑，多数直径8～15mm。后期病斑中部颜色变浅，有时呈灰白色，边缘灰褐色。湿度大时病斑正、背面均生稀疏的淡灰褐色霉状物。病斑多时，或几个大型病斑相融合，叶片很快枯黄而死。发病重时，茎蔓和叶柄上也会出现椭圆形的灰褐色病斑，病斑扩展较大时能引起整株枯死。

10. 疫病　　幼苗在定植后发病，茎基部缢缩，倒伏。成株茎基部或一侧出现水浸状病斑，缢缩，萎蔫，呈青枯状。叶片病斑圆形或不规则形，水浸状，青白色。病瓜略凹陷，有灰白色稀疏菌丝，瓜软腐。

11. 枯萎病　　结果期发生，由下部叶片开始，往上逐步萎蔫枯死。茎一侧或全部枯死，上有白霉或粉红霉，有时有琥珀色黏液溢出，横切病茎可见维管束呈褐色。目前最好的防病方法是嫁接。

12. 蔓枯病　　茎节处现菱形或椭圆形斑，有油浸状小点，病部变白，溢出琥珀色胶质物，后期病部变为黄褐色，干缩，纵裂呈乱麻状，引起蔓枯。叶部病斑半圆形或自叶片边缘向内产生V形病斑，黄白色。

13. 猝倒病　　出苗不久即发病，茎基部或中部呈水浸状，而后变为黄褐色，缢缩成线状，子叶未及萎蔫幼苗即倒折。此病发生与地温低、湿度高、土壤通气性差有关。

14. 黑斑病　　叶片病斑圆形或不规则形，中间黄白色，边缘黄绿或黄褐色。叶面病斑稍隆起，表面粗糙，叶背病斑呈水浸状，四周明显，且出现褪绿的晕圈，病斑大多出现在叶脉之间。

15. 菌核病　　果实从残花部呈水浸状腐烂，长出白色菌丝。茎蔓在分枝处生褪色水浸状斑，高湿条件下，病茎软腐，长出白色棉毛状菌丝。病茎髓部遭破坏腐烂中空，或纵裂干枯。白色菌丝会后期纠结成鼠粪状菌核。

16. 靶斑病　　主要危害叶片，病斑初呈淡褐色后变为绿褐色，略呈圆形，直径为6～12mm，多数病斑的扩展受叶脉限制，呈不规则形或多角形，有的病斑中部呈灰白色至灰褐色，上生灰黑色霉状物即病菌的分生孢子梗和分生孢子。严重时，病斑融合，叶片枯死。

17. 红粉病　　叶片上出现暗绿色圆形至椭圆形浅褐色病斑，湿度大时边缘呈水浸状，病斑薄而易破。湿度大且持续时间长时有浅橙色霉状物，最后病叶腐烂或干枯。此病比炭疽病病斑大、薄、暗绿色，不生黑色小点。

18. 绵腐病　　主要危害成熟期的果实，多从贴近地面的部位开始发病，染病的瓜果表皮出现褪绿、渐变黄褐色不定形的病斑，迅速扩展，不久瓜肉也变黄变软而腐烂，腐烂部分可占瓜果的1/3或更多。随后在腐烂部位长出茂密的白色棉毛状物，并有一股腥臭味。

19. 绵疫病　　果实表面初现暗绿色水渍状圆形或不定形小斑，后渐扩大并向四面扩展，严重时病部延及整个果实，病果质地变软，表皮出现皱纹，内部果肉变褐腐烂，后病部逐渐收缩，易脱落。在高湿条件下，病果表面长出茂密的白色棉毛状物，有的棉毛状物外观如湿水棉絮。

20. 炭腐病　　危害根、茎、果实。茎上出现病斑，逐渐绕茎一周，茎缢缩，其上长出白色霉层，逐渐变褐，后期病斑上出现黑色小点。

二、细菌性病害

1. 细菌性叶枯病　　叶面出现黄化区，叶背出现水渍状小斑点，病斑扩展为圆形或近圆形，病斑处叶面凸起，变薄，白色、灰白色、黄色或黄褐色，病斑中间半透明，病斑边界不明显，具黄色晕圈，有时在叶片背面有白色干菌脓。

2. 细菌性缘枯病　　多从下部叶片开始发病，叶缘产生水浸状小斑点，逐渐扩大为带有晕圈的淡褐色至灰白色不规则斑，或由叶缘向叶中间扩展的V形斑，逐渐沿叶缘连接成带状枯斑。茎、叶柄和卷须上的病斑呈褐色水浸状。

3. 细菌性圆斑病　　叶面出现黄化区，叶背面出现水渍状小斑点，病斑扩展为圆形或近圆形，很薄，黄色至黄褐色，病斑中间半透明，病部四周有黄晕，菌脓不明显。幼茎染病，病部开裂。果实上形成圆形灰色斑点，有黄色干菌脓。

4. 细菌性角斑病　　病叶上出现针尖大小的淡绿色水浸状斑点，渐呈黄褐色、淡褐色、褐色、灰白色、白色，因受叶脉限制，病斑呈多角形。潮湿时叶背病斑外有乳白色菌脓，干燥时呈白色薄膜状，质脆易穿孔。

5. 细菌性枯萎病　　叶片出现暗绿色病斑，茎变细，茎蔓、叶片萎蔫，不久全株凋萎死亡。剖开茎部，维管束中有菌脓溢出，用刀尖蘸菌脓可拉成丝。维管束不变褐，根部不腐烂，以此区别与镰刀菌枯萎病。

三、病毒性病害

叶片多呈各种各样的黄绿相间花叶状，病叶小且皱缩，叶片变厚，严重时叶片反卷。瓜条呈现深绿及浅绿相间的花斑，表面凹凸不平，瓜条畸形。

第四节　植物生长与环境部分教学方法的选用

一、课程分析

本课程是设施农业生产技术专业的一门专业基础课，学习本课程可为专业课的基本原理和实用技术提供必要和必需的基础理论依据。按照农业职业教育教学改革的要求，以植物学、植物生理学、土壤学、植物营养学和气象学五门基础课为基础，本着为专业学习服务和理论"必须、实用、够用"为原则，将上述五门课程进行充分的结构和重构，形成新的适应于中职培养目标要求的专业基础课结构。

二、教学方法选用及说明

本课程主要要求学生了解植物的基本结构和生命的基本规律、了解植物生长发育全过程的各个阶段及时间顺序、明确植物生长发育与人类生存的关系、了解植物生长发育与环境的关系，通过对这些基本理论知识的学习，使学生能够通过调控设施设备来改善环境条件、对农业设施内的环境条件进行正确的监控和综合测定分析、能进行土壤理化性质、温湿度、营养丰缺的测定分析，人为地促进和控制植物的生长发育。这部分内容理论性较强，但与生产实际又紧密联系，根据学生此前对植物生长、植物生理、土壤等知识掌握情况，本内容在教学组织与实施过程中，重点突出教学内容与生产实际结合，理论知识与实验实训结合，可采用讲授法、演示法、观察法、小组讨论等多种教学方法结合，使教学内容翔实新颖、知识结构完整呈现。因此学习领域的内容较多，下面主要以"植物生长与水环境"为例进行相关教学案例分析。

三、教学实施

（一）教学前的准备工作

教学前要准备的内容主要包括确定教学环境和教学媒体选用、确定学习方式、了解教学情境、上课时使用的工具与设备、人员安排等，这部分主要了解一下植物生长与水分的学习情境描述（表3-26），教学的主要内容是由水分在植物生命活动中的作用、植物对水分的吸收、水分的散失（蒸腾作用）、土壤水分、大气中的水分五部分组成，每一部分内容各有特点，结合学生实际选择适宜的方法。

表3-26 植物生长与水环境教学情境

学习情境：植物生长与水环境	学时：8
学习目标： 1. 了解植物体内水分存在的状态和生理机能、掌握植物吸水动力和吸水过程、气孔运动规律、蒸腾作用的特点及在生产上的调控应用 2. 掌握土壤和大气中水分存在状态和运动变化规律及作物的需水规律和在生产上的保障措施。掌握植物组织水势、植物蒸腾强度、土壤田间持水量的测定方法及技能	
教学方法与策略：讲述法；实验实训观察法；小组讨论法；实物讲解法	
教学资源： 　　教材 　　参考资料 　　实验实训室 　　实验实训报告单 　　作业单、考核单、评价单	对学生基础的要求： 具备相应的植物、植物生理和土壤知识
考核与评价： 　　理论考试 　　实验实训操作过程评价 　　实验实训结果评价 　　学生自评 　　小组互评 　　教师点评和总结	对教师的要求： 应具备相应的理论知识、实验实训指导和操作能力，能及时发现和处理学生在实验实训操作中出现的问题

（二）教学组织与实施

1. 导课 让学生观看图 3-23，假设植物没有水，会出现什么情况？植物生长过程中水分起到什么作用？让学生尝试回答。

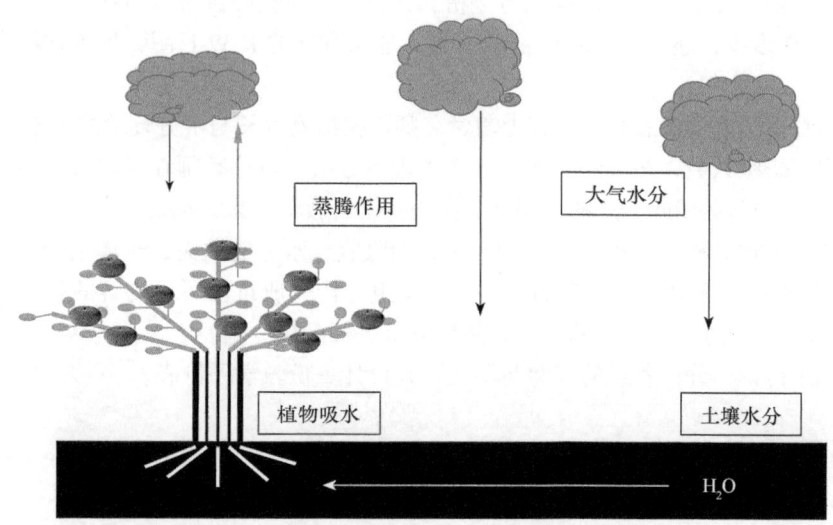

图 3-23 植物生长与水环境

2. 讲解、演示等多种方法相结合进行教学 生命起源于水，在生长发育过程中，植物不断地从环境中吸收水分，以满足其正常生命活动的需要。不同的植物、同一植物的不同部位，植物组织的含水量是不同的。植物对环境中水分的要求不同，长期的适应和自然选择便有了旱生植物、陆生植物和水生植物的划分。植物的生长环境在不断地变化，作为一种适应机制，在不同的生长状态下，植物体内的水分以不同的状态存在，并发挥着相应的生理功能。生产上根据当地的土壤、气候等自然环境的特点和植物的生长习性，选择相应作物栽培品种，保证丰产丰收。

提问：植物体中都含有水分，各部分的含水量是相同和固定不变的吗？

演示：展示植物的不同部位，演示过程中进行讲解，生长活跃和代谢旺盛的植物和细胞含水量较高，一般为 60%～90%；树干内存在着大量的死细胞，其含水量较低，一般为 40%～50%，风干种子的含水量在 12%～14%，乃至低于 10%。

提问：植物体内水分存在的状态是什么样的？

讲解：束缚水是被原生质胶体颗粒或渗透性物质吸附不能自由移动的水。束缚水含量愈高，植物抗性能力愈强。自由水是不被原生质胶体颗粒或渗透性物质吸附能自由移动的水。植物新陈代谢愈旺盛，自由水含量愈高。

提问：这些水在植物体内主要是干什么？

讲解：原生质的组成成分（70%～90%）；生命活动的介质和参与者；营养吸收和转运的工具；植物固有姿态的保持者；恒定体温的缓冲剂；生长发育的动力。

下面的内容讲解（略）。

3. 总结概括本节的内容 这部分可以由学生自己总结汇报，也可由教师进行总结,提出引发思考的问题。

(三)教学案例分析与讨论

活动:植物生长与水分环境教学案例分析。

1)对教师实施上述教学活动进行分析,并说出听完教师讲解后对植物生长与水分方面的知识掌握多少,还有什么不明白的地方,画出自己的 K-W-L 图,思考这样讲解教学效果如何。

2)观看中国大学精品开放课程上教学名师讲授植物生长与水分环境的教学录像。

3)根据班级人数,按每小组 4 人或 5 人进行分组。讨论教师在教学过程中采用了哪些教学方法,如何运用此方法的,用此方法进行讲解教学效果如何。

4)结合上述分析,每小组从植物对水分的吸收、水分的散失、土壤水分、大气中的水分四部分内容中选取自己喜欢的一部分,小组合作完成自己所选内容的教学过程及选用的教学方法,经过一段时间的准备,然后分组讲解汇报。

5)小组讨论,分析各组的优势与不足,并设计一份教学评价表。

知识链接

植物对水分的吸收

(1)植物吸水的部位　植物体内的一切生命活动,必须在细胞含水充足的情况下才能进行,有收无收在于水,收多收少在于肥。植物生长的周围环境中,只有土壤中才含有充分而比较稳定的水分。植物的地上部分生存在大气中,只有在下雨和接触到潮湿空气的时候才能发生吸水过程。植物需水主要是从土壤中吸取的,植物吸水的器官是根(图 3-24),吸水部位是根毛区。细胞是植物体结构和功能的基本单位,植物吸水首先是细胞吸水。细胞吸水取决于细胞内外的水势差,细胞吸水的主要方式是渗透吸水。

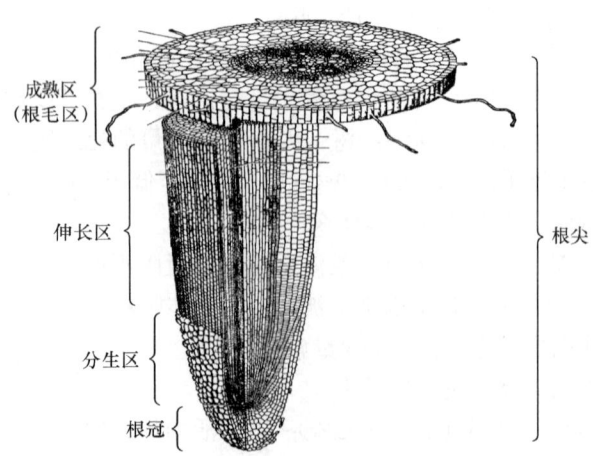

图 3-24　根部是植物吸水的主要部位

（2）水势　　摩尔（mol）：1mol=6×10²³个。自由能：不受体系束缚能够用于做功的能量。相同温度下，一个系统中一摩尔的水与一摩尔的纯水之间的自由能差。溶液浓度愈大，水势愈低。

半透膜：水分子可以自由通过，其他物质有选择地通过。

渗透作用：水分子通过半透膜由水势高向水势低的部位流动的现象。

（3）细胞吸水　　渗透作用发生条件：半透膜，水势差。植物细胞渗透系统：细胞膜＋原生质＋液泡膜＝半透膜细胞液与胞外溶液水势差别。质壁分离：细胞失水使原生质与细胞壁分离的现象。质壁分离复原：质壁分离的细胞吸水，原生质膨胀最终恢复与细胞壁相接触的现象。植物细胞吸水：细胞主要利用渗透作用吸水，水分移动由水势高流向水势低的区域，细胞吸水与失水状态如图3-25所示。

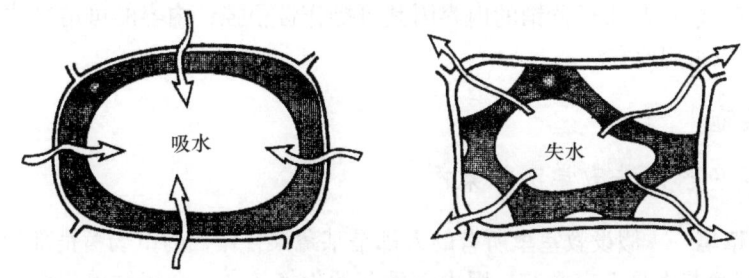

图3-25　细胞吸收与失水状态

（4）植物吸水　　吸水的动力（图3-26）：①根压。借助于根系代谢活动产生的能推动水分吸收和沿导管上升的力量。②蒸腾拉力。由于叶片蒸腾作用产生的吸水并引水上升的力量。影响植物吸水的条件：土壤温度（正相关）、土壤通气状况（正相关）、土壤水分状态。生理干旱：土壤不缺水，由于温度过低可土壤溶液浓度过高，土壤水低于细胞水势，造成根系吸水困难而引起的干旱。

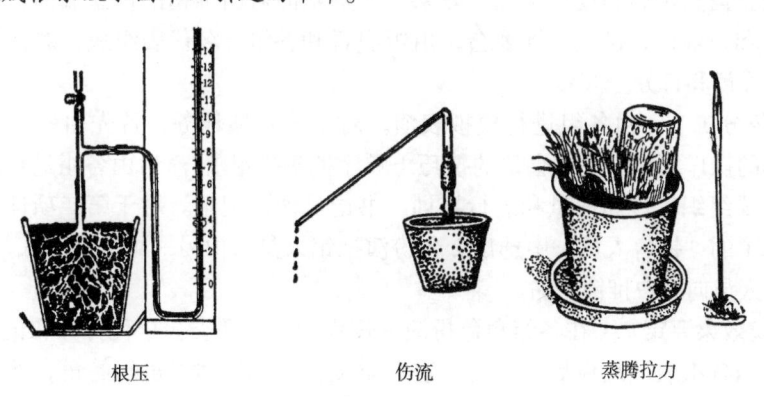

根压　　　　　　伤流　　　　　　蒸腾拉力

图3-26　植物吸水的动力

第五节　设施农产品营销部分教学方法选用

一、课程分析

设施农产品营销是一门市场营销学和农业经济学原理交叉的设施农业生产技术专业

的拓展选修课，主要内容包括农产品营销环境分析、目标市场选择、营销策略、市场执行等，是针对提高学生农产品的营销素质、知识水平和掌握基本技能及形成基本经验的课程。

二、教学方法选用及说明

根据对教学内容分析，农产品市场营销中的营销策略等可以采用角色扮演法进行教学。此方法是在假设而又逼真的情境中进行，要求教师根据教学内容和背景材料设计场景，学生根据情节在仿真场景中充当相应角色，身临其境地按设定岗位的职责、任务、工作程序、人际协调等提出观点、方案或进行实际操作。应用角色扮演法组织教学的基本前提是教学内容适宜情境化，如果教学内容的可情境化程度越高，则应用这一方法的效果也就越好。农产品市场营销的内容因其可操作性很强，内容的可情境化程度相对而言也较高，可以采用此方法。

三、教学实施

（一）角色扮演法教学实施案例

1. 设置情境　假设教室里所有的人都是某蔬菜合作社的市场营销部门的职员。目前，正是大棚番茄大量上市季节，因去年番茄的价格较高，今年种植户增多，造成了番茄产量过大，急于销售出去。向所有的人讲清楚此类农产品的市场行情及自己产品的优劣势。要求召开销售会议，让所有的销售人员了解自己的产品并掌握相应的销售技巧。接下来将学生分成6个组，每组6人，其中会议组织者1人，记录员1人，销售代表4人，然后向他们布置任务，第一项任务是各组分别拟定会议计划，并组织会议计划的实施与控制，会议的主要目的是对销售人员进行产品信息的传递和销售技巧的培训；第二项任务是检验信息传递和技巧培训的效果，主要是面对面推销的情景表演，为了增强教学的趣味性和正规性，设立了评委会，由组织者和各组2名代表组成，对每个组和每个表演者进行评议和打分。

2. 角色分工　由各组进行模拟表演。对于第一项任务，首先由各组选派代表陈述他们具体的操作思路和主持会议的技巧（顺序抽签决定），然后由各组进行仿真的模拟操作，由会议组织者传递信息和进行培训，书记员做好记录。对于第二项任务，首先在各组被培训了的"销售人员"中选出2名扮演推销人员，由另一组的全体人员扮演客户，然后由推销人员向客户推销产品。

3. 表演效果评定　在各组角色扮演的过程中，由评委会全程打分和记录各组的优点与不足，当各组表演结束后，评委会进行质疑，角色扮演者进行答辩，然后评委会确定该组的最后得分。为了尽可能减少评分误差，必须详细设计评分表，内容包括礼仪规范、职业道德、理论依据、操作程序、创新思维等几个方面，每个部分又细划为尽可能小的可操作记分点。

4. 总结与反馈　在这一教学过程中，设置两种总结活动，一是角色表演者的自我总结，主要对其模拟表演的效果进行自我分析与评价，这有利于表演者剖析自己和深度思考，特别是对销售策略理论的运用中还存在哪些不成熟的地方；二是教师的总体评价与总结,主要是对整个活动进行分析,指出学生操作过程中的优点和不足,关键要讲出农产品营销的特点、营销环境分析、消费者购买心理分析、促销、分销、价格策略等知识点,讲解清楚明了。

(二)角色扮演法教学案例分析

活动Ⅰ:农产品市场营销教学案例剖析。
(1)活动要求
1)针对上述案例,由1名学生根据其步骤在班内组织实施。
2)实施完成后,分小组进行讨论。每组在充分讨论的基础上,填写表3-27。

表3-27　角色扮演法在设施农产品营销中产品营销策略部分的运用

阶段(教学内容)	学生活动	教师活动	设计的意图
准备			
计划			
实施			
(产品营销策略)			
评价			
反馈			

3)将表3-27填写完成后,挂在展示板上,小组按照顺时针方向轮流学习,并用不同颜色的粘贴标出每组的优点和不足。
4)小组进行自评,组间互评,教师对各组的教学设计进行整体评价。
5)拓展与总结。在多种教学方法运用过程中,大多都涉及小组合作学习,以学生为中心的学习活动开展,课堂管理应注意的问题有哪些。
(2)总结
1)建立程序和常规。程序是指教师要求学生在执行某项任务时,需要做的一些步骤。例如,怎样组成小组(参见第三章第一节,知识链接部分组建小组的方式)。具体如图3-27所示,建议的一些程序和常规如表3-28所示。

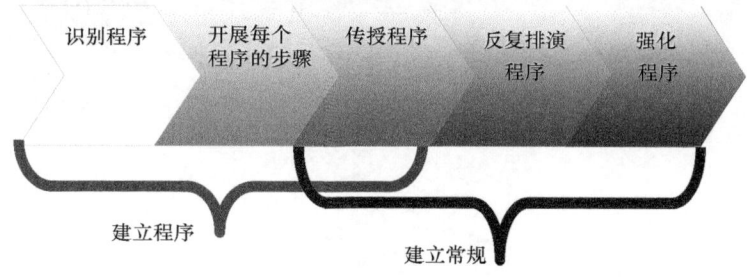

图3-27　建立程序和常规的步骤

表 3-28 建议的一些程序和常规

吸引注意力	吸引小组注意力的讯号
管理声量	安静地在挂图上审查作业
	在学生中，指派音量管理员
	给声量较小的一组奖励
分配资源	指派资料分配员收集和回收资料
教室内桌椅的安排	在上课前，先把桌子的位置，学生该怎么移动的位置划分出来
	下课时把移动过的桌子回归原位
	所有的移动要在几分钟内完成
发言和移动	发言前先举手
	要求上厕所用别的讯号
	组成小组，或从一个组移到另一组，建立明确的程序
行为加固	告诉学生你的赏罚制度：做什么会有奖赏，奖些什么。例如，若小组遵循班规，可累积分数，换取奖励；如果常犯规，就要跟教师面谈
比规定时间预先完成任务的小组	需帮其他小组
	给其他小组提意见
比规定时间迟完成任务的小组	碰到问题时要提早要求帮助
	课后当作业
小老师	要在询问过两个同学之后才能问教师

注：该表参考了陈梅珠等教师在 2015 年培训导师教学法培训课程中的《以能力为本位的教学设计》

2）时间的管理。有效的时间管理使学生能调节步伐（指该用多少努力），确定优先事项，全心集中在任务上（心无旁骛）；使教师能刺激更深、更高层次的思考，进行按时检查。每个活动要分配时间；遵照所分配的时间，只在不够时才延长；利用计时器、计时员。

活动Ⅱ：对一堂课进行有效管理（时间 15min）。

1）根据前面课文里设计的活动，选择一堂课。

2）讨论在这堂课里，需要加入哪些程序、规则和时间的管控考量。

3）计划要如何给中职学生指导这些程序和常规。

第四章 常用的传统教学方法

第一节 讲 授 法

讲授法是教师通过口头语言向学生传授知识的方法，教师在运用各种其他教学方法进行教学时，也可以穿插运用讲授法。

一、讲授法的运用要点

运用讲授法时，内容的组织应注意系统性，层次分明，重点突出，帮助学生透彻理解重点、难点、疑点。讲解过程要条理清晰，从已知到未知，从感性到理性。

讲授法比较容易控制所要传递的知识内容，教师可以根据自己的认识和需要，确定讲解的详略，但学生处于被动接受的地位，除了"听"，缺乏其他"活动"的机会。如果缺乏启发性地一堂课讲到底，就是所谓的"满堂灌"，教师在运用这种方法时要注意避免这种情况。教师的讲授要善于提出问题，创造问题情境，从而激发学生的思维活动和求知欲，有时可以穿插使用一些其他的教学方法。

由于讲授法以口头语言作为传递知识信息的媒体，因此，教师在运用讲授法时必须具备一定的教学语言技能。

二、教学语言技能

教学语言是教师用于课堂教学的工作用语，它是教师根据教学任务，针对特定的教学对象用的语言。荀子说："诵说不陵不犯，可以为师；知微而论，可以为师"。意思是说，诵说时有条有理，不陵不乱，能够根据教材的内在逻辑，循序渐进，才具备当教师的条件；能精通教材的精粗，从而进行恰当的阐发，才具备当教师的资格。由此可见，教学语言的正确运用是教师教学的必要条件。

（一）语音与语调

在教学中对语音的基本要求是发音准确、规范，发音准确即吐字清晰，这样才能传情达意；而发音规范就是要说普通话。语调的抑扬顿挫和声音的高低在教学中具有重要的作用。一般要求，在讲解重点、难点和问题的承转处，说话要慢些，语调要高些，以引起学生的注意并有思考、做笔记的时间。同时，要根据教学内容，运用语调的抑扬顿挫自然地体现情感。

（二）响度、速度与节奏

对声音响度的要求是使坐在每个位置上的学生都能毫不费力地听清楚教师讲的每句话，并且耳感舒适。因此，教师要根据学生的人数调整声音的响度。尤其是班级人数较多时，教师要特别注意观察坐在后排的学生能否听清自己的讲话。

教学对语音的速度有一定的要求，语速太快，发送信息的频率太高，会使学生的大脑对收取的信息来不及处理，从而造成信息的遗漏、积压；语速太慢，发送信息的频率太低，跟不上学生大脑对信息的处理速度，不仅会降低效率，还会导致学生注意力不集中。因此，不适当的语速会对学生的学习产生不良影响，日常生活中讲话速度较快或较慢的人在教学中要有意识地纠正自己的讲话速度，以每分钟200~250字为宜。电影、电视解说的速度为每分钟250~300字，也就是说，教学时的语速与电影、电视解说的速度差不多或略慢。

在节奏方面，首先要注意合理地分配教学时间。新教师往往不能很好地把握时间节奏，原本准备一节课的讲授内容，在半小时或更短的时间内讲完，这是因为教师自己对教学内容已掌握，尤其是通过备课后更熟悉教学内容，教学时会简单化处理，觉得讲得已经很清楚了，而学生可能会不知所以。因此，初次上课，一定要注意避免这种情况。其次，要注意适当地变化，可以从几个方面注意：①疏密相间。大密度的知识传授之后有短暂的放松让学生消化知识。②浓淡相宜。浓烈、热情、充满激情的表达与柔和、平缓、持重的讲述有机结合。③雅俗共赏。温文尔雅、纯净高尚的语言伴以通俗易懂、幽默风趣的讲授。④断续结合。整堂课连续的教学中有停顿、有过渡、有转换。⑤展收并蓄。一节课的教学要求要舒展、流畅，也要明快、果断，独立成章。

（三）语言的可接受性与启发性

语言的可接受性是指所有的语言必须为学生所接受。教师需要了解学生的语言，会运用学生的语言，目的是说学生能听懂的话。另外，教师的语言要跟学生的接受水平相一致，除了在教学设计时精心准备，还必须在教学过程中观察学生的反应，及时调整自己的表达方式及语速等。

启发性有三重意义，一是启发学生对学习目的的意义的认识，激发他们的学习兴趣；二是启发学生联想、想象、分析、对比、归纳、演绎等；三是启发学生的情感和审美情趣。启发学生思维的方法很多，如理论联系实际、生动的语言描述、正确地运用直观教学手段等。

三、讲解概念技能

概念的讲解，是讲授的重点，同时也是难点，这是因为概念比较抽象，难以理解；概念又比较枯燥，难以吸引学生的注意力。因此，有必要特别地讨论讲解概念的技能，以帮助学生更好地理解概念。

讲解概念时，必须明确概念的内涵，这是使学生科学、正确地掌握概念的前提和基础，概念的内涵稍有变化，便会得出错误的结论。在教学方法上，要根据概念的特点，决定选择例证的方法还是直观演示的方法，用说明见解的方法还是讨论或发现的方法，用演绎推理还是归纳，以下是讲解概念的几个原则。

1. 运用丰富的实例，使学生充分感知　在进行概念教学时，应使学生从各种情境中接触概念，以便于他们的接受和理解。例如，在导入一个概念时，最好使用大量的实物、事实或事例等，并做必要的说明，使得有关事物连续出现，相同的刺激反复出现，就易于区分哪些是重要的属性，哪些是次要的属性。

2. 集中精力突出重点，抓住本质特征　把力量集中在解决重点问题上，使重点能够引人注目，而将非重点放在一般情境之中，这样才能使学生的注意力集中到重点内容的学习上。基本概念往往是教学中的重点，应通过对某一章节中概念的系统分析来确定。

3. 联系已学知识，加深理解记忆 当学生学习一个新概念时，要尽可能地与以前学过的知识联系起来。这样不仅为学习新概念奠定了基础，也有利于对概念进行分化，较深入地理解新概念，从而也易于使所学的知识系统化。

4. 同时显示多种事例，便于分化泛化 在让学生形成概念时，有时同时显示多种事例比逐一间断显示效果好。同时显示容易比较、区分出各种具体事物的不同特征，从而也减轻了学生记忆的负荷。

5. 显示相反事例，及时巩固应用 在显示概念所包含的各种事例，从中分析抽象出概念的特征的时候，不能仅仅显示与概念特征相一致的事例，也应显示与其特征相反的事例，尤其是一般容易弄错或搞混的事例，更有利于明确概念的内涵和外延。

四、板书技能

讲授法必定辅以板书，以引导学生把握教学重点，全面系统地理解教学内容。板书技能是教师利用黑板以凝练的文字语言和图表等形式，传送教学信息的行为方式。板书是课堂教学的有机组成部分，也是教学技能的重要体现。

（一）板书的基本要求

（1）科学性　　能直观形象地概括教学内容，便捷地展示教学内容的重点和难点，完整地体现教师的教学思路。要用词恰当、语言准确、图表规范、线条整齐。

（2）清晰性　　字的大小以后排学生能看清为宜。

（3）计划性　　板书语言要做到准确无误，重点突出。

（4）示范性　　书写规范。

（5）条理性　　层次分明、重点突出、详略得当。

（6）艺术性　　布局合理。

（7）启发性　　板书的内容要忠于教材，但又不应是课文的简单摘录，而应是教师创造性劳动的成果、艺术的结晶。它应是学生理解记忆的线索、引发思维联想的火花、开发智力的杠杆。

板书设计不能墨守成规、一成不变，应当在不影响教学要求的前提下，适当地采取随机应变的措施，具有高度的灵活性；在板书的设计上，应该用精辟的语言画龙点睛地展现教材内容的整体框架，使学生能从板书上受到启发，引发其积极思考。因而板书应当具有系统性、条理性，富有美感和表现力。

板书设计不仅要注重形式美、布局和内容的精当，还要注重板书的时效性，板书的时效性是指教师在教学过程中应掌握的板书时机，聪明的教师应清楚什么时候板书最佳。一般说来，板书应在学生感到非写不可时再写，换言之，只有当学生对所学的知识感到似懂非懂时，教师的板书才能起到点拨、引导或使学生领悟的作用。

（二）板书的类型

1. 提纲式 按教学内容和教师讲解的顺序，提纲挈领地编排书写的形式。这种形式能突出教学的重点，便于学生抓要领，掌握学习内容的层次和结构，培育分析和概括的能力。

2. 词语式 其特点是简明扼要，富有启发性，通过几个含有内在联系的关键词语引起学生连贯思索，加深对教学内容的理解，有利于对学生思维能力的培养。

3. 表格式 根据教学内容可以明显分项的特点设计。教师根据教学内容设计表格，提出相应的问题，让学生在思考后提炼出简要的词语填入表格，也可以是教师边讲解边把关键词填入表格，还可先把内容分类有目的地按一定位置书写，归纳、总结时再形成表格。

4. 线索式 以教材提供的线索（时间、地点等）为主，反映教学的主要内容，这样能把教材的梗概一目了然地展现在学生面前，使学生对它的全貌有所了解。这种板书指导性强，对于复杂的过程能起到化繁为简的作用，便于记忆。

5. 图解式 在板书中辅以一定意义的线条、箭头、符号等组成某种文字图形的板书方法。它的特点是形象直观地展示教学内容，许多难以用语言解释清楚的事物往往一经图示，便一目了然了。

6. 总分式 也称为括弧式，适合于先总体叙述后分述或先讲整体结构后分别讲解细微结构的教学内容。这种板书条理清楚、从属关系分明，便于学生理解和掌握教材的结构，给人以清晰完整的印象。

7. 板图 教师边讲边把教学内容所涉及的事物形态、结构等用单线图画出来（包括模式图、示意图、图解和图画等），形象直观地展现在学生面前。板图在辅助讲解事物的发展变化过程方面，不但优于语言，有时也优于挂图。

（三）板书和语言的配合

板书与语言的结合可以是先写后讲、先讲后写或边讲边写，在教学过程中经常变换使用。先写后讲一般需要学生对某一事物先有一个全面概括的了解，然后再逐部分细致讲解。先讲后写通常在教师利用板书帮助学生回忆所学过的内容的要点或讲解新知识时使用。而图示式、板图式适合边讲边写，教师事先在黑板上确定好书写、绘图的位置，按照讲解的顺序边讲边画，一个过程或某种结构讲解完了，整个板书或板图也完成了。

五、教态变化技能

讲授法虽然以教师的口头语言为传授知识的方法，但口头语言并不是唯一的媒介，如果教师能适当地运用一些身体语言，会对讲授的效果有很好的辅助作用。

（一）教态变化的类型

1. 身体的动作 教师在课堂上的动作，主要是指教师在教室里身体位置的移动和身体的局部动作。

（1）教师在课堂上的走动　课堂上教师位置的变化有助于师生之间情感交流和信息传递。上课时，教师以讲台为主，但不能是独占讲台而不动。教师适时地在学生面前走动，课堂会变得有生气，可以引起注意，调动学生的积极情绪。相反，如果整节课教师都是以一个姿势站在那里，课堂就会显得单调而沉闷。

教师在课堂的走动大体分为教师讲课和学生自主活动两种情况。教师讲课时，可以在讲台周围走动；学生自主活动，如练习、讨论、做实验时，教师在学生中间走动。后一种情况的直接作用是了解学生活动情况，进行必要的检查、辅导和督促。间接作用是密切师生关系，加强课堂上师生间的感情交流，因为空间距离的缩小可以带来心理上的接近。当然，课堂上的走动也可以比较灵活，例如，走到学生中间讲课可以对不专心的学生起到提醒和督促的作用，但这种情况需要前排的学生向后看，教师也不能板书，因此不宜多用。

　　在课堂上走动时要注意四个问题。

　　第一，不要分散学生的注意力。为了做到这一点，一是要控制走动的次数，一节课内不要不停地走；二是走动时姿态要自然大方，不要做分散学生注意力的动作；三是要控制走动的速度，身体的突然运动或停止都能引起学生的注意。快速地、脚步很重地走动往往表示了教师的某种情绪，所以在课堂上教师应该是缓慢地、轻轻地走动。

　　第二，停留的位置要方便教学。一般来说，学生在做练习或考试时，不喜欢教师在自己身后停下来，因为这会造成他们情绪紧张，破坏他们的正常思维过程。

　　第三，教师在学生中间走动进行个别辅导时，要注意关心每一个学生，对所有的学生给予同样的热情。教师的关心可以转化为学生好好学习、积极向上的驱动力。如果教师只将精力放在部分学生身上，那些不被关心的学生会认为"教师不喜欢我"，从而伤害他们的积极性。

　　第四，要处理好局部与全部的关系。教师如果发现某个小组需要辅导，应轻轻向他们走去，然后回答问题或讲解，以免影响到其他学生。如果一个组提出的问题具有普遍意义，需要在全班讲解，教师应快速走到讲台前，拍手请全部学生注意，面对全班进行解答。

　　（2）教师身体的局部动作　　教师除全身动作外，头部和手部均能表达一定的思想和辅助语言的表示。教师恰如其分的手势能增强学生的记忆力，例如，指示性手势，指挥学生参与学习活动；暗示性手势启发学生的思维及想象力；象形性手势能形象地描述人物、事物的形和貌。充分利用手势，可以让学生识记非常深刻。而教师深深地点头，在学生回答问题时可以表示赞同或鼓励。

　　2．面部表情和眼神的交往　　教师的表情是和学生建立感情的纽带，情感是打开学生智力渠道闸门的钥匙。教师的各种情感大多从面部表情反映出来，学生也可以从教师的情感中激发相应的情感，师生之间情感交流是形成和谐教学气氛的主要因素。教师要善于利用自己面部表情的变化适应课堂教学的需要，如果教师的面部表情与教学内容是相适应的，面部表情不仅可以辅助传递教学内容，还能使课堂变化生动、感人，充满吸引力。课堂教学是丰富多彩的，教师的表情变化更要注意亲切、自然。

　　特别需要指出的是，教师的微笑可以使学生感受到关心、爱护、理解和友谊，同样一句话，如请学生站起来回答问题，教师微笑或板着面孔说出来，学生会有完全不同的感受。因此，教师在课堂上要调整好自身的心态和情绪，切勿把不良的心态带进课堂而板起面孔、紧锁眉头面对学生。

　　在人与人进行谈话时，有些人的谈话会使人感到很舒服，有些人却令人不自在，甚至有些人会让人觉得不值得信任，这主要是与相互之间注视的时间长短有关。当相互的目光接触时间超过全部谈话时间的 2/3 时，可能意味着两种情况：一是对方认为你很吸引人，对你的谈话很感兴趣；二是对方对你的谈话非常怀疑，而表现出的非语言性挑战。

对这两种情况的区分就在于对方的瞳孔：前者对方瞳孔会扩张，后者瞳孔会收缩。

因此，若想与对方建立良好的默契，应有60%～70%的时间注视对方，这会使对方喜欢听你的谈话；而羞怯的人由于讲话时目光注视对方不到1/3的时间，就不容易被人信任了。除了谈话时注视的时间长短，注视的位置也很重要。一直注视对方前额的三角区（两眼和额中间所形成的三角区域），会造成一种严肃的气氛；注视对方两眼与下颌稍下部位所组成的三角区，是一种亲密的注视。

对于教师而言，就要求讲话时要面对全部学生，有较长时间的眼神交往。同时，教师还能从学生的目光中发现他们对课程的反应。此外，教师既严肃又亲切的目光能增强与学生在情感上的交流，融洽师生之间的关系，有助于学生对知识的理解和巩固。在课堂中教师目光的变化要注意亲切、自然，始终保持神采奕奕、目光明亮，切忌暗淡无光。

3. 停顿与声音的变化　　停顿是引起注意的有效方法。在讲述一个重要的事实之前作一个短暂的停顿，能够引起人们的注意。教师在提出一个问题后，停顿一下可以让学生思考，做好回答问题的准备。平缓、单调无味的声音会使课堂变得死气沉沉，而声音的音质、声调和讲话速度的变化及富有表情的语言，会使教学变得很有生气。讲话速度的变化也是应该注意的一个因素，从一种讲话速度变到另一种讲话速度，可以使注意力重新转移到话题上来。

（二）教态变化的作用

1. 教育作用　　身教重于言传，而非语言的教学行为是身教的一个重要方面。教师的情感、态度、手势、站立姿态等对学生具有潜移默化的教育作用。

2. 激励作用　　教师在课堂上变化自己的非语言教学行为，不仅可以使课堂生动活泼，还可以为学生创造良好的环境。学生在教师的影响下情绪饱满、心情舒畅地学习，能充分发挥出积极性和主动性。

3. 启发作用　　教师非语言的教学行为的重要特点是模拟性和象征性，能引起学生对事物本身的丰富联想。尤其是一些难以用语言表述清楚的动作和感情，通过教师的非语言教学行为能较好地表现出来，从而启发学生的思维，促进理解。

4. 强化作用　　这主要体现在能把学生的视听有机地结合起来，用视听两个方面的刺激作用于学生的感官，增大接收的信息量。美国心理学家艾帕尔·梅拉列斯总结了人接受信息的效果公式：信息的总效果＝7% 文字＋38% 音调＋55% 面部表情。从公式中可以看出，教师的非语言教学行为对于学生接受信息具有重要的强化作用。

（三）教态变化的原则

1）要充分认识教师的教态对学生的教育作用及情感的激发作用。教态变化的目的是使教学变得生动活泼，集中学生的注意力，引起学习兴趣，促进学生的学习。

2）非语言行为的运用必须明白、准确，只有使学生理解了才能发挥较大的作用。

3）非语言行为的运用要繁简适度。过繁会弄得人眼花缭乱，过简会显得呆板，都会影响效果。

4）非语言行为的运用要恰当掌握分寸，不宜夸张。教师在课堂上教学不同于戏剧表演，不要喧宾夺主，影响教学效果。

第二节 讨 论 法

学生根据教师所提出的问题，在集体中相互交流个人的看法、相互启发、相互学习的一种教学方法。讨论也是一种信息交流活动，但它不同于讲授法的单向信息交流及谈话法的双向信息交流，而是集体成员之间的多向信息交流，学生可以在听取不同的发言中进行比较，相互取长补短。

这种方法以学生的活动为中心，参加活动的每一个学生都有自由表达自己见解的机会，处于主动地位，可以很好地发挥学生学习的主动性和积极性。虽然有一个讨论的主题，但发言的内容可以不受教材的限制，有利于发挥学生的独立思考和创造精神。

讨论时不可避免地会出现不同的观点，要说服他人，必须提出事实和论据，这绝不是死记知识可以做到的，因此，讨论有利于促进学生灵活地运用知识，同时也可以培养学生的沟通能力。

一、讨论法的理论依据

以往的教学只引导学生遵循同一标准、同一途径、同一模式，要求达到同一目标，这种方法，在教育心理学上称为"求同"式。这种方法无法做到因材施教，也无法培养学生的创造能力。与此相反的方法是引导学生"求异"，或者称为"开放"式，它给学生更大的自由度，为学生创造一个适于他们各自发挥其独特才能的机会，使学生成为学习的主人。

"教学相互作用论"的观点为在教学过程中，主体只能是学生，工作的焦点必须放在学生身上。而处于客体地位的教师，是实际教育目标的组织者和领导者。在教学过程中，教师应设法创造符合教学要求的学习环境和条件，发挥学生主体作用，使学生通过自己阅读、讨论，开展积极的思维活动。学生学习越主动，表明教师的主导作用发挥得越好，反之，学生总是处于消极被动的状态，那就根本谈不上教师的主导作用了。

二、讨论法的程序

（一）准备

讨论前师生都要做好充分的准备。教师要向学生提出讨论的课题，指出注意事项，布置一些阅读的参考资料。每个学生都应按照要求，做好发言的准备。

讨论的题目可以是一个实际的问题，或是一个假设性的问题。但必须具有两个以上的方面，或者是不带有简单、明了答案的问题。此外，题目应该是有趣的，而有趣的前提是对问题的熟悉。如果对问题一无所知，就无法参加讨论。因此，讨论主题一定要在学生经验和能力的范围之内。

（二）实施

1. 学生自学 教师指定自学内容，并首先带领学生"鸟瞰式"浏览，指出重点、难点，然后学生逐条地去理解抽象的理论部分、推演公式、演算例题和习题等。

2. 自行讲解 教师把要讨论的内容，按基本概念、基本理论、例题、习题等分成若干个"单元"。把学生也分成相同数目的小组，在学生全面自学的基础上，每组又各自有所侧重，待讨论时，再具体指定主讲人，或由小组自选主持人，小组中其他成员自由补充。这里教师要注意鼓励学生大胆发言，并引导学生的发言围绕课题中心，抓住主要矛盾，有理有据；善于追求真理，修正错误。

3. 相互讨论 相互讨论也是按"单元"进行的。在教师的启发和指导下，对方讲的结果正确与否，有无不同解法，对其中哪些为最简捷解法等进行讨论。教师可根据讨论发言的进展情况，随时抓住和深入理解与主题有关的其他有争论的课题，引导学生深入开展讨论，以求讨论的步步深入。

4. 单元结论 在相互讨论之后，分别由主讲人或教师归纳出正确结论，或推导出正确且最简捷的答案等。

5. 全课总结 教师针对全课的理论部分及其应用部分进行总结。

（三）结束

讨论结束时，教师要作出小结。对疑难问题或有争议的问题阐明自己的看法，指出讨论的优缺点；对某些问题，如果学生一时想不通，允许学生保留意见。

三、讨论法的组织

讨论是理智的思想交流，参与者必须能够合乎逻辑地提出看法，并进行论证。为此，要给学生适当的时间准备。

讨论开始前，应提出讨论时应遵循的规则。例如，只有给予了发言权才可发言，别人发言时要注意倾听；讨论的目的是明辨是非，而不是谁胜谁负，引导学生善于吸取他人意见的正确之处；要明白意见的差异不等于对个人的否定，防止把争论变成个人冲突或攻击。

讨论中个人参与交流的程度随分组的大小而定。分组较小，每个成员都有机会发表自己的看法；分组较大，不善于或不乐于发言者可能会自动退出讨论。此外，对比分析表明，个性不同的成员组成的小组可以得到更优异的答案。

（一）全班讨论

当学生还不能自行领导讨论，或某些问题需要全班一起明确时，可采用全班讨论的方式。在这种形式中，教师是讨论的领导者，在提出问题后，发动学生相互交流，教师作为其中的一员参加讨论。一般而言，这种方式能保证交流顺利地向预期目标前进，而讨论的成败，在很大程度上取决于教师启发、引导的能力。其缺点是不能使每个人都有发言的机会。

（二）小组讨论

小组讨论是以学生小组讨论为基本特征，教师是小组讨论的策划者，教师的策划就是通过对教材的分析、整合，打破教材原来的编排，构建出可以进行"小组讨论"的一个个任务，使学生分工合作，在学生的合作中完成学习任务。在操作中，教师要采用程序性教学方法,对学生的小组讨论给予一定的示范、指引,在学生的小组讨论中及时发现问题,及时给予指导,使学生能"跳一跳,够得着",不至于引起学生的畏难情绪而失去参与小组讨论的信心。通过教师精心设计的小组讨论的任务,学生在小组讨论中享受学习成功的快乐并从中得到极大的满足和自信,从而使学生对下一轮学习产生期待。因此,教与学进入良性循环,实现教学目标,完成教学任务。

1. 小组讨论的方式 根据讨论的内容,还可以分为专题讨论和辩论式讨论。

专题讨论是每个小组就一个专题进行讨论,各小组讨论的题目可以相同也可以不同。当各小组讨论的题目相同时,全班交流可以起到相互启发和补充的作用;当各小组讨论的题目不同时,往往是一个大问题的不同侧面,各小组讨论的结果可以对这个大问题给出答案。每个小组的同学虽然只深入讨论了一个子题目,但通过全班交流可以对大问题的不同侧面都有所了解。在学生的讨论结束后,教师要在学生讨论的基础上,进一步归纳、设问、补充,使学生对讨论的问题有清晰的认识。

辩论式讨论是将对某一问题持相反意见的学生分成两组,在有准备的情况下,让他们发表自己的观点,阐述理由批驳对方的观点。采用这种方式时,辩论的题目应该具有两个以上的方面,没有简单、肯定性的答案;同时,论题要能够引起学生的兴趣,来源于他们所熟悉、但又不十分明了的问题,从而使学生愿意并有能力进行辩论。为了使辩论顺利进行,要给学生一定的时间准备。教师作为主持人,在开始时做简短的引言,在辩论时要进行干预和引导,结束时进行总结。当学生把辩论变为个人冲突和攻击时,教师要进行干预。而辩论过程中的引导,目的在于使全体学生都参与。总结要充分肯定辩论的成绩,指出不足之处,对于结果有时可不做结论。

2. 小组讨论任务设计 "小组讨论式"教学方法的实施由两方面任务组成:即学生的任务和教师的任务。

(1)学生的任务 主要包括独立或合作去查找筛选资料;准备展示、汇报自己的学习成果;通过比较,对自己和小组成员的学习作出评价;对小组讨论的同伴作出总结等。

(2)教师的任务 教师的任务,一是帮助学生组建学习小组,把较善于表达、善于组织讨论的、善于辅导同学的、善于知识获取的学生和学习后进的同学组成一个学习团队;二是把学生带领到学习任务中去,也就是以学生学习的原有水平为起点,示范给学生看如何完成任务,这种方法是基于当前生源素质较差、基础知识参差不齐而设计的关键环节,目的是降低学生的学习难度,达到学生"跳一跳"就可以完成任务的目的;三是给学生提供咨询帮助,并与其一道对学习过程和结果进行评估;四是监控学生的学习过程。

3. 小组讨论的操作程序 小组讨论的操作程序如表 4-1 所示。

表 4-1 小组讨论的操作程序

序号	小组讨论步骤	小组讨论主体	小组讨论项目任务
1	小组讨论的准备	教师	出示项目任务
2	分组	教师、学生	教师选择分组方式,学生商量如何分工
3	明确任务要求	教师	小组讨论课学习过程的设计和示范

续表

序号	小组讨论步骤	小组讨论主体	小组讨论项目任务
4	社会实践	学生	专业书籍和报刊资料
5	讨论答案	教师、学生	视小组讨论任务而定
6	完成工作任务	学生独立和分组	视小组讨论任务而定
7	自我评价	学生独立	评分标准
8	他人评分	教师、家长、小组	评分标准
9	总结反馈	教师、学生	专业素质

4. 任务完成后进行小组评价 自主评价是"小组讨论式"教学方法的必然要求，注重求异是"小组讨论式"教学方法的必然结果。而对过程评价的特别关注和重视，则是因为态度、能力等是"小组讨论式"教学方法的目标，只有在小组讨论过程中才能形成，也只有在小组讨论过程中才能显现。小组讨论不是为讨论而讨论，而是重在以小组讨论为载体，在小组讨论中学习、思考、体验。小组讨论重视过程评价，就要求评价不仅仅关注学生做了什么、做得怎样，更要求关注学生是怎样去做的、学生能否想一想做过的事情，因此，此教学方法"不以成败论英雄"，却要"以能论成败为英雄"。

5. 小组讨论要注意的问题

（1）要把握运用小组讨论的时机 要使用"小组讨论式"教学方法，就要对教材进行全面的整合，把握课程进展的时机，精心设计，在学生有了一定的认识而又有些迷惑时，推出小组讨论课效果是最好的。

（2）小组讨论中任务的设计要使学生具有可操作性，能够独立和合作完成 这里，就需要教师精心设计小组讨论的任务，并给予明确的指导。很多研究认为，小组讨论的内容应该由学生自己设计。在这一方法的应用中，教师因材施教显得格外重要。在小组讨论的任务设计时，要根据自己的学生来安排，千万不要追求形式而忘记了小组讨论的目的。

（3）教师的指导一定要适时 一是运用过程中指导要适时。教师对学生第一次所收集的资料要进行批改，对学生中所出现的不合要求的资料要及时给予评讲，把学生引入到正确的思维过程中，这时教师可以给出示范；二是教师调控要适时，教师在组织课堂时，可采用交流探讨的方式，与学生共同学习；三是在讨论结果展示中褒贬要适时，教师要经常用赞赏来激发学生的热情和潜能，要鼓励学生从不同角度提出问题、假设和陈述，其中包括虽不成熟但却闪烁着创造性火花的一得之见，不要排斥学生的失败和错误，要引导学生从错误中学习，从失败中获得经验，从而形成师生相互交流共享教学民主的小组讨论课堂。

（4）要以发展性学业评价作支持 对于中职学生来说，自主学习、合作学习的能力相对缺乏，因而，教师要设计好学生学业评价表，把学生课前准备、课中表现、课后体会都纳入到评价中，使学生在一定约束下，积极参与小组讨论。

6. "小组讨论式"教学方法实施中的几个要点

（1）课程改革是基础 "小组讨论式"教学方法的开展必须建立在课程改革的基础上，依据学生发展的实际进行，这就必须要整合教材，打破原有学科式教学体系，以一个个学习任务构成教材。"小组讨论式"教学方法主要根据学生好动、好模仿、好表现等诸多心理特征，围绕某一个学习任务，让学生在精心准备之后，在课堂上展示。鼓励学生收集统计资料、积极参与、相互交流，培养学生的语言表达和创新能力。这类小组讨论要求学生自己收集资料、熟记相关内容，还要合作展示，这本身就是一个完整的学习过程，就是转变学生学习方式的过程。

（2）教师课堂调控能力是关键　　一位教学经验丰富的教师，能够灵活地运用各种教学方法，如个别提问、分组学习、随堂讨论、记录富有创造性的想法等，通过多种策略的综合运用，增加学生的参与程度，培养学生的能力。同时，由于小组讨论以学生为主体，所以教师在学生的学习讨论中，会面对大量的不可预计的答案，其中不乏自以为得意之作却是错误和模糊不清的观点。教师如何做到敏捷地从中发现学生的本意，而又能引导学生认识表达不清之处，这对教师的整体素质要求非常高。教师要有扎实的专业知识和丰富的教学策略的积累。只有教师的专业素养达到了新课改的要求，才可能在开展小组讨论课时体现出创新性、前瞻性，做到游刃有余，有声有色。否则，难以提供一个开放式的学习探求的平台让学生表现他们的才华。

（3）教师角色定位应明确　　第一，教师在小组讨论中应以平等的身份，积极主动地参与学生的探究小组讨论，成为其中的一员，缩小师生之间的距离，促进彼此间的真正交流，形成融洽和谐的学习氛围。第二，小组讨论虽然强调学生的自主性，但离不开教师的指导协助，教师的指导主要体现在宏观上对小组讨论思路的指导、小组讨论目的的指导、小组讨论方法的指导及小组讨论结果评价和表达的指导，还可以在小组讨论中了解学生遇到的问题，及时进行因材施教和有的放矢的帮助。第三，教师在小组讨论中还应担当起组织者的角色，提出小组讨论任务，提供小组讨论信息，同时做好学生小组讨论的组织协调工作，促进学生之间的相互交流、合作。第四，教师在小组讨论中还应重视对学生情感态度、价值观的培育，培养学生形成良好的情感意识。

第三节　演　示　法

一、演示的概念

演示是教师根据教学内容和学生学习的需要，运用各种直观教具、实物或进行示范实验，把事物的形态、结构或变化过程等内容展示出来，使学生获得关于事物现象的感性认识的方法。这种方法可以使学生加深对事物的印象，集中学生的注意力，激发学习兴趣。同时，理论与展示物的结合可帮助学生形成深刻正确的概念。

教师对演示物要精心选择，并使多种媒体相互配合，综合利用。对演示的课堂实验要在课前做一遍，以免出现意外。演示前要提出问题和观察重点，使学生注意观察事物的主要特征和重要方面，演示时要适当配合讲解或谈话，并尽可能让学生运用各种感官去充分感知事物，演示后要及时总结，明确观察结果。

二、演示的类型

（一）实物、标本和模型演示

实物、标本和模型演示的目的是使学生具体感知教学对象的有关形态和结构的特征，以便获得直接的感性认识。为了使学生的观察更有效，教师需要注意以下问题：第一，材料的演示与语音讲解结合。在学生想看时，教师要知道他们看什么，怎么看；学生需要仔细观察时，教师要给学生思考的空间。第二，实物演示与其他直观手段结合。实物、标本所表现出来的现象，有时在结构上界限不清，影响学生清晰而准确地感知。例如，汽油机、电动机等设备，看不到内部结构及其运动，这时需要与挂图、幻灯、影像资料等直观手段相配合，从而深化学生的直观感受，引导学生深入观察。第三，模型的演示要说明与实物的区别。例如，分子结构模型要比实物大许多倍，而且在模型中，将碳原子涂成黑色、氢原子涂成白色、氧原子涂成红色，这些都是为了便于观察或相互区别而人为设定的，必须向学生交代清楚，以免引起学生的误解。

（二）幻灯、投影的演示

幻灯、投影的演示容易吸引学生的注意，激发学生的兴趣，但如果时间过长，也会引起学生疲劳。因此，演示的次数不能过于频繁，每次演示的时间也不宜过长。演示时要注意室内局部遮光，即把靠近屏幕的窗户遮挡起来，这样，既不影响放映效果，又不影响学生看书或记笔记。

在演示幻灯、投影时，教师也应对幻灯片的内容做简短说明，告诉学生观看的重点，提出观看的要求，留下思考的问题，使学生明确观看的目的。放映结束后要及时总结或讨论，把幻灯片的演示与教学内容紧密结合起来，使学生巩固所得到的感性知识，进一步提高到理性认识。

（三）电影、电视的演示

电影、电视的演示对教学能否起到辅助作用或在多大程度上可以辅助教学，取决于教师对电影、电视的精心选择。第一，教师要了解影片的详细内容和长度。第二，要考虑以下问题：影片的内容和教学内容的联系是否紧密；长度是否合适；使用这部影片能达到什么样的教学目的。第三，如果决定在教学中使用该影片，教师要考虑：影片中哪些内容需要学生特别注意，教师指导时应该怎样强调；哪些内容是与教学密切相关的，哪些与教学内容关系不大；影片中缺少哪些材料，需要教师补充说明；是全部放映还是部分放映等。第四，在放映前，教师应对观看的目的、内容、重点及在观看中应思考的问题作出必要的提示；在放映过程中，教师要进行必要的讲解。

（四）多媒体的演示

多媒体集图文声像于一体，以多层次、多角度的形式呈现教学内容，将深奥的理论浅显化，抽象的理论具体化，静态的事物动态化，枯燥的知识形象化，为学生创设丰富多彩的立体式的教学环境。例如，一些较抽象的概念和理论、复杂的变化过程等，都可以用多媒体动画或图像等方式，形象生动地表现出来，这样呈现在学生面前的是逼真的图像、生动的声音和形象的动画，由此创设出符合教学主题要求，并接近真实的情境，再加上教师的补充讲解，更增强了学生对教学主题内容的理解和掌握，最终帮助学生完成对所学知识的意义建构。同时，还可以培养学生的形象思维，促进学生抽象思维的发展，在学生潜移默化地掌握知识的过程中，锻炼学生观察问题、分析问题、科学推理思维的能力和方法。

多媒体用于课堂教学，可以增加教师教学手段的灵活性和多样性，使教学内容的表现形式更丰富、更生动、更形象，为学生创设了一种更加逼真的教学情境。在这种环境中，学生通过多种感官接受信息，激发了学生学习的积极性和主动性，从而提高了教学质量和效率。

（五）实验的演示

课堂实验演示从目的上看，可分为获取新知识的实验演示和巩固知识的实验演示两种。

获取新知识的实验演示是由特殊到一般的教学过程，属于归纳法。由于实验演示时，学生并没有掌握有关的理论知识，他们的观察容易忽视最关键的地方，教师要努力引导学生注意实验的条件和产生的主要现象。因此，教师演示的方法通常是"边讲解边演示"。演示时，教师要先详细说明实验的各种条件，当学生看到实验现象后，要启发、引导学生对现象进行解释，并作出正确的结论。从实验中所得出的结论，只是个别现象的特殊结论，还应该把它推广到一般或其他同类现象中去。对于学生没有使用过的仪器、设备，还应该说明它们的操作方法及注意事项，训练学生的基本技能。

巩固知识的实验演示是由一般到特殊的教学过程，属于演绎法。在进行这种实验演示时，学生是在已有理论知识指导下进行观察，他们能预见到实验的结果。因此，教师可采用灵活多样的方法。一种方法是，在演示前，教师向学生说明要做什么实验，引导学生运用刚学过的理论预测将产生什么结果。实验后，请学生解释实验现象。另一种方法是在实验演示前，向学生说明要做什么实验，打算得到什么结果，让学生讨论实验需要的条件，怎样才能产生预期的结果。这样，学生运用刚刚学过的知识，设计实验，教师对学生的方案修改完善后进行实验。这种方法可激发学习兴趣，鼓励学生积极思维。

三、演示的要求

1. 演示物应保证学生看清　　要保证学生看清演示物，需要注意三个方面：第一，演示物有足够尺寸，过小的材料只能用投影器放大或分组演示或传看，当然过大的材料也无法在课堂上演示。第二，演示物放在一定的高度，以保证全部学生坐在原位置上就能看清演示材料，一般以前面的学生不遮挡后排的学生的视线为宜。第三，演示物要有适宜的亮度。除了幻灯、投影、电影、电视外，其他直观材料都应在光线充足的条件下进行演示。如果用灯光辅助，光源的位置以从标本、模型等的前斜上方照射为宜；玻璃器皿中的溶液、标本等，以后侧方照射为宜。

2. 对演示物的指示要确切　　在讲解演示物的某一部位时，教师的指示一定要确切，才不至于造成学生的误解。

3. 实验操作要规范　　演示实验的操作必须规范，对学生起到示范作用，它可以培养学生一丝不苟的优秀品质。教师还应把学生容易出错或有疑问的地方，有预见性地交代清楚，防止错误的发生。

4. 语音讲解要与演示紧密结合　　必要的讲解有利于帮助学生理解和思考，可以使演示发挥更好的作用。

四、演示的实施过程

演示的过程可分为以下 4 步。

1. 准备　包括制订演示计划、准备实物和教具、教师课前进行预演和引发学习者动机等。这里需要向学习者解释演示的目的、在演示过程中需要特别注意的地方及演示之后学习者要进行的活动。要注意选定一个让每位学习者都能看得清楚的"舞台"。

2. 呈现　为学习者进行操作演示，需一步一步地系统性地呈现操作步骤，强调操作是获得成功的关键。

3. 应用　操作演示后，在教师的监督下，给学习者提供操作实践的机会。理想情况下，每一步演示结束后都可以让学习者进行实践。

4. 检查或跟踪　即评价学习者的操作水平。

第四节　谈　话　法

一、概述

谈话法又称为问答法，是教师根据学生已有的知识或经验，提问学生，并引导学生经过思考，对所提问题自己得出结论，从而获得知识、发展智力的教学方法。这种方法通过教师的提问，激发学生的积极思考。学生在回答问题的过程中，要运用已有的知识和经验，通过判断推理，弄清新问题，获得新知识，从而融会贯通地掌握知识、发展智力，回答过程本身还可以锻炼学生的表达能力。

问答法的特点是信息的双向交流，教师提出问题，激发学生的思考；学生回答问题，教师可以从学生的神态上、学生回答问题的方式和内容上，获得一定的教学反馈信息，从而调整教与学活动；教师对学生的回答作出一定的总结、评价或指导，学生对自己的认识也可以获得一定的反馈信息，从而明了自己知识掌握的情况。

当教学过程开始进行时，随着时间的推移，特别是 20min 之后，学生的注意力会普遍下滑。教师应巧妙设置各项大小提问，根据学生的反应做适当调整，紧紧抓住他们的注意力、兴趣点，引导他们顺利有效地度过 45min 的教学过程。

在引入阶段，教师用不同的语言或方式来表示即将提问，使学生对提问做好心理上的准备；在陈述阶段，引导学生弄清要提问的主题或使学生能承上启下地把新旧知识联系起来。教师应措词确切，言简意赅，不拖泥带水，不让学生产生歧义。

二、提问的功能

在教学中，当教师希望介绍、总结和复习教学内容，或者提醒学生注意容易忽略的问题、促进学生观察能力和思维能力的发展时，常常采用口头提问。提问是教师用语言创造问题情境、设置疑问而引导学生的学习活动的教学方式，它可以引发学习兴趣，促使学生积极参与到教学活动中去。此外，提问在教学中还有以下功能：①集中学生的注意力并引发学生的好奇心，引导学生的推理过程；②发现学生能力水平和兴趣点，为调整和改善下一阶段的学习提供基础。

要想实现上述功能，所提的问题必须满足一些基本要求，主要有：①内容内涵明确，只有一种含义；②用大家熟悉的语言，语句简洁短小，便于记忆；③能激发好奇心，引导学生的推理过程，并有可能立即得到回答；④及时、有趣，能激发学生思考或引发深入讨论，与所学内容紧密相关；⑤回答时需要一定的阐述，不能仅仅用"是"或"不是"回答；⑥问题对答案没有任何暗示；⑦能促进同学之间的互相理解和合作而不是突出个人。

根据问题答案的内容及其深度，问题可分为知识性问题、理解性问题、应用性问题、分析性问题、综合性问题和评价性问题六种。在深度上，这六种问题呈递增趋向，而且后者往往建立在前者的基础之上。因此，教师的提问也应当按照这种序列进行。在教学中，应注意避免提出下面这些问题：①是诱发性问题或反诘问题，其答案用"是"或"不是"就能回答；②问题的措辞含糊、笼统；③只能由不在场的专家或权威回答，或需要不能满足的证据来回答；④有侵犯、攻击个人隐私或宗教文化传统的危险；⑤提问只是对教师下一步的讲解作铺垫。

三、提问的类型

（一）回忆提问

回忆提问一般是用在刚开始上课时教师引导学生回忆前一次的讲课内容，或者是要讲某一问题的时候。回忆提问有以下两种类型。

1）教师引导学生回忆某个已经学过的事实或概念之后，要求学生回答"是"或"否"，此时教师在提出这种问题以后一定要让学生立即作出回答。

2）要求学生基本上能够按照教材上的表述方法来回答已经学过的事实与概念。

两种回忆提问的难度都比较低，本身并没有给学生提供表达自己思想的机会，容易限制学生思维的发展，因此教师不应该过多地采用。

（二）理解提问

当教师讲解完某个概念、原理、算法或操作之后，或是在课程结束的时候，可采用理解提问的方法来检查学生对于刚才所学知识或技能的掌握情况，了解学生是否准确理解了教学内容。理解提问包括三种：①一般理解，要求学生用自己的话对事实、事件进行描述或解释；②深入理解，让学生用自己的话讲述教材的意义或中心内容，以便了解是否抓住了问题的本质；③对比理解，让学生对已学过的知识进行回忆、解释或重新组合，才能回答这种提问。

理解提问有助于加深学生对所学知识的理解，发展学生的思维能力，教师应在课堂上多加组织。

（三）运用提问

教师在向学生提问之前，为学生建立一个简单的问题情境，让他们运用刚刚获得的知识或回忆过去学过的知识来解决教师提出的新问题。在信息技术课程的有关概念、操作技能的教学中经常需要采用这类提问方法，因为它不仅要求学生回忆、理解已经学过的知识，而且还能运用到当前的情境之中来解决新问题。不过由于稍有难度，教师在要求学生回答此类问题时，要给予必要的提示或引导，以免学生回答不出而打击他们的积极性。

（四）分析提问

要求学生识别条件与原因，找出条件、原因与结果之间的关系，能组织自己的思想来寻找根据以进行解释或鉴别，在程序设计的教学中经常需要采用这种方法。分析提问包括三种：①要素分析，要求学生阐述事件中所包含的构成要素；②关系分析，不但能鉴别出各种要素，还能确定各要素之间的关系及各要素与总体之间的关系；③组织原理分析，能检验、判断各种事实、观点和行为等所依据的准则。

学生对于分析提问的回答必须要经过较高级的思维活动，所以对于年龄稍小的学生来说，他们的回答往往是简短而不完整的，此时教师除了要鼓励学生积极回答外，更应不断给予提示和探询指导。

（五）综合提问

综合提问能够激发学生的想象力和创造力，比较适合于作为笔答作业和课堂讨论。它包括两种：①分析综合，要求学生对已有的材料进行综合概括，从而得出最终结论；②推理想象，要求学生根据已有的事实进行推理，想象可能的结论。

（六）评价提问

评价提问要求学生进行价值判断，前提是必须让学生先建立起正确的价值观念和思想观念，或者事先给出判断的原则来作为评价的依据。评价提问的内容主要包括评价软硬件性能、判断方法优劣和评价作品等。

四、提问的要求

1）设计的问题应依据每节课的教学重点和难点，要有启发性，切中关键处。问题的难度要适宜，适应学生年龄和能力，要使学生经过思考才能够回答出来，同时也要使多数学生能参与回答，预想学生可能的回答及应对方法。同时，教师也要培养和鼓励学生提出问题。

2）依照教学进展和学生的反应，把握提问的时机。问题的内容要集中，问题的表达要简明易懂，使学生明确问题重点。

3）提问的态度要亲切和蔼，有吸引力、有鼓励性，使学生愿意思考、大胆回答。在进行提问时应有必要的停顿，使学生做好接受问题和回答问题的思想准备。特别要强调的是要先面向全体学生提出问题，然后给学生思考的时间，待全班同学积极思维、跃跃欲试时再指定同学来回答，其原因在于：首先，可以使全体学生注意教师的问题。若教师先指定学生再提问，可能只有被指定的学生注意和思考问题，其他学生就"事不关己，高高挂起"了。其次，由于每个学生都可能被问到，他们必定会在心中拟定一个答案，当被问到的学生回答问题时，他们就会与自己的答案进行比较并进行评价，这本身就是一个学习的过程，而且还吸引他们倾听教师的"谜底"。

4）在选择回答问题的学生时，教师要注意避免将班级分为一小组积极参加者和一大组被动学习者。在任何一个班级里，总有一些学生比较活跃，乐于发表自己的见解，而另一些学生不习惯在众人面前表现自己。为了调动每一个学生学习的积极性，教师必须对提问进行适当的分配，特别是给予那些不善于表达思想的学生锻炼的机会。对于学习不好的学生，可以让他们先回答比较简单的问题，并给予鼓励和帮助。另外，要特别注意坐在教室后面和两边的学生，因为这些学生容易被教师忽视。

5）要虚心听取学生的回答，其外在表现是凝神注目、不时点头，不打断学生的回答，不做其他事情，适时给予口语性反应，如"对""嗯""哦"等；其内在过程是抓住回答的要点，慎辨正误，做好有效评核的准备。教师的这种虚心态度，不仅可以增强学生回答的信心，提高参与的主动性，而且对建立良好的师生关系和激发学生答题灵感都有重大作用。

6）正确对待意外答案，特别是教师自己也没有把握判断正确与否时，切忌妄做评判，一般可进一步询问学生答问的依据，征求其他学生的意见，待有把握后再做评核。如果问题还不能解决，就应实事求是地向学生说明，待查到资料或思考成熟后再与大家一起讨论。

7）当学生不能回答或回答不正确时，教师应首先核对查问学生是否明白问题的意思；如果不是这个原因，教师应以不同的方式鼓励或启发学生回答问题，而不要代替学生回答，培养他们独立思考的意识和解决问题的能力。根据出现的问题，教师可以从以下几个方面提示。

使学生回忆已学的知识或生活经验。如果是因为旧知识遗忘太多，不能把已学知识和问题有机地联系起来，或因为紧张不能联系生活中的常识，而不能回答问题时，应提示其回忆从前学过的事实、概念或生活经验、体会等。

使其理解已学过的知识。如果是因为学生对已学过的知识没有理解，而不能回答所提出的问题，就应了解对以前的学习内容理解的情况。了解的方法是让学生对与问题有关的知识进行叙述、比较、说明等。

使其明确回答问题的根据和理由。如果是因为学生找不出回答问题的根据和理由，或者证据不足、理由不充分，而对问题不能进行完满的回答，就应提示其对与问题有关的事实、概念等进行解释，分析思考，从而使其明确回答的根据和理由。

使其应用已学过的知识解决问题。如果是因为不能把已学过的概念、原理、法则或技术等和问题联系起来，不能应用已学过的知识解决新的问题，就应有意识地提示其回忆这些概念等的内涵和外延，应用这些知识来解决问题。

引导思考，活跃思维，产生新的想法。根据学生已回答的事实或条件，提示其进一步思考，进行推理和判断，预想事物的可能结果。或者加入新的材料，引导其预想事物的进一步发展，进行新的综合，产生新的想法。

使其进行判断和评价。根据已有的事实和结论，提示其依据已学过的原则、概念等进行有根据的判断，评价其价值。

8）学生回答后，教师要及时反馈，给予确认、鼓励和分析，强化学生的学习，使全体学生受益。反馈时，为了使问题更加明确和深化，可以采用下面几种方式进行评价。

重述：重述学生的回答，引起重视与思考。

追问：对答案中的不足之处追加问题。
更正：纠正答案中的错误，给出正确答案。
评议：教师本人或发动学生对答问进行评价、分析。
核查：检查其他学生是否理解同学给出的答案。
拓展：利用答案或评议，联系新教材或新见解，扩大提问的成果，引起对问题新的认识和联想。

评核过程中应注意评议的中肯；要尊重学生，特别是对答错的学生不宜简单否定，要热情地引导。

五、提问的技巧

为了使提问更好地实现教学目标，应当注意以下几点要求。

1）为学生提供较为安全的问答环境。性格内向的同学有时不愿意主动参与问答。教师应设法建立一种安全、没有批评的环境，使害羞的同学感到舒适、没有压抑感，从而主动参与到学习活动中。

2）重复问题和答案。特别是在学生人数较多时，为了让全体同学都能清楚地听到问题和答案，可以重复问题和答案。也可让一位同学对另一位同学的回答作出反应，让更多的同学参加讨论。

3）提问要面向全体同学，而不仅仅是局限于部分优秀的同学。让全体同学都有回答问题的机会，有利于调动全体学生参与教学活动。一种保证不积极的同学参加回答问题的有效方法是在全体学生已经掌握的基础上提问，在问题提出后再指定同学回答，只有这样，才能调动全体同学的积极性。

4）应对正确的答案作出鼓励性的反馈，但不要对不正确或不完全正确的回答进行批评。有时学生的答案不是很清楚时，教师可以用正确的句子复述学生的答案，例如，"你是说……"。注意在学生说完之前，不要打断他们或用批评的语言。

5）通过直接提问，可以将注意力不集中的学生引入到思考和讨论中，但要首先引起他们注意后，再提出问题。

在参与式的研讨班上，教师提问时，常常将问题用大的、可辨认的字写在卡片上或展示板上。同时还要征求学生的意见，看是否有需要进一步明确的地方，如果大家没有完全理解问题的意思，或者学生不同意问题的措辞，可以共同来重新描述问题。

第五节　四阶段教学法

一、四阶段教学法的概念

四阶段教学法起源于美国，是经典的程序化技能训练方法。四阶段教学法建立的理论基础是行为主义学习理论，在行为主义的学习理论中，操作技能的形成要经过定向、模仿、整合和熟练四个阶段。它把教学过程分为准备、教师示范、学生模仿和练习总结四个阶段，每个阶段有不同的教学活动。

二、四阶段教学法的实施过程

（一）准备

课前准备阶段，首先要慎重选择课题，一是贴近生产实际，有趣味性，使学生容易产生兴趣和学习积极性；二是课题的难度适当，保证大部分学生能完成。其次，应重视工作环境和质量。例如，岗位的设置，贴近生产实际，强调一人一岗，保证操作练习的时间。再次，应重视练习工具、仪器仪表和材料的规范与实际相符合。例如，工具规格齐全，符合生产实际；仪器仪表准确，完好无损；材料发放数量准确，质量合格。这一切除了保证实训质量外，还培养学生文明生产、重视操作质量的良好工作习惯。

教学实施过程中，教师在做好课前准备的基础上，或通过设置问题，或通过说明所学内容的意义而引入课题，唤起学生的求知欲，激发学生的兴趣，从而调动学生的学习积极性，为以后的各阶段做准备。实际教学过程中，有几点需要注意。

1. 选择合适的讲解场所　　讲解场所尽可能靠近实训场地，同时为了方便教师讲解、提问和演示，保证学生注意力的集中，应尽量避开喧嚣和嘈杂的环境。使用专用一体化教室，要避免教室摆放的设备对学生注意力的不良影响，必要时可将设备集中管理，使用时再下发。

2. 组织讲解的方式和内容　　通过教师提问，在激起学生认知兴趣和动机，激发出学生寻求问题答案的欲望和思维积极性的基础上组织讲解。教师提问的问题应与讲解内容密切相关，且讲解内容应尽可能简明扼要、重点突出，不宜过于繁琐。讲解的内容可以是：介绍工作岗位，指出目标和任务，讲解事故危险和预防，了解预备知识和经验等。

3. 控制讲解时间　　由于实训教学不同于理论课堂教学，不受严格的时间限制，有一定的弹性可供教师把握。所以，在讲解时间上要进行控制，如果讲解内容过多、面面俱到，则易使学生抓不住要点；若讲解过于拖拉，烦闷冗长，容易导致学生疲劳、注意力分散，失去学习的兴趣和耐心。

4. 重视使用现代教育技术　　教学媒体是教学内容的载体，是教学内容的表现形式，是师生之间传递信息的工具。随着科学技术的发展，教学媒体也在不断更新，充分利用现代化的教学工具，如幻灯、实物投影、多媒体课件等，可大大提高课堂的教学效率和效果。

（二）教师示范

这时教师的行为仍占主导地位。教师首先将整个操作过程演示一遍，学生观察。对于较为复杂的操作，学生可能一下子学不会，只是对其过程有所了解，知道指导教师到底是怎么操作的。此后教师再分步示范，并解释每一步是怎么做的，为什么这样做，使学生在感性认识的基础上，加深对理论知识的理解。通过教师的示范操作，让学生明确在教学活动结束以后应该掌握的知识和技能。

示范操作可以使学生直观、具体、形象、生动地进行学习，不仅易于理解和接受，而且可以清晰地让学生把观察到的示范操作印记在脑海里。在组织教学中，应从做什么、怎么做、为什么这样做三个方面来实施教学，安排教学内容的展开。教师在讲解的同时，通过实物或教学用具向学生示范如何操作。

在这一阶段,教师在示范操作的同时,要辅以生动的讲授说明,让学生明确学习的目标,即学生在教学活动结束以后应该掌握的知识和技能,这样学生才知道应该观察什么、掌握什么。可以把学生应掌握的知识和要认真观察的目标,以题目的形式交给学生。否则学生只能盲目地观察,抓不住要领,不会收到良好的效果。同时,要从做什么、怎么做、为什么这样做三个方面来实施教学计划,安排教学内容的展开。这样能充分调动学生的学习情绪,达到眼、耳、脑并用。

1. 重视安全操作意识的培养　"安全责任无大小",实训教学要牢固树立"安全第一"的思想,在教学过程中教师应始终保持高度的重视,培养学生在用电、工具使用等方面的安全意识。

2. 把握示范操作要领　教师讲解和示范操作时要注意讲、做一致:操作姿势、操作方法正确标准,仪器仪表、工具的使用、摆放规范有序,并讲清动作的特点和关键。示范操作应做到步骤清晰可辨、动作准确、讲清动作特点及操作过程的注意事项。教师不规范的示范操作可能对学生产生负面影响,影响学生对知识和技能的理解与掌握。

3. 注意讲解示范的清晰　教师在生产现场根据预先制订的计划给学生讲课,操作难点应反复强调,说话速度不能太快,要让学生能记录下来,语言要准确无误,以免误导学生。

示范时,要使学生处于能直接观看的位置,先连贯正确地演示完全部过程。若遇复杂过程,将动作分解演示,使学生一步一步看清楚、看准确。然后再次示范,将各个工作步骤分开,放慢速度,同时讲解做什么、怎么做、为什么这样做,并讲明操作要点,并给学生提问的机会,解答学生提出的疑惑。

如果班级学生人数较多,教师在示范操作教学时难以保证每个学生都能清晰完整地看到教师的示范,从而影响教学质量。有条件的话,可考虑对班级进行适当分组,减少每次示范操作教学时的学生数,以达到提高教学质量的要求,必要时还可以让学生聚集在自己周围,以便更加清晰地观察教师的示范动作和过程。也可以借助于静态或动态的直观教学技术,如电影、电视、动画等技术实现示范教学。如果操作对象的物理尺寸比较小,讲台下的学生,特别是后排座位的学生不容易看清教师的示范,可通过实物投影等设备将教师示范动作投影到大屏幕上,或是将示范动作制作成视频图像投影到大屏幕上,就可以很好地解决这个问题。

4. 将整个操作过程完整地演示一遍　教师应将整个操作过程完整地演示一遍,使学生获得完整操作过程的概念和引起学生对操作的兴趣,如果是制作工件,可作为学生模仿练习的样品和今后教学的典型教具。

(三)学生模仿

这一阶段,学生行为占主导地位,教师在这个阶段主要起着监督和指导作用。通过教师示范,学生对操作过程有了进一步理解,这时学生开始模仿教师的操作过程,由学生自己进行学习活动,也就是学生按照教师的示范动作的要求,自己动手模仿操作,对操作要领自我领会及消化,通过模仿最终实现知识和技能的掌握。从模仿过程中教师可得到反馈信息,了解学生的掌握程度。在此,教师要特别注意以下问题。

1. 注意学生的操作规范和安全规范　　学生养成良好的操作规范和安全规范可终身受益。教师在示范操作时会对操作规范和安全规范等注意事项进行强调，但是在学生的实际动手模仿中，有些学生重视不够，有的学生不熟练或紧张，容易出现操作不当甚至违规的现象。所以，教师在学生模仿操作过程中，一定要认真仔细地检查指导，尤其要将安全放在第一位，发现不正确的操作和安全隐患要及时指出，并加以纠正。强化学生的安全操作意识，使他们养成良好的生产实习行为习惯，这将使学生终身受益。

2. 发挥教师的主导作用　　由于学生刚刚开始进行模仿操作，还不具备完善的知识和技能，在模仿过程中会出现各式各样的问题。因此，教师要鼓励学生自己多动手，在学生第一次尝试时，不要用批评或修正去打断他，更重要的是指导学生进行操作训练。教师在此过程的主导作用主要体现在时刻注意学生的操作方法是否正确、安全规程的遵守情况、操作效果怎样，帮助学生解决实际操作中遇到的技术、技能、质量方面的问题。如果学生不能正常模仿，教师要重复示范。

3. 注意发挥学生典型的作用　　榜样是极具说服力的，要让操作又快又好的学生现身说法、介绍经验，其他同学可根据自己的操作情况进行补充，达到以点带面、交流经验、共同提高知识和技能的目的，从而增强全班学生的信心。

4. 有的放矢地组织学生分组练习　　由教师根据学生的人数及课题内容将学生分成若干个小组，每次由小组中一位成员对教师的示范操作进行模拟演示，其余学生在旁观摩、观察、学习，并讨论。鼓励学生在课堂上发表与别人，甚至与教师不同的见解，要敢于挖掘、探索教师在教学过程中未涉及的领域。通过小组的观摩活动，可以活跃课堂气氛，而且学生通过观察和讨论可以调动个体的思维活动，提高学生分析问题、解决问题的能力。

（四）练习总结

在模仿练习后，学生已掌握了操作方法，接下去就是独立操作和巩固了，这是一个反复进行的过程，即练习—测试—纠正—再测试—再练习。通过反复，使技能巩固熟练，达到熟能生巧的程度。

这一反复过程，或独立练习，或以小组形式练习，无论采取何种形式，学生必须把每个过程的三个问题（做什么、怎么做、为什么这样做）弄清楚。这时教师应该观察学生的操作过程，注意纠正学生的错误，并不断检测学生的学习效果，判断学生是否完成教学目标。在这个阶段中应注意工作的准确性和质量，应严格要求，不合格坚决返工，不让学生养成不良的操作习惯，培养学生的质量意识和严谨的工作态度。指导过程大致归纳为看、摸、问、听、示。

（1）看　　巡回指导中要认真观察每一个学生的基本操作过程。观察的内容包括：操作工艺是否掌握、操作程序是否合理、使用工具的姿势是否正确等。除此之外，教师还应观察学生的非语言表现，即表情、情绪、动作等，操作熟练者轻松愉快，反之则表现出为难、畏缩情绪。教师在看的过程中，即可对学生实际操作情况进行粗略了解。

（2）摸　　巡视中对学生做好或基本做好的工件进行触摸，以验证学生的操作是否符合要求，及时作出肯定或纠正。

（3）问　　问的内容包括工艺要求、操作方法、步骤、工艺流程、工件检测、工件校验及注意事项等情况，及时对学生掌握本节技能训练知识和应用情况有所了解。

（4）听　　认真听取学生对所提问题的回答，学生对所授课程的合理化建议，学生对教师讲授的评价及学生对实习操作的大胆设想和改革。

（5）示　　即示范。教师除讲台示范演示外，在巡视中，发现学生出现不规范动作及操作方法时，教师应立即纠正，通过表情手势、姿态对学生进行身教，示范正确的姿势及操作技巧。

随后，教师对整个教学活动进行归纳总结，指出重点、难点及操作过程中需特别注意的问题等，也可以通过提问了解学生对知识的掌握程度。在此基础上，由学生自己通过练习，逐步对所学知识达到完全掌握和熟练运用的程度。这里要特别注意培养学生自主分析和解决问题的能力。在传统的教学过程中，教师对教学活动归纳总结时，多是由教师唱主角，对学生的作品进行点评，指出模仿操作或练习过程中存在的问题，却很少注重学生自主能力的培养，学生只是被动接受，难以形成自己的观点。实际上在"四阶段教学法"的教学环境下，教师应结合教学过程中了解、掌握的信息，启发学生自主探究，找出解决问题的方法，形成结论，帮助学生把实践经验和感性认识提升到理论的高度。在此过程中，教师还可以取一部分学生练习中的"作品"，组织学生进行点评和讨论，让学生作为教学主体对自己的实训"作品"进行评价，教师从旁加以引导。

第五章 常用的行动导向教学法

第一节 任务驱动教学法

任务驱动教学法目前在职业教育领域得到广泛应用,强调学生在有意义的任务情境中,通过完成教学上的任务,使隐含在任务中的知识、技能和态度得到整合。这种教学方法不但使学生能获得狭义上的知识和技能,而且可以通过完成任务而获得解决问题的思路和方法,使学生的综合能力得到发展。

一、任务驱动教学法的产生和内涵

(一)任务驱动教学法的产生

任务驱动教学(也称为任务型教学)来自于外语及第二语言教学,是源自 20 世纪 70 年代交际教学中一种强调"做中学"的教学方法。20 世纪 80 年代初由英籍印度语言学家勃雷泊(N. S. Prabhu)在印度班加罗尔地区对 8~12 岁小学生进行了历时 5 年的交际教学法的实验,他把学习内容设计成各种交际任务,让学生通过完成任务进行学习。此后有关学者进一步对"任务"本身及方法的教学组织模型进行了讨论。

美国语言学家纽南(D. Nunan)于 1989 年对任务驱动教学的任务进行了概括,他认为"任务"分为"现实世界中的任务"和"教学上的任务"。"教学上的任务"应是课堂上的一项工作,在语言交际教学中,任务就是学习者通过语言运用提高语言水平并促进语言运用的活动,即任务要强调对学习者的"做事"能力的培养。

1996 年美国教育学家威利斯(J. Willis)在《基于任务学习的框架》中勾画了一个组织教学的模型,划分了任务驱动教学的三个阶段:前期任务(pre-task,介绍主题和任务)、任务周期(task cycle,完成任务,准备报告计划)、语言聚集(language focus,分析和再练习)。

在我国,进入 21 世纪后,任务驱动教学首先引入到基础英语课堂教学中,并在 2001 年的《英语课程标准》中明确倡导使用"像任务型教学这样的能够体现教学过程的教学方式"。随后,该教学方法在各个学科中得以广泛推广,尤其在计算机类课程的教学中应用更为广泛。在职业教育教学中对任务驱动教学法也开展了深入的研究和应用。

(二)任务驱动教学法的内涵

"任务驱动"是建立在建构主义学习理论基础上的一种教学方法,符合探究教学模式,"任务驱动"教学强调知识和技能的传授应以完成典型"任务"为主,强调学生在密切联系学习、生活和社会实践的有意义的"任务"情境中,通过完成任务来学习知识、获得技能、形成能力。这种教学方法主张教师将教学内容隐含在一个或多个有代表性的任务中,以完成任务为教学活动的中心,学生通过对任务的分析、讨论,明确涉及哪些知识点(新知识、旧知识),在教师的帮助、指导下,通过对学习资源的主动应用,在自主探索和互动协作的学习过程中，找出完成任务的方法，最后通过完成任务实现意义建构。

二、任务驱动教学法的特征

任务驱动教学法的基本特征是以"任务为主线，教师为主导，学生为主体"，是任务、教师、学生三者的互动。

（一）任务为主线

任务是知识与技能的载体，它把学生需要学习的知识与技能进行有效的组织，形成具有趣味性的任务，任务的设计必须以教学内容及教学目标为指导。在任务驱动教学法中，学生与教师围绕"任务"这个主题开展一系列教与学的互动活动，教师首先创设任务情境，引出任务主题，再通过任务分解，把学习内容融入到一个个小任务中，然后引导并帮助学生去解决这些任务，最后随着任务的完成，进行任务小结、方法归纳，使学生在完成任务的过程中掌握知识和技能。

根据教学目标要求的不同，任务一般分为"封闭型任务"和"开放型任务"两种，对于新知识、新技能的学习一般采用封闭型任务，封闭型任务有着明确的主题界定和任务要求，例如，教师给出任务完成后的最终效果，要求学生根据样例进行实践探究，最终完成与样例一样或相似的作品。如果教学目标是要求学生运用已学过的知识和技能去完成一个综合性的任务，则可采取开放型的任务。

（二）教师为主导

任务驱动教学要求教师从一个知识的传递者转变为学生学习的辅导者、合作者。教师不仅要在学习内容上引导学生达到预期目标，而且在学习态度和方法方面也要给予指导。教师的主导作用表现在如下几个方面。

1）任务的设计者。教师通过学情分析，进行教材处理，并确定合适的教学目标，设计出融知识性、趣味性、真实性于一体的学习任务。

2）任务情境的创设者。为能让学生更积极有效地完成任务，需要教师创设一个真实的、切合学生实际生活的任务情境，并让这个情境随着任务的实施延续下去，同时，教师要通过各种手段营造团结、紧张、严肃、活泼的学习氛围。

3）任务的热心辅导员。学生在完成任务过程中会有各种各样的困难，教师要注意观察并根据学生需求及时给予引导、帮助，确保学生没有被冷落的感觉。

4）任务评价的主持人。需要教师组织学生对任务结果及实施经历进行一定的评价和反思，实现以评促学。

5）良好学风的塑造者。课堂教学是动态的，要保证正常的教学秩序，需要教师不断地进行调控，运用多种教育手段促进学生开展与学习有关的探究与交流。

（三）学生为主体

职业教育中的主体性是指职业教育要保证学生的主体地位，这也是职业教育的出发点、依据和归宿。在任务驱动教学中，学生的主体地位表现在以下几个方面。

1）学生是任务的具体实施者，课堂的大部分时间是学生在对任务进行自主探研、协作学习。

2）有趣、有用、真实的任务有利于学习动力的激发、维持、强化，因为每个任务都是在一定的情境下提出的，而且任务情境又与学生的生活、专业等息息相关，这在一定程度上保证了学生的主体地位。

3）循序渐进的任务体现了以人为本理念，任务驱动教学中有基本、提高、拓展等不同层次的任务，这使各类学生都有所得，在各自的"最近发展区"得到充分的发展。

4）任务的分组实施和协作讨论，锻炼了学生的沟通能力和合作意识，在任务的分析、讨论、实施、评价等过程中，需要表达自己的见解，聆听他人的意见，评判实施的结果，反思任务的经验，这种认知的重建不但促进了学生思维的培养，丰富了知识和技能，而且促进了同学间良好的人际关系，进一步形成团体协作意识，提高协作能力。

三、任务驱动教学法的教学功能

在职业教育教学中，教师应当围绕特定的教学内容设计教学任务，通过教学任务的完成，练习和体验职业工作活动，形成一定的职业能力，让学生不仅在运用中学，而且为了运用而学。任务本身所规定的目的的达成、获得的结果、在完成任务过程中方案和方法的选择及和合作伙伴的交往，对于学生通过学习发展职业能力有着直接的作用。

建构主义的学习观认为，学习是建构内在的心理表征的过程，学习者并不是把知识从外界搬到记忆中，而是以已有的经验为基础，通过与外界的相互作用来建构新的理解。学习是通过已有的认知结构对新信息进行加工而建构成的，强调在具体情境中形成的非正式的经验背景的作用。学习过程同时包含两方面的建构，既包含对新信息意义的建构，同时又包含对原有经验的改造和重组。因为学习者以自己的方式建构对于事物的理解，从而不同人看到的是事物的不同方面，不存在唯一标准的理解，每个人都以自己的方式理解事物的某些方面。教学要增进学习者之间的合作，通过学习者的合作可以使理解丰富和全面起来。

在建构主义者看来，有的问题的解决过程和答案都是很确定的，可以直接运用相关规律甚至直接套用推理规则，这类问题属于结构良好领域。与之相反，许多实际问题却常常没有什么规则和确定性，不能简单地套用原来的方法，而需要面对新问题，在原有经验的基础上重新分析与推演，这类问题则属于结构不良领域。结构良好领域的知识（以概念和技能为基础）对于学习者来说，是一些识记复述与简单推理的知识，在测验中只要求他们将所学的东西按原样再现出来（如背诵、填空、简单的练习题等）。结构不良领域的知识（以相互联系的知识为基础）与之相反，对学习者的要求比较高，要求学习者把握好概念间的复杂联系，能够广泛而灵活地提取相关认知结构与认知经验，并且有效地运用到具体的情境之中。

美国教育心理学家乔纳生认为，人们的学习有初级知识的学习、高级知识的学习和专家知识的学习三种不同的阶段，学生学习主要是前两种。初级知识的学习是学习的低级阶段，教师只要求学生知道一些重要的概念和事实，在测验中只要求他们将所学的东西按原样再现出来，这里所涉及的内容主要是结构良好领域。而高级知识的学习则不同，它要求学生把握概念的复杂性，并广泛而灵活地运用到具体情境中，这时，概念的复杂性及实例间的差异性都显而易见,因而大量涉及结构不良领域的问题。传统教学混淆了初级知识的学习和高级知识的学习之间的界限,把初级知识的学习阶段的教学策略不适当地推广到高级知识的学习的阶段中,使教学过于简单化,主要表现在三方面:其一,相加性倾向,将事物从复杂的背景中隔离出来进行学习,误认为对事物的孤立认识可以推及更大的背景中,忽视具体条件的限制;其二,离散化倾向,即将本来连续化的过程,过于简单化地当成一个个的阶段处理;其三,割裂化倾向,将整体分割为部分,忽视各部分之间的相互联系。过于简单化使得学生的理解过于片面,妨碍学习内容在具体情况中广泛而灵活迁移。

"任务驱动"正是符合高级知识的学习各种原则的方法。在完成任务和解决问题中,教师针对所要学习的内容设计教学任务,将学习内容赋予生活和工作的真实和实际的意义,让学生去思考并尝试解决。在教师引导下,学习者则充分调动自己的智慧和创造性,综合运用原有的知识经验,结合新的信息,作出合理分析和推论,解决问题完成任务。通过做和学统一的过程,使学习的知识技能获得实际的应用意义,更利于形成迁移。

四、任务驱动教学法的设计和实施

(一)任务驱动教学的基本框架和实施步骤

根据建构主义理论,任务驱动教学法主张教师将教学内容隐含在一个或若干个典型任务中,以完成任务为教学活动中心;学生在完成任务的动机驱动下,通过任务的讨论分析,明确任务所涉及的知识及需解决的问题,在教师引导下,通过对学习资源的主动应用,在自主探究和互动协作的学习过程中,找出完成任务的方法,最终通过任务的完成实现意义的建构。它的主要结构如图5-1所示。

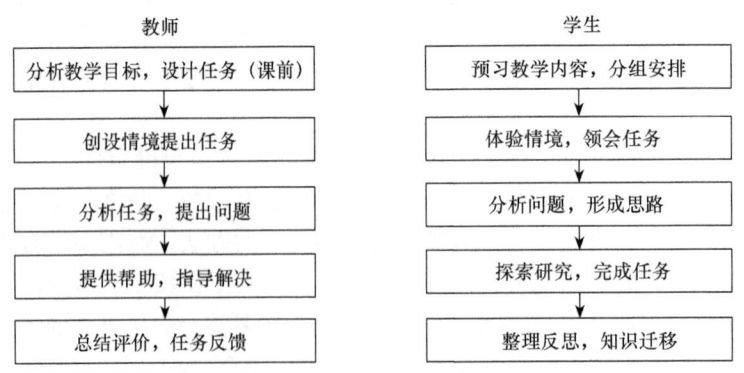

图 5-1 任务驱动教学的一般性实施流程

根据任务驱动教学的基本结构,综合国内学者提出的实施模式,任务驱动教学法的实施步骤如下。

1. 创设情境 教师通过对学生、教学内容及问题的分析,创设与当前学习主题相关的、接近真实的学习情境,并以此为支架来启动教学,使学生产生学习需求。在这一阶段,教师可以用"语言表述""多媒体(图像、视频、声音)呈现""模拟场景""现实情境""问题提出"等形式来呈现情境。情境的内容应根据课程特点进行设计,一般教学内容较为严谨的(数学、机电、财会、计算机专业课程等),可采取不同情境的应用实例和有关信息资料，以便学生根据自己的兴趣爱好去主动发现；教学内容不具有严谨结构的（语文、英语、文秘、商贸、旅游），可创设接近真实的情境，从而提高课堂的交互性，使学生在交互过程中完成问题的理解、知识的应用和意义的建构。

2. 呈现任务 本阶段分为任务提出和分析两个环节。首先在所创设的情境下，通过师生交流，提出与当前学习主题相关的任务，使学生明确本节课要完成什么任务。但只知道任务内容，不知道任务如何解决是不够的，这还需要师生共同对任务进行初步分析，找出完成任务需要解决哪些问题，即形成任务实施思路。在找出的问题中，有些问题学生可以根据已有知识和技能自行解决，另一些是需要学习新的知识和技能才能解决的。当然，在分析过程中不可能提出所有的问题，有些问题需要在任务实施过程中才有可能提出。

3. 探索研究 形成解决任务的初步思路后，学生开始根据各个子任务的要求进行实践探索。在这个阶段比较常见的做法有两种：先讲后学和先学后讲。例如，在计算机教学中常用的"示范—练习"模式就属于先讲后学，即教师先进行示范演示，把任务的基本思维方法教给学生，为下面的学习做好必要的铺垫，学生通过模仿操作来探究新的知识和新的技能，这种模式的教学效率比较高，能使学生在较短时间内完成任务、学会技能，但在一定程度上也限制了学生创新思维和想象力的发挥。目前课改中提倡的"做中学""体验学习"等理念都属于先学后讲，即先让学生根据任务要求通过自主学习完成自己能做的任务，对解决不了的问题通过小组讨论解决，教师从中点拨，然后教师再针对学生尚未能解决的问题进行精讲，并通过归纳总结使知识系统化，最后再组织学生进行巩固练习，以达到熟练掌握和迁移的目的。任务实施是整个教学过程中最活跃的也是最重要的一环，教师应为学生提供理论学习和实践操作必要而充分的条件，引导学生开展学、练、研等学习活动，使学生在完成任务过程中获取知识、掌握技能，发展关键能力。

4. 评价总结 任务完成后，可对任务结果和过程表现开展评价活动。评价形式可以是教师点评、学生自评、学生互评。通过评价活动，促使学生对学习过程进行总结和反思，为后续学习做好铺垫和过渡，起到集思广益、开拓思路的作用。

（二）任务设计的原则

任务驱动教学法的一个核心问题就是怎样进行任务设计，任务设计所依据的原则是什么。概括起来，有以下四条原则需要遵循。

1. 真实性原则 在任务设计中，任务应来源于真实生活，任务活动的情境应尽量贴近真实生活。要尽量创造真实或接近于真实的环境，使教学任务所包含的教学内容具有真实生活和工作的意义，使他们在课堂上获得的真实技能在实际生活和工作中同样能得到有效的应用。任务的设计不能仅注重形式，而不考虑它的效果，要避免为任务而设计任务。

2. 连贯性原则 这一原则涉及任务与任务之间的关系，以及任务在课堂上的实施步骤和程序，即怎样使设计的任务在实施过程中达到教学上和逻辑上的连贯与流畅。任务型教学并非指一堂课中穿插了一两个活动，在任务型教学中，一堂课的若干任务或一个任务的若干子任务应是相互关联、具有统一的教学目的或目标指向，同时在内容上相互衔接。纽南曾提出"任务依属原则"（task dependency principle），即课堂上的任务应呈

"任务链"或"任务系列"的形式，每一任务都以前面的任务为基础或出发点，后面的任务依属于前面的任务，这样，每一课或每一教学单元的任务系列构成一列教学阶梯，使学习者能一步一步达到预期的教学目的。

3. 可操作性原则 课堂任务总是服务于教学的。在任务设计中，应考虑到它在课堂环境中的可操作性问题，应尽量避免那些环节过多、程序过于复杂的课堂任务。必要时，要为学生提供任务执行或操作的模式。任务设计者要尽可能为学生的个体活动创造条件，利用有限的时间和空间，最大限度地为学生提供互动和交流的机会，达到预期的教学目的。

4. 趣味性原则 任务型教学法的优点之一便是通过有趣的课堂交际活动有效地激发学习者的学习动机，使他们主动参与学习。因此，在任务设计中，很重要的一点便是考虑任务的趣味性。机械的、反复重复的任务类型会使学生失去参与任务的兴趣，因而任务的形式应多样化。需要注意的是，任务的趣味性除了来自任务本身之外，还可来自多个方面，如多人的参与、多向的交流和互动、任务执行中的人际交往、情感交流，解决问题或完成任务后的兴奋感、成就感等。

五、任务驱动教学法的注意事项

在设计和实施任务驱动教学时应该注意哪些地方呢？结合前述任务驱动教学法的实施步骤，应该注意以下一些方面。

1. 任务情境要贯穿整个教学过程 在任务驱动教学中往往有多个任务，为避免任务相互孤立，各任务之间需要用一根"绳子"将它们联系起来，而情境就是最好的"绳子"。

2. 设计合理有效的任务 要有目的地去设计任务，所设计任务应考虑：任务主题有趣、任务内容明确、任务的难度适当、任务结果具体可见、任务实现途径灵活开放。

3. 运用多种教学手段驱动任务有效开展 在任务驱动教学中强调的是自我驱动和可持续式的学习，因此除了任务设置要真实、有趣外，更深层次的是在教学过程中教师要不断引导和培养学生的成就动机，提高学生对任务的认同感和成就感。为此，可以采取师生合作的方式，邀请学生参与任务的设计，以及通过创设情境、提供帮助、积极的评价等手段去激发、维持和加强学生的成就动机。

4. 重视任务的评价 以评价促进学习能力的发展。要给评价活动留有充足的时间，评价的主体要以学生为主，教师要以活动主持人的角色进行适当引导和暖场，评价的形式可以是学生代表上台展示并表述作品的创作历程及特色，学生评委对其作品及表现进行评分并说出打分理由，也可以是根据事先制订的任务评价表开展自评、互评、师评。

第二节 头脑风暴法

一、头脑风暴法的概念

"头脑风暴"是英文"brain-storming"的汉译，是当今最负盛名、最实用的一种集体式创造性解决问题的方法。头脑风暴法是一种培养创造性思维的方法，它比喻思维高度活跃，打破常规的思维方式而产生大量创造性设想的状态。头脑风暴的特点是让与会者敞开思想，使各种想法在相互碰撞中激起脑海的创造性风暴。"头脑风暴法"发明于20世纪30年代，其发明者奥斯本（A. F. Osborn）是美国一家大型广告公司的合伙创始人。发明"头脑风暴法"的直接原因是为了在讨论产品思路和广告方案时有意识地激发创新过程，后来这一方法广泛地用于企业和学校的开发思维活动。在行动导向教学中，它作为一种开放的、学生主动参加的方法，用于在学习过程中提出解决问题的方案、做计划等。

头脑风暴法是一个集体形式的、小组解决问题的活动，它广泛地用于创造性思维活动之中，其目的是通过集体讨论活动诱发一些新奇想法，从中产生可能的解题方法或思想。

头脑风暴是一群人以会议形式围绕一个特定的主题进行自由的、无拘束的想象并表达自己的观点，参与者之间相互激发，产生新点子、形成新方案或新计划的工作或者教学过程。

尽管人们对头脑风暴法的理解不同，头脑风暴法的核心是发挥人的创造性想象力。通过教师与同学间、同学与同学间的讨论，收集解决实际问题的意见和建议（总称为建议集合）（图5-2）。通过集体讨论，集思广益，促使学生对某一教学课题产生自己的意见，通过同学之间的相互激励引发起连锁反应，从而获得大量的构想，经过组合和改进，达到创造性解决问题的目的。

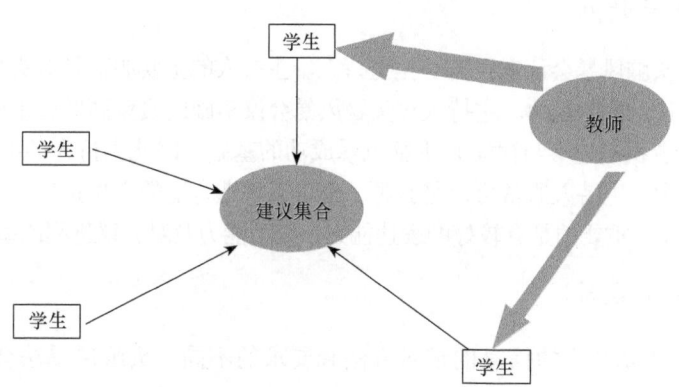

图5-2 "头脑风暴"示意图

二、头脑风暴法的意义和作用

作为一种教学方法，头脑风暴法有创造性和集体性两个明显的特征。

（一）创造性特征及教学意义

创造性特征是指头脑风暴法的实施以创造性的想象为基础，它让与会者解放思想，使各种设想在相互碰撞中激起脑海中的创造性风暴，用高度活跃、打破常规的思维方式产生大量创造性设想。

传统职业教育教学中，人们常常把教学的重点放在传授理论知识和职业技能上，而很少考虑到培养学生的想象力和创造性。学生在学习过程中很少有自己的发散思维和想象空间，很少有将合理的幻想与现实职业世界相结合的机会。这在很大程度上束缚了学生创造能力的发展，是造成学生高分低能、创造能力低下的重要原因。头脑风暴法通过其创造性特征，可以在一定程度上弥补以往教学在此方面的不足。

（二）集体性特征及教学意义

集体性特征是指其形式是以班级或小组的集体活动进行的，参与者针对教学主题进行思考并进行交流讨论，形成互相之间的启发和激励，使教学活动持续并达到教学目的。头脑风暴法的讨论会议使用了没有拘束的规则，参与人员通过自由思考，进入思想的新区域，从而产生很多的新观点和问题解决方法。在小组活动情境下，每当一个人抛出一个想法，这个人所激发的就不光是他自己的想象力，在这个过程中与会的其他人的想象力也将受到激发。头脑风暴法在每个人的大脑中产生震动，这会激起一系列联想性反应。

头脑风暴式会议本身是一个社会交往过程。对于每个学习者来说，有获得社会尊重的需求，即班级或小组其他成员的尊重。在头脑风暴活动中，个人要在小组中取得一定地位，他就得和别人竞争，而要成功做到这一点只有想出更多的创意。通过这种集体性、社会性的学习特征，可以对提高学生的社会交往能力起到积极作用。

三、头脑风暴法的设计

（一）确定主持人

一般而言，头脑风暴会议需要有一位主持人。主持人的主要职责是对头脑风暴会议的掌控、引导，使其达到预期目的。主持人对头脑风暴会议实施的质量高低有重要的意义，主持人的激励和与会者积极地参与讨论是头脑风暴成功的基础，因此主持人的准备是很重要的。在职业教育教学中，主持人通常可以是教师，也可以挑选合适的学生担任。主持人不一定要有深厚的专业知识，重要的是有较好的表达能力、归纳能力及对会议进程的掌控能力。

（二）安排记录员

根据对头脑风暴产生的信息的记录方法和要求的不同，头脑风暴法会议可以考虑安排记录员。记录员的职责是负责记录与会者在头脑风暴过程中产生出来的各种想法和结果。记录员的参与工作，一方面可以使所有的信息不致丢失；另一方面可以使头脑风暴实施者注意力集中在开动脑筋想问题上而不被记录文字所打断，使头脑风暴顺畅进行。

（三）形成讨论小组

头脑风暴法实施的是一种集体讨论会议，讨论的单位可以是小班或小组，一般以10~15人为宜。与会人数太少不利于互相启发、激发思维；而人数太多则不容易掌握，干扰太多使参加者的注意力分散，并且每个人发言的机会相对减少，也会影响会场气氛。在特殊情况下，与会者的人数可不受上述限制。

（四）场地和座位

头脑风暴会场在有可能的情况下可作适当布置，例如，圆桌会议形式，或将座位排成U形，主持人位于U形的开口处。这样的场地和座位布置较之于教室课桌形式的好处是，每个与会者互相都有面对面的目光交流，这对头脑风暴法的相互激励、开发思维是有利的。在条件困难的情况下，用传统的教室座位形式来进行头脑风暴会议也是可行的。

（五）熟悉规则和注意事项

从方法角度来讲，头脑风暴法有自己的实施程序和规则。为了保证创造性讨论的有效性，参加头脑风暴会议的成员应该了解头脑风暴法的实施规则并在实施过程中遵守。具体的规则在本章第五部分会有详细论述。

四、头脑风暴法的实施步骤

头脑风暴法的实施大致可以分为三个步骤。

（一）确定主题、引入讨论

一个高效的头脑风暴会议从对问题的准确阐述开始。在开始头脑风暴会议时，要使与会者明确，通过这次会议需要解决什么问题。主持人用语言或文字的形式明确告诉与会者讨论的主题和要达到的目的，使得后面的头脑风暴讨论的目标明确，有的放矢。讨论主题可以很具体，也可以比较抽象。一般而言，比较具体的讨论主题能使与会者较快产生想法，主持人也较容易掌握；比较抽象和宏观的议题引发想法的时间较长，但想法的创造性也可能较强。在明确主题的基础上，主持人创造一种宽松自由的讨论氛围，通过一些激发性的问题将参加者的思绪引入对讨论主题的思考。

（二）激发思维、产生想法

与会者在明确了讨论主题和目的的基础上，在主持人的引导下进入对问题的积极思考并踊跃发言，将自己的想法表达出来。记录员将与会者的想法记录下来并展示出来，如写在黑板上或写在纸条上张贴出来。头脑风暴参与者一方面可以无拘无束地表达自己的想法，另一方面可以从他人的想法中得到启发、获得灵感，形成自己的想法并进一步表达出来，在相互启发和积极思考中产生会议过程中的脑力激荡，如同宁静的池塘中扔进一块石头，在平静的水面上激起一阵涟漪不断扩散开来，在发散性思维过程中获得越来越多的解决问题的想法。

主持人注意把握会场气氛，力求会场处于思想碰撞和积极思考的氛围中，鼓励各种观点的充分表达，在会场讨论气氛低落时用激励性的话语或问题激发参与者的情绪，在讨论偏离主题时及时干涉。

（三）处理想法、形成结果

在收集了一定数量的对问题的想法（如记录员的记录结果）后，需要对结果进行处理。这时可以对有关结果进行讨论分析、归类总结，形成结论性的成果，完成头脑风暴会议。对头脑风暴的结果进行归类总结的方法可参见本章第三节"卡片展示法"。

当然，通过分析归纳总结形成逻辑性的合理的结论，这本身已经超出了头脑风暴的范畴，所以这个过程也可以放在与头脑风暴会议在时间上分离的时间单元里，并非一定要在头脑风暴会议中当场形成最后结论或确定的工作方案。

五、头脑风暴法的规则

头脑风暴法在实施中有一定的规则，这些规则是与头脑风暴法的教学目标和功能联系在一起的。

（一）不作批评，延时评价

在形成想法、提出观点的过程中，所有与会者（包括主持者和发言人）都不能对别人提出来的想法和观点进行或好或坏的评价。特别是主持人更要避免使用诸如"不对，你的观点有问题"或"这个想法有点可笑"等带有评判性的话语，同时也要在与会者对他人的想法发出批评或嘲笑时给予纠正，注意保护发言者的积极性。要让每个人都不受限制，克服大脑的思考禁区。否则就可能使与会者产生思维禁区，或人云亦云，不能提出有创意的设想或方案。在需要作出对错与否或是否合理评判的场合，应该遵循对事不对人，延时评价的原则，在提想法的过程中不予置评或可以采用匿名提交想法的方法，在最后分析处理总结阶段进行点评。

这一点在职业教育教学中具有特别的意义。在传统教学方式下，职业学校的学生在很多情况下积极和自主思考问题的意识较差，更因为成绩差、缺乏自信，怕回答错误招致嘲笑或斥责而不踊跃回答问题，往往是在教师提问下被动地回答问题。同时教师提的问题常常有一个标准答案或者说一个对的答案，学生很容易答不上来，感觉丢脸，因而制约了学生自主思考和主动发言的积极性。而在头脑风暴法学习过程中，学生提出的每个点子或想法都被接受而无对错。这种宽松的教学环境降低了学生进入交互学习、自主讨论的门槛，提高了学生学习自信心和积极性，这是非常重要的。

（二）欢迎离奇想法，鼓励创新

头脑风暴法鼓励的是积极的、即时的、发散性的思维，让与会者驰骋思绪，甚至异想天开，想什么就说什么而不要有顾虑。头脑风暴法的思维并非是对某事物或问题的深思熟虑，所提出的观点或想法也不一定是深思熟虑的结果，而可以是对某个事物或问题的即时的、有可能是灵光一现的想法，当然思考者本身对该事物或问题是有一定认识的。从创造性培养的角度来讲，仅仅有循规蹈矩而没有异想天开，创造性是不足的。

关于在头脑风暴中的离奇想法获得应用，有一个关于烤面包机的例子。美国有家公司生产烤面包机，不满于本公司产品的现状，于是组织头脑风暴会议，希望开发新产品。会议上大家众说纷纭，有个公司的清扫工发言说，希望给面包机加一个抓老鼠的功能，引来哄堂大笑。主持人鼓励清扫工说出理由，她说打扫卫生时发现面包机旁常有老鼠活动的痕迹。于是思路逐渐引导到：烤面包—掉面包屑—引来老鼠—改进面包机使之不掉面包屑—新产品"带抽格的面包机"。

（三）鼓励巧妙地利用并改善他人的想法

作为头脑风暴法的集体讨论会，某一个人的一个"闪念"可能会引起许多人的联想。所以俗话说"三个臭皮匠，抵个诸葛亮"，就是这个道理。在头脑风暴教学中，应该鼓励学生之间的相互启发联想，不要因为有人提过就不能提，不值得提，而应该鼓励在别人想法基础上的再创造。与会者相互启发，可以滚雪球般形成越来越多新的想法。

（四）追求设想的数量

一般来说在头脑风暴中，提出来的假想、方案、主意越多越好，即要求达到足够的数量。这样才能从众多的假想、方案、主意中选择最佳方案，或者得到创造性的启发。想法越多，所包含的对问题解决的元素也就越多。当然想法多，对于随后处理想法，进行分析归纳，形成最后解决问题的方案所需要的时间也越多。在教学中教师作为主持人可以根据教学目标的设定适当把握处理。

六、头脑风暴法的应用场合

头脑风暴教学应在一个开放、轻松的环境中进行，时间很短。可将其插入到任何一个教学单元或工作过程中。但是，对各种意见的评价和整理需要花费较多的时间。

在教学实践中，头脑风暴法适用于解决没有固定答案的或者没有标准答案的问题，以及根据现有法规政策不能完全解决的实际问题，如商品销售中的买卖纠纷、导购、广告设计、加工专业的工作程序设计教学等。

头脑风暴会议时间由主持人掌握，一般来说以几十分钟为宜。时间太短与会者难以畅所欲言，时间太长则容易产生疲劳感，影响会议效果。经验表明，创造性较强的设想一般要在会议开始 10~15min 后逐渐产生。美国创造学家帕内斯指出，会议时间最好安排在 30~45min，倘若需要更长时间，就应把议题分解成几个小问题分别进行专题讨论。

七、实施头脑风暴法的一些技巧

（一）引导激励自由联想

实施头脑风暴法应要善于引导并激励学生开展自由联想，一般有三种联想类型。

（1）相近联想　如由婴儿鞋子可以联想到婴儿，引导问题如"此前是什么情况""与此同时出现什么""以后将发生什么"。

（2）相似联想　如看到犬想到老虎，引导问题如"这与什么东西有共同属性"。

（3）相反联想　从侏儒联想到巨人，引导问题如"与其相反的是什么""假如出现相反的情况将如何"。

（二）建立自由思考气氛

采用头脑风暴法时，要求所有学生都积极参与到创造新思想的过程中。学生不需为自己的观点陈述原因，其他学生也没有必要立刻对某个学生的观点加以评价、进行讨论或提出批评。应该鼓励同学提出一些似乎很唐突的想法，因为这极有可能引发出智慧的火花。因此应当遵循以下规则：①任何一个想法都是重要的，提出的想法越离奇可能越有价值；②不对任何想法提出批评，不说"更好的想法是……"之类的话；③要强调提出想法的数量，譬如在 5min 内提出 50 个想法；④可以重复、修改别人提出的想法，不要说"已提过这个想法了"；⑤要有主持人进行引导，尤其是当出现沉默或讨论比较乏味时，要有应变并提出新思路的能力。

（三）使用简洁的语言

参与者应学会使用简洁的语言说出自己的想法，掌握遇到抵触情绪和沉默的方法，能胜任记录员、主持人或激励者的不同的角色。

头脑风暴法应在一个开放、轻松的环境中进行，时间很短。可将其插入到任何一个教学单元或工作过程中。但是，对各种意见的评价和整理需要花费较多的时间。

第三节　卡片展示法

一、卡片展示法的由来

卡片展示法又称为张贴板法，是一种应用于团队讨论交流的方法。它本身是由德国施耐勒兄弟（Wolf & Eberhard Schnelle）发明的会议技术，在管理领域称为元规划法（meta-plan），之后被引入到职业教育教学中而成为一种经常使用的教学方法。

元规划法是一项组织交流模型和沟通促进方法，根据元规划法，在团组的交流讨论过程中，围绕某一既定问题及其解决方案的各种不同观点得以充分阐述，团组成员最终就此达成共识、建议及行动方案。在元规划中，主持人扮演着讨论促进的角色，他不仅管理整个讨论组，而且还要保证讨论过程中的有效沟通、互相合作及充分理解，并在恰当的时间为讨论组成员提供恰当的交流工具。在讨论过程中，要用到一些适合于讨论交流的工具，包括展示板、各种形状和颜色的卡片等，因此，在作为教学方法时形象地称为卡片展示法或张贴板法。

二、卡片展示法的教学特点

卡片展示法是在张贴板上钉上由学生或教师填写的有关讨论或教学内容的卡片，通过添加、移动、拿掉或更换卡片进行讨论、得出结论的研讨教学方法。卡片展示法的结果通常是一张张贴着各种卡通纸片的展示板。

在卡片展示法教学活动中，教师作为活动的主持人，提出讨论的主题，如以下方面的内容：①制订工作计划；②收集解决问题的建议（参见"头脑风暴法"）；③讨论和作出决定；④收集和界定问题；⑤征询意见。

学生将自己的意见或观点写在卡片上，张贴在展示板上并进行讨论，充分发表自己的意见并进行分类、综合、归纳、整理，最后形成集体讨论的结果。在这个过程中，教师作为主持人维护讨论的进程，激发学生表达观点，但不直接表达自己的观点，保持中立。因此卡片展示法适用于以学生为中心的教学方式，它可以：①调动学生的学习积极性。张贴板教学法让学生动手写卡片、贴卡片、研究卡片可以最大限度地调动所有学生的学习积极性。②有效地克服谈话法不能记录交谈信息和传统的黑板上的方案内容难以更改、归类和加工整理的缺点，在较短的时间里获得最多的信息。③充分展示教学活动的全过程。展示板上的卡片内容和位置既可以反映讨论的过程，又有讨论的结果；既是学生集思广益和系统思维的过程，又是教师教学活动的结果。

卡片展示法经常和头脑风暴法结合起来应用，可以作为头脑风暴法结果的记录和处理的工具。在对学生的智力开发上，卡片展示法同样有独特的价值。相对于头脑风暴法的发散思维，卡片展示法则体现了与之相反的思维逻辑，即分类和归纳。对一个问题，要求学生通过积极思考之后，逐步归纳成几个主要方面，或主要意见、观点，这也称为收敛思维。

三、卡片展示法的实施步骤

1. 准备 教师准备好必要的工具，包括如下几类。

1）展示板：展示板可用硬泡沫塑料、硬纸板等制成（便于大头钉或工字钉钉入），也可以用白板替代（用磁铁代替大头钉）。张贴板可以固定在墙壁上，也可以安置在支架上。

2）书写卡片：可采用多种颜色、各种形状，如长方形、圆形、椭圆形甚至云彩形和箭头形状等。如为了节约费用，也可以用打印纸代替卡片，一张A4纸可以按需要裁成两张或三张。

3）记号笔：各种颜色的记号笔若干，用于学生在卡片上书写文字。

4）底纸：即面积与张贴板等大的书写用纸，必要时可以在上面书写、画线或粘贴。

5）大头钉：头比常用的要大些，以便于插拔。

6）胶棒、剪刀等文具。

卡片展示法教学要求有一个较为开放宽松的场地环境。应用该方法调动学生的积极性和参与性，不像以往坐着讨论，卡片展示法"书面讨论"的交流可以使参与者在座位与展示板之间运动中进行，随时可以起身张贴卡片或移动卡片。故要求学生座位秩序宽松，方便学生走离座位。可以采取"U"字形座位排放，尽量避免产生通道障碍的秧田式座位形式。

2. 开题 在展示板上钉上底纸，将讨论的主题写在卡片上用工字钉钉在展示板上，卡片的颜色和形状应与后面学生写的卡片区分开来。教师在明确讨论主题后用一些启发性的问题引发学生对问题的思考。

3. 收集意见 学生把自己的意见以关键词的形式写在卡片上，并由教师、学生自己或某个学生代表将写好的卡片钉在展示板上。这个过程可以是一个头脑风暴的过程，学生思考产生各种观点或问题的解决方案，而卡片填写可以看做是头脑风暴结果的记录工具。需要注意的是在一张卡片上只能写一种意见，允许每个学生写多张卡片。卡片上的文字（关键词）尽量简短醒目，要使每位参与讨论的学生都能看清楚卡片上的信息。

4. 加工整理 这是卡片展示法的核心功能和特点所在。师生共同通过添加、移动、取消、分组和归类等方法，将卡片进行整理合并、系统化处理，得出必要的结论。具体的操作如下。

1）剔除在内容上文字表达和意义完全相同的卡片，使展示板上不要有重复的卡片。

2）考察各张卡片，如有意义上的不解或歧义，可以通过简短讨论或说明统一参与者对卡片表达意义的理解，这是为了使参与者有一个共同的讨论基础，避免讨论时南辕北辙，产生误解。

3）对卡片的观点或方案进行归类整理，形成讨论结果。在归类整理过程中可以有多次反复，期间也可以随时增加卡片，完整和丰富讨论结果。

5. 总结教师总结讨论结果 必要时，可用各种颜色的连线、箭头、边框等符号画在底纸上将卡片用胶棒粘贴在纸上固定，成为最终结果。

四、注意事项

在实施卡片展示法教学时应该注意以下事项（参考头脑风暴法）：①教师（主持人）尽量控制自己的主动行为，保持观点上的中立；②促使学生积极主动地去思考和表达意见；③应能使学生都认同张贴板上的结果；④应适当注意保持卡片的匿名性；⑤不要随便扔掉任何一张卡片或批判某种意见。

第四节 思维导图法

"思维导图"（mind-map），又称为"心智图"或"心灵地图"，是一种图像式思维的工具。它是运用图文并重的技巧，把各级主题的关系用相互隶属与相关的层级图表现出来，把主题关键词与图像、颜色等建立记忆链接。"思维导图"是由英国的托尼·巴赞（Tony Buzan）于20世纪70年代提出的。大学时代的他，遇到信息吸收、整理及记忆等困难，前往图书馆寻求协助，却惊讶地发现没有教导如何正确有效使用大脑的相关书籍资料，于是开始思索和寻找新的方法来解决。

一、思维导图法的内涵和特点

思维导图是从一个中心概念引出各种从属概念或观点的图形，帮助人们在认识方面拥有一个整体的全局化的观念，它注重表达与核心主题有关联的内容，并可展示其层次关系及彼此之间的关系。

思维导图有如下一些特点。

第一，思维导图强调大脑的左右半脑协调合作。脑科学证明，加工图像信息和文字信息是在大脑的不同区域进行的，同时加工文字和图像信息可以使思维活跃，效率提高。在整理清晰的思维过程当中多使用形象的图，越生动活泼越好，使用多变的符号能提高思维效率。思维导图是打开大脑潜能的图解工具，它同时运用多种智能，包括词汇、图像、数字、逻辑、韵律、颜色和空间感知等，帮助人们有效地学习和工作。思维导图以直观形象的方式进行表达和思考，接近人的自然思维过程。使用思维导图学习新知识，人们不再被动记忆教师的每句话和一串串句子，而是主动地对关键概念进行加工、分析和整理。

第二，思维导图强调以立体方式思考。人类大脑思维呈现的是放射性树状结构，分支由一个关键的图形或者写在产生联想的线条上面的关键词构成，比较不重要的话题也以分支形式表现出来，附在较高层次的分支上。各分支形成一个连接的节点结构。因此，思维导图在表现形式上是树状结构。而人们在日常工作中总结思维成果时往往采取线型方式，缺乏关联和重点。思维导图采取画图方式，将思维重点、思维过程及不同思路之间的联系清晰地呈现在图中。这种方式在处理复杂问题时，既能显示出思维的过程，又可以很容易地理清层次，掌握重点。对于那些整天面对各种复杂问题并且需要尽快作出判断的人们来说，具有明显的帮助。

第三，思维导图具有个人色彩，是具有个性的。每个人对于事物理解有所不同，根据自己的价值观和不同定义可以绘制出不同结构的图形。群体在头脑风暴法的基础上，对于创新问题和问题解决方案，通过思维导图建立起新想法与过去想法的联系等。

二、思维导图的发散性和记忆性特征及教学意义

作为一种教学方法，思维导图有发散性和记忆性两个明显的特征。

（一）发散性特征及其教学意义

发散性特征是指，思维导图法的实施是以发散性的思维为基础的，它要求参加者从不同的方向、途径和角度去设想，探求多种答案，最终使问题获得圆满解决。在解决问题的过程中，充分发挥人们的想象力，突破原有的知识圈，从一点扩散至四面八方，并通过知识和观念的重新组合，寻找更新更多的设想、答案或方法。

传统的职业教育教学中，常常把教学的重点放在传授理论知识和职业技能上，而很少考虑到培养学生的发散性思维。如果在教学过程中运用思维导图，对于教师给出的材料和信息，要求学生从不同角度、不同方向、不同途径进行分析和解决问题，这样纵横发散，可使原有的知识与新授的知识进行串联并综合沟通，达到举一反三的效果。

（二）记忆性特征及其教学意义

记忆性是指思维导图往往使用颜色、线条、符号、词汇和图像，可以把一长串枯燥的信息变成彩色的、容易记忆的、有高度组织性的图画，删除冗余杂乱的信息（或文字信息），从而保留关键、核心的内容，加速资料的累积，大大减轻记忆的负担。而且它还将知识点依据彼此间的关联，分层、分类管理，使知识的储存、管理及应用更加系统化，从而提高大脑运作的效率。另外，由于它的联想功能，能实现各存储材料之间无限丰富的连接，便于围绕某个中心，提取相关材料。

思维导图法本身就是一种思维的工具，对于学习来说，掌握了思维导图法不仅有利于扩散自己的思维，而且能够帮助提高记忆力。另外，思维导图可与头脑风暴法相结合，让学生充分地进行讨论，集合全体学生的智慧，调动学生的积极性，也有利于学生之间思维层次的交流。

三、思维导图法的学习优势

1. 形象性 思维导图以简洁明了的图形形式表现复杂的知识结构，从而形象地呈现各知识点之间的联系。

2. 整体性 格式塔理论指出，思维导图能使个人某一特定领域的知识以整体的、一目了然的方式呈现出来。因此，思维导图能支持整体的学习风格。

3. 层级性 通过分层结构使学习者增进对概念的理解。思维导图可以通过确定因果联系、区分概念的层级次序、组织概念的关系和显示其他有意义的概念模式，提高对概念的理解。

4. 综合性 提高综合信息的能力。在写作、研究或项目开发的准备过程中，学习者可以利用思维导图软件记录和组织从多种资源中获取的信息。思维导图可作为一种围

绕主要观点来组织信息的工具，当学习者通过某一主题知识拓展和探索新模式时，思维导图还可作为一种重组信息的弹性方法。

5. 提高学习和工作绩效　　绩效是指某种行为活动的方式及其所取得的成绩和效率，既包括可观察的外显行为，也包括行为所带来的结果。思维导图可以帮助人们反思学习和工作的行为活动过程，预测可能产生的行为活动结果，从而提高学习和工作绩效。

6. 提升元认知学习技能　　元认知是学习者对自己认知过程的自觉意识，是根据对自己所用认知加工策略效验的不断监测来选择、评价与修正认知策略的能力。这种能力允许学习者检出那些无效策略，评估特定任务的认知加工要求，以及修正当前策略甚至产生全新的策略。思维导图能帮助提高元认知学习技能，如记笔记、理解课文、组织论文、项目计划、准备考试等。

四、思维导图法的实施环节

思维导图法的实施大致可以分为五个环节。

1. 分析并确定主题　　在此环节，教师要在分析学生特征和教学目标的基础上，确定研究性课题题目，说明本次研究性课题课的活动安排情况，研究性课题题目要开放灵活、贴近学生生活实际。本环节时间不宜过长，控制在5~10min。

2. 引入讨论，绘制图形　　在此环节中，采用小组协作学习的形式，3~4位学生为一组进行头脑风暴、交流讨论，共同绘制一幅思维导图。思维导图的形式不限，在此过程中教师扮演学生指导者和帮助者的角色，及时地解决学生在绘图过程中出现的问题。本环节的时间控制在20~30min，教师可根据学生绘图情况，灵活应变。

3. 上台汇报，教学展示　　教师请学生到讲台展示和介绍本组的思维导图作品，学生在介绍的过程中要明确地说明整体结构如何，学生介绍得越详细越好。学生介绍完毕后，其他同学要根据这些学生的介绍提出自己的意见，可以是补充性的，可以是修正性的，也可以是提示性的，形式不限。

在本环节中教师的作用是非常重要的，教师不仅要维持课堂秩序，保证课堂讨论在有序的环境中进行，更重要的是，要对上台学生的介绍和其他学生的意见进行评价和归纳，强化优点，指出缺点，让学生在课堂辩论中理清思路，找到恰当素材，选择合适的表现手法。

在本环节中需要注意以下几个问题：学生上台汇报可以采用教师点名的方式，也可以采用学生自愿的方式。每组学生汇报的时间、其他学生提意见的时间，教师要灵活把握。教师要对每组上台的学生的汇报进行适时的指导和评价，汇报结束后要做一个总体的评价。汇报的时间控制在30min左右，根据课堂情况，教师灵活掌握。

4. 教师评价，学生修改　　教师对学生所绘制的思维导图进行讲评，包括对内容主题表达的完整性、系统性、层次性、逻辑性、直观性、简明性等方面，然后要求学生将自己的思维导图再进行修改。

五、实现思维导图的手段

1. 传统手段　　准备几张白纸和多种颜色的笔。

1) 把主题画在纸的中央。主题可以用关键词和图像来表示。所谓关键词，是表达核心意思的词或短语。关键词应该是具体的、有意义的，这样有助于进行回忆。

2）考虑次主题，也就是在上一层主题下的延伸。

3）次主题后，罗列更为细节的要点。任何一个要点出现的时候，尽可能自然地将它用"关键词"的方式表达出来，并把它和最相关的"次主题"连接起来。

4）整理思维过程。在完成思维导图后，可以用阿拉伯数字把它们标记出来。任何一个"次主题"都尽可能用一种颜色来表示。而且，如果可能的话，要尽可能用图像来表达一个关键词，这可以大大加深记忆。

2. 现代手段　　计算机已经在许多方面取代了纸和笔，在制作思维导图上，计算机也以它的操作快捷、图像形式多样和容量大的特点显示了其强大优势。它在学习与教学上的应用丰富多彩。

现在国内外涌现了许多可以绘制思维导图的工具，几乎所有专门用于绘图的软件都可以用来绘制思维导图。目前，针对思维导图的设计特点而开发的软件也很多，如 Inspiration、Axon Idea Processor、IHMC、Cmap、MindMan、InfoMap、Activity Map、Visio、Personal Brain、Brainstorm 和 MindManager 等。

图 5-3 所示是使用 MindManager 制作的思维导图。

六、采用思维导图法应遵循的原则和注意事项

在采用思维导图法进行教学和工作的过程中，应遵循以下几个基本原则：①禁止批评和评判，即使对幼稚的、错误的意见也不要立即加以批评。②允许和鼓励每个人充分发挥想象力，不关心顺序是否符合逻辑，要把所有与中心议题有关的想法写下来。③对于思维导图结果中的某些要点，教师可以进行进一步的引导或深入讲解，以利于学生思维的纵向发展。

如果思维导图法运用得当，可以发挥出集思广益的奇效，不但使每个人独特的思考不受压抑，而且可以借鉴别人的智慧，激励自己的想象与灵感，产生更多更新、更深层的想法，比独立思考获得更完美、更有价值的结果。采用思维导图法时应当注意：①讨论议题要具体明确，不宜过大或过小，不要同时讨论多个问题；②讨论进程要有节奏，时间计划性强，明确思考时间和上台展示解释时间；③利用关键词表达意思，字体尽量写得大一些；④教师对学生展示应作记录，多用肯定和鼓励的词语，可作简要的评价；⑤最后教师要进行归类、总结，形成最佳图示。

思维导图在生活学习和工作的很多方面都可以应用，它是一个在不断发展和完善的工具，同时它也是一门在不断精练和提高的技术。它的应用如下。

1）笔记。在课堂学习、听演讲和面试需要记录要点时，用思维导图作记录将要点记下，把相关的意念用线连上，方便记忆。画思维导图的过程，可帮助了解及总结信息及意念。

2）温习。准备考试需加深记忆时，将已知资料或意念以思维导图的形式画出来能加深记忆。

3）小组学习。在小组讨论中，小组共同创作思维导图。首先由各人自己画自己意念，然后将每个人的思维导图合并决定重点，最后重组一个共同的思维导图，这可以提升团队归属感及加强合作。

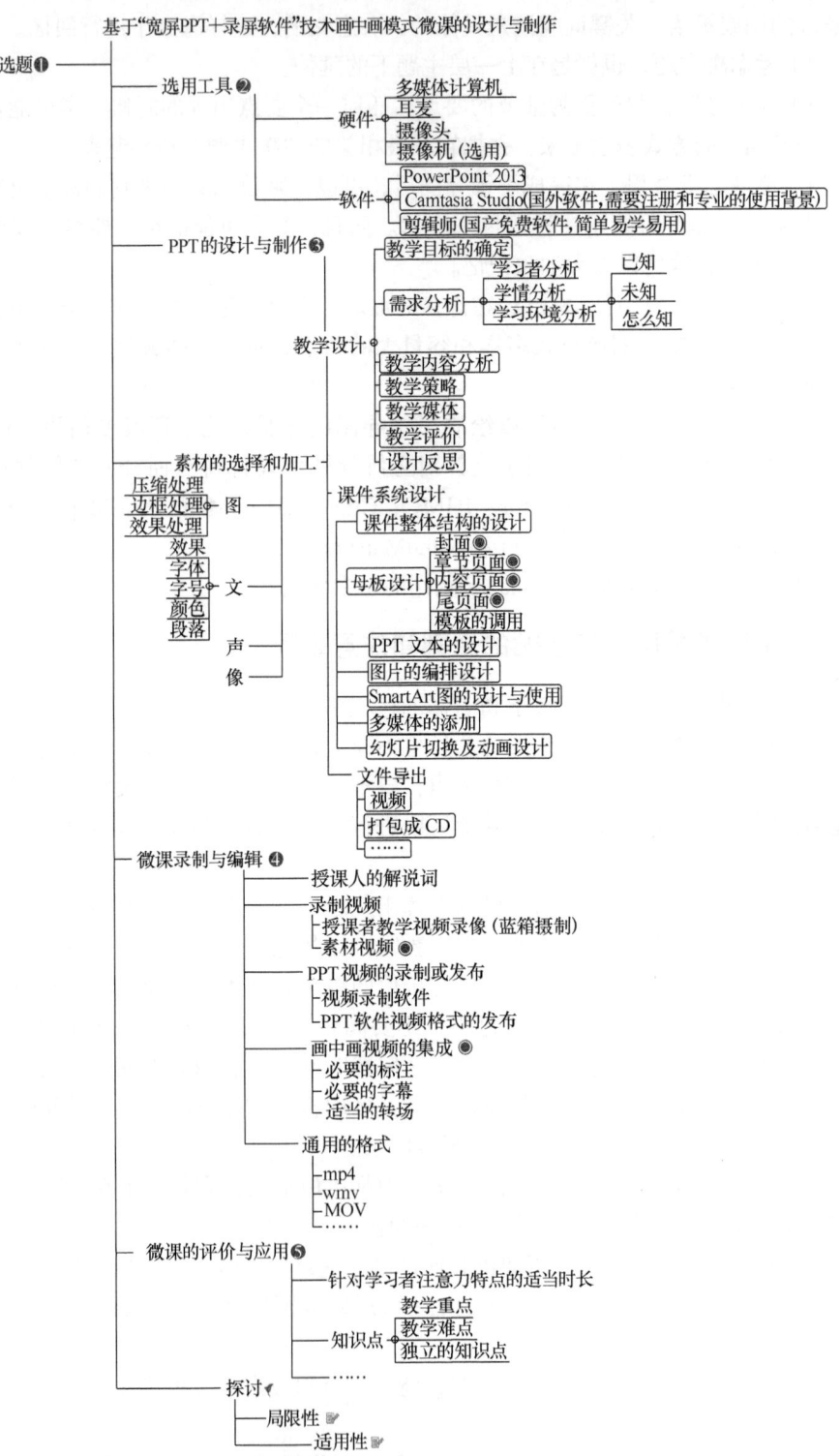

图 5-3 MindManager 制作"微课的设计与制作程序"的思维导图结构

4）创作。在探究创新时，将所有环绕主题的意念写下来，再对其进行组织和合并，画出新的思维导图。休息放松后，修改思维导图。

5）选择。当有多个意念需要选择及作出决定时，思维导图有助于全面及清晰地思考问题。先将需考虑的因素、目标、限制、后果和可行性等用思维导图画出来，再标志上重要程度或喜恶加权，最后作出决定。

6）演讲和展示。在需向别人说出自己的思想时，思维导图可以协助演讲人构思，并使听众容易明白。

7）计划。在指定计划时，思维导图可帮助人们将所有重要的意念写出来，再组织成有具体目标的计划。设计完成后也很容易撰写报告。

第五节　项目教学法

项目教学在当前职业教育课程改革和教学改革中受到极大的关注。现代职业教育注重培养学生解决实际问题的能力，学会解决问题的方法，学习者通过"做项目"来进行学习。

在做项目的过程中，既训练培养了项目所涉及专业领域的专业能力，又通过做项目过程中的计划组织和人际交往等要素获得方法能力、社会能力等跨专业的"关键能力"，达到学习过程中的脑、心、手并用。它是一种学习者为中心的教学方法，作为一种典型的行动导向教学方法在职业教育中得到广泛应用。

一、项目教学法的产生和内涵

常常有教师问什么是项目教学法，这个问题的解决可以使教师认识项目教学的实质。本节将通过对项目教学法发展的简述和关于项目教学法定义的讨论来说明项目教学法的特征。

（一）项目教学法溯源

项目（project）这个词来源于拉丁语中"*projicere*"一词，其意为计划、设计、规划。而方法（method）一词则源自古希腊，意思是完成计划任务的路径。最早在教育学中按上述含义应用"项目教学法（project method）"一词的，是20世纪初美国的改革教育学派的学者。受杜威教育思想的影响，1918年，美国学者基尔帕特里克（Kilpatrick）在一篇同名论文中提出"项目教学法"。

按照德国学者弗瑞（Frey）的说法，1590年以后，在欧洲的建筑学校教学中出现了"项目作业（project work）"；1765~1880年，"项目"作为常规的教学方法传到美国；1880~1915年，"项目"应用于美国普通公立学校的手工艺训练；1915~1965年，项目教学法经基尔帕特里克等学者重新定义并从美国传回欧洲；1935年德国学者佩特森（Petersen）翻译了基尔帕特里克的"项目教学法"并和杜威等的论文以《项目计划——基础与实践》为题结集发表。1965年以后，项目教学法在欧洲教育界重新获得重视。

20世纪70年代以后，以奔驰汽车公司开发的"蒸汽机项目"为标志，许多大企业如西门子、大众等相继开发实施了各自的项目教学。德国的职业教育中逐渐形成了项目教学法的应用浪潮。

（二）项目教学法的内涵

关于项目教学法，以下研究者给出了各自的定义。

基尔帕特里克给出项目教学的定义为"在社会环境中发生的、全身心的、有计划的行动"。

贝姆定义项目教学法"是一种教学的方法，在这种方法中，完整的、实践性的工作打算或教学主题按照一个由学生自己开发的计划来实现"。

弗瑞的定义是"在项目教学法中，学习者以小组为单位在某个内容范围内进行工作，实施一个项目。小组成员自己计划并执行他们的工作，通常在结束时有一个可见产品（如装置、仪器、文件、演出等）。在项目教学法中，关键不在于其最后的产品本身，而是这个产品的制造过程是以学员自主构建的方式进行的"。

维基教育上关于项目教学的定义是："项目教学使学习者参与某些能产生结果的项目中去，然而教学过程的主要目标是学习效果而不是项目产出的结果"。

所谓项目教学，可以理解为师生通过共同实施一个完整的"项目"工作而进行的教学活动，或者说是以"项目"为载体的教学活动。进一步地，可以通过对"项目"这个词的词义来理解和把握什么是项目教学法。检索"项目"词条，可以看到"项目"有以下含义：项目是一项为了创造某一唯一的产品或服务的、一次性的、多任务的、基于有限资源的、有时限性的工作而进行的活动。"创造唯一的产品或服务"是指该项产品或服务与同类产品或服务相比在某些方面具有显著的不同；"一次性"是指项目与连续性的、重复性的熟练性操作不同；"多任务"是指项目通常是综合性的；"时限性"是指项目具有明确规定的开始和结束日期，每一个项目都具有明确的开端和明确的结束。由于"受到有限资源的限制"，项目需要由执行者进行计划、实施和控制。

在职业教育教学活动中，项目与具体操作最根本的不同在于，具体操作具有连续性和重复性，以熟练性为目的；而项目教学则突出做项目的过程中人的创造性、对一般职业工作规律的认识和解决职业领域问题能力的发展。学生在教师的指导下亲自处理一个项目的全过程，在这一过程中学习掌握教学计划中的教学内容。学生全部或部分独立组织、安排学习行为，解决在处理项目中遇到的困难，因此"项目教学法"是一种典型的以学生为中心的教学方法。

（三）项目教学法的特征

不同于传统的课堂教学方式，项目教学法有自己特征，综合起来有以下几点。

1. 教学形式上的行动导向 做中学是项目教学在形式上的表现。行动导向的目的是在真实环境中通过行动——目标的指向的活动，来获得典型的实际经验。这也包括辨认学习环境中的缺陷，开发合适的应对策略并予以实施，从而改善缺陷环境。工作实践中的学习——完成一件产品或提供一种服务，其活动不仅和制造工件的手工或机器加工联系，而且和理论反思相关联。在制订计划、检查结果的过程中，学习者脑海里勾画了工作的整个过程，对工件进行了"思维上的加工"，并用语言方式表达出来。

2. 教学内容上的跨学科性 通过项目主题所包容的跨学科的综合内容来达到教学完整性，这在传统的单个学科或专业指向的学习中不能实现。例如，一些经济类专业的内容总是与政治和社会联系在一起；技术类专业的课题与经济性和环保生态联系在一起，或者涉及不同的技术领域如机械和电子电气信息等。项目教学的跨学科性使其成为综合内容教学的好方法，然而对系统专业知识的掌握仍然是需要的，在项目教学中要给以关注并以合适的方式体现。

3. 学习者的兴趣和需求指向 学习者的兴趣和需求指向的目的是促进学习者的学习动机及项目参与者对项目主题的认同感。学习者指向还和教师作用的转变联系在一起，教师要激发项目创意，改变在传统课堂中的行为方式，其任务更多地落在改善和促进学习者的活动潜力的发挥上。教师不再是作为什么都懂的示范者，而是创设学习机会及解决问题的参与思考者、参与组织者和互助者。

4. 学习过程中的自我控制 学习过程的自我控制和自我组织是项目教学法的内在要素。项目教学法基于完整性教学思想，通过完整完成一个项目，开发学习者的独立工作能力。因此，必须在项目教学中给予学习者自主进行计划和实施工作的空间。

5. 学习组织的社会关联性 通过项目教学的社会关联性质，展示学习情境中的各种关系并在一定程度上获得正确应对的能力。在传统教学实施过程中，教学内容从实际工作和生活中被剥离出来并失去了在实际生活中存在的相互关系和矛盾问题。因此，在面向工作世界的教学中，学生学习并感受到项目活动及其结果产生的社会关联作用和应用于今后职业工作的意义，培养更高的责任感。项目的目标和内容不只是获得专业知识，还有发展学习者人格的作用。

二、项目教学法的教学意义和功能

认识实施项目教学法的意义，可以使教师更加有目的地应用该方法。职业教育要培养高素质技能型人才，项目教学法具有不可替代的作用。推广项目教学法是职业教育课程和教学的一项根本性的改革，使职业教育不仅在课程的学习内容，而且在课程的学习方式和课程环境方面发生根本转变，改变教师中心、教材中心、课堂中心的模式。

项目教学法不再把教师掌握的现成知识技能传递给学生作为追求的目标，或者说不是简单地让学生按照教师的安排和讲授去获得一个结果，而是在教师的指导下，学生去寻找获得结果的途径并最终得到这个结果。学习过程作为学习的重点凸显出来，学生在这个过程中锻炼各种能力。

（一）将学习和职业工作紧密结合

学的目的是为了用，任何学习过程都不可能百分之百地复制工作世界的问题和任务。要使学习获得最大的效率，必须使学习者能够举一反三，将学习结果迁移到工作情境中去。然而，知识迁移不是自动发生的，发生的条件是在"所学"和"所用"中有"共同元素"。而且"共同元素"越多，迁移越顺利。在职业教育教学中，"共同元素"涉及两个方面：教学内容的选择和教学内容的编排。

职业教育的教学内容作为课程系统有两个系统要素，即课程内容的选择和课程内容的编排：选择哪些教学内容和这些教学内容以什么逻辑进行编排，这是影响教学效率的重要因素。不仅仅专业内容的选择要反映职业领域的需要，专业内容的编排也应该符合职业工作的逻辑关系。以设施农业生产技术专业学习为例：其一，学习什么生产技术是课程内容的选择要素，选择标准应该是职业工作中具有典型性和基础性的，如茄果类蔬菜设施生产技术，因而也是内容选择的主要对象；其二，茄果类蔬菜的学习内容是如何组织并进行教学的则是内容的编排要素。

在传统形式的教学中，教学内容按照学科逻辑进行编排，这和职业工作的实际情况相去甚远。在设施农业生产技术专业教学中，设施建造、设施蔬菜生产、设施园艺病虫害防治、设施农产品采收、加工等内容是分别归在不同的课程中的，虽然有些内容是编制在一门大的课程如"植物保护基础"中，但也是分别进行教学实施的。现实工作中各内容之间的关联和影响被学科分划而割裂开来。教学内容的学科系统化编排是学校教学中学科中心的强势体现，虽然学科中心的内容编排有很多好处，如学习内容的系统性强，然而缺点也非常明显，特别是在以职业性和实践性为特征的职业教育中，造成理论和实践相脱离，学习的知识不能应用于生产实践中。

在现实工作中，职业活动一般不会仅涉及某单一学科领域，而是以综合性工作任务出现的，如茄果类蔬菜设施生产的工作过程大致有以下几个步骤和内容：选择适合的茄果类蔬菜品种、培育茄果类蔬菜壮苗、茄果类蔬菜设施生产的整地施肥和适时定植、茄果类蔬菜设施生产的田间管理、采收、销售等。这些内容的共同作用构成了"番茄的设施生产"这一职业工作任务，项目教学法通过实施一个完整的项目来进行教学。项目所具有的综合性和工作过程特征，使"所学"和"所用"更紧密结合起来，在学习中通过做项目来模拟将来职业领域的工作内容过程，强化"学"和"用"之间的共同元素，使"知识迁移"更加顺利地进行。

（二）对关键能力和人格培养的意义

项目教学法是一种在专业教学中将普适功能教育目标，如方法能力、合作交往能力、独立自主能力、责任意识等突出表现出来的教学方式。从这个角度出发就不难理解，为什么项目教学法是德国职业教育中大力倡导的行动导向教学中最具有代表性的教学方法。基于人格发展这一共同的教育目标诉求，项目教学法实施一种基于完整人格发展的学习方式，使学习者获得职业工作所需职业行动能力，并使其在社会生活上成为成熟的社会成员。项目教学法的这个基本目标不仅体现在诸多理论观点上，也反映在德国许多实施项目导向教学的典型实验中。

关键能力培养是人格发展的体现，雷茨认为，关键能力应该是"行动导向"的获得，也就是说在学习过程中，个性能力培养和认知能力培养应该在与外部环境作用的基础上进行，也就是说在"做"中习得。能力本身作为一般学习目标是和具体内容的学习目标相联系获得的。职业行动能力是指解决典型职业问题和应对典型职业情境，并综合应用有关的知识技能的能力。

1987年，在对德国培训条例的修订中，将以关键能力为核心的职业行动能力要求写入了国家培训职业的培训条例，并在培训目标中精练地表述为（对工作任务）能"独立进行计划、实施和检查"。

项目教学法是一种完整性学习概念下的教学方法：一是强调过程的完整性，即学习过程中包含完成任务的计划、实施、检查三个循环阶段，从而使学生学习模拟工作过程；二是培养人才的能力的完整性，教学不仅仅是传授专业知识和技能，更重要的是培养学生包括方法能力、社会能力和个性能力在内的全面综合素质，从而落实国家设立的职业教育培养高素质技能型人才的培养目标。

三、项目教学法的设计和实施

项目教学一般来说比较复杂，需要精心设计。设计项目教学法时，要从开发有效的项目教学、设计完整的项目进程等方面考虑。本节将就教学项目的开发、项目教学法的实施步骤、项目教学法的注意事项等方面进行讨论。

（一）教学项目的开发

为了进行项目教学，先是要开发一个教学项目。教学项目是为教学目的而开发的"项目"。在职业教育中，教学项目是以生产一件具体的产品或完成一个服务为目的的学习任务，如建造塑料大棚、生产设施黄瓜、黄瓜霜霉病的识别、销售大棚的番茄等。

项目教学法可以应用于大多数的专业，在选择主题开发教学项目时应该有如下考虑。

（1）教学项目内容具有职业工作的典型性和基础性　项目应该在一定的职业领域中展开，通过项目学习特定教学内容，具有轮廓清晰的任务说明。为了提高项目教学的效率，所选择的项目主题要具有将来职业岗位工作的典型性和基础性，以便于学生举一反三，通过"迁移"扩大应用范围。

（2）教学项目能将教学任务的理论知识和实践技能结合在一起　学生做项目是一个脑、心、手并用的过程，头脑的认知能力、身体的动作技能及心灵的情感响应都在这一过程中得到发展。学生在做项目时运用学到的理论知识指导自己的实践，又通过实践活动丰富和发展自己的理论知识，这与单纯的课堂上知识传授性理论教学和实训室的熟练性技能培训有根本区别。

（3）教学项目要和企业实际生产过程或现实商业活动直接相关　教学项目可以是模拟的，也可以是真实的。模拟的教学项目是仅仅为了教学目的而开发和实施的项目，一般来说学生做项目只是为了做的过程本身，学生通过做项目的过程获得职业知识技能及社会情感，其结果产品没有实际应用价值。而真实的教学项目则是来自企业或其他社会机构的任务委托，其教学过程产生的结果产品具有实际的应用价值，如果条件许可，提倡实施真实的项目。真实的项目提供学生真实的生产情境和心理感受，例如，模拟的产品做得再好项目结束后还是无用的，最后被丢弃；而真实产品则是有用的，产生使用价值或进入市场，这更加能够激发学生的学习动机、认真的工作态度和严谨的质量意识。

（4）学生有独立进行计划工作的机会　项目工作有一个完整的实施模式即信息、计划、决策、实施、检查、评价这样一个循环。作为学生自主型教学方法，项目教学在各个环节上都应该让学生的自主活动得到体现。学生不是按教师给定的计划去执行，而是要自己进行计划（头脑中的策略演练）和评价（反思和总结），在一定时间范围内可以自行组织、安排自己的学习行为。

（5）有明确而具体的成果展示　项目的最后结果是生产出一件具体的产品或完成一个服务后提交一个报告，如连栋温室建造方案或设计方案，学生进行成果的展示。

（6）具有一定难度，在一定范围内学习新的知识技能　学生自己处理在项目中出现的问题，解决过去从未遇到过的实际问题。

(二) 项目教学法的实施步骤

不同文献中，项目教学的开发和实施过程在细节上有不同的表述。从基尔帕特里克的"目标、计划、实施、检查"基本框架出发，在维曼（Wieman）的模型中包括"创意、目标、计划、决策、实施和评价"六个阶段。综合起来大致可以有以下几个阶段。

（1）项目主题的形成　　这个阶段可以细分为"创意产生和创意分析"两个分阶段。项目创意可以由一个外界的任务委托引发，或者由内部的一人或几人自己提出一个项目构想或项目创意。进而在一个事先约定范围内，对项目创意进行创意分析，按一定的规则或条件对提出的任务进行结构化处理，提出问题并确定项目结果的使用价值，形成一个项目的大致框架草案。这个阶段的目标是发现一个项目主题、一个问题任务。严格意义上，项目主题应该从参加项目的学生中产生，教师起一个激励和引导作用，这尤其表现在"兴趣小组"的教学活动中。在通常的职业教育教学中，项目主题可以由教师准备并确定。

（2）项目计划的制订　　这个阶段也可以分为"项目计划和决策"两个分阶段。学生组成工作团队开发项目计划，工作团队根据已经确定的项目目标及相关条件如时间、经费、场地、设备等，自己计划总体工作。这是一个要求创新精神的动态的过程，这个过程的目标是"根据情境前瞻性地计划"，在头脑中执行未来的工作。在完成总体计划后进一步作出执行计划：谁（执行者）、什么时候（时间控制）、怎样完成（工作方法）、什么任务（工作内容）。

（3）项目执行　　在本阶段中，项目计划得以实施，即在具体做的层面上执行项目。项目团队以个人、小组或全体的形式自主地工作，并在此过程中产生或交换生产产品的信息，这个过程还包括了对实施过程的检查和对原来计划的修正。

（4）评价反思和总结　　项目结束的方式大致可以有三种情况：其一，在产品指向的项目中，项目结束是明显的，可以通过展示和应用项目结果表示；其二，产生一个指向项目创意的反馈，项目团队成员比较项目初始和项目结束的状况；其三，项目结束了，通过项目工作获得的知识、技能和能力在日常生活和学习中获得应用。

在行动导向教学中，通常用信息、计划、决策、实施、检查、评价来描述项目教学的整个过程，便于教学实施，见表 5-1。

表 5-1　项目教学的基本步骤

步骤	工作内容
信息	在初始阶段，学生获得信息，要做什么；达到什么目标；学生应该在头脑中明确要完成的工作
计划	在这个阶段，学生进行方案开发，做计划规划和确定工作的进程和内容，计划一般要由整个学习小组来制订
决策	在决策阶段学生分析各种方案的特点，最后和教师讨论决定实施计划
实施	实施阶段中实际执行计划的工作，执行过程继续由学生自己进行，可以在学生之间分工进行
检查	检查的意义是在项目执行过程中，由学生和教师检查所做的工作和计划的工作（内容和时间、质量和数量）是否相符，进程要作哪些调整，计划要作哪些修正
评价	在项目结束时对项目的整体工作进行评价，项目是否达到了预期目标，在哪些地方存在缺陷，什么原因造成的，下次如何改进，师生一起找出工作偏差和原因及改进的可能性

（三）项目教学法的注意事项

在设计和实施项目教学时应该有哪些注意的地方？结合前述项目教学法的特征，应该注意以下几个方面。

（1）选择合适的教学项目　　要有目的地去选择项目，所选项目应考虑：内容综合性，包含多学科的知识技能；理实一体化，既有理论知识又有实践操作；学生兴趣指向，考虑结合学生感兴趣的、与学生生活世界接近的内容；产品指向性，项目完成后有一个完整的成品，使学生完成项目后有一种成就感；任务的开放性，完成项目的途径和结果在一定程度上是开放的，即可以是不同的，这样可以激发学生的创造性。

（2）调动学生参与项目的积极性　　项目教学法是学生中心的教学方法，学生是实施项目的主体。因此，要调动学生参与项目教学的积极性。调动学生积极性可以是多方面的，如选择学生感兴趣的项目主题和项目内容，给予学生更大的创新和个性展示空间，引进竞争和评比机制等。

（3）调动学生自我控制和组织　　在做项目的过程中，学生是主角。特别是在项目计划阶段，要注意计划应该（在教师的指导下）由学生做，而不是简单地由教师事先做好计划，学生机械地执行。教师角色要从教学过程的主宰或通晓一切的标准答案给予者变成教学过程的组织者和导演、学生碰到问题的咨询者、帮助学生走出困境的引导者。

（4）小组形式的教学组织形式　　小组工作形式的学习有两个目的：一是在学生中心的学习中，生生之间的社会性学习比在教师主体的传统教学环境中更重要，学生之间的相互交流和学习是学习获得成果的有效支撑；二是营造相应的工作关系和氛围，培养学生小组协作和团队精神，促进其社会能力的培养。

（5）重视成果检查与评价　　学生完成一个项目后，要及时交流展示，给予评价。检查评价的方式可以有学生自评、学生互评、教师评价和总结等。这样的反思过程对学生知识掌握和能力提高是重要的，同时也能极大地培养学生的成就感。让学生知道：达到预先设定的目标了吗，什么地方有缺陷，产生缺陷的原因在哪里，下次做可以有哪些改进的途径，别的小组有什么可借鉴的地方。

（6）教师检查的节点　　在项目执行的过程中，教师可以通过两个方面加强对项目实施的影响，一是设置"节点"，即在项目开展的重要时间节点上安排时间进行项目内部关于计划组织的信息交流和反思，如果有必要，可以修正更改原来制订的项目计划；二是和学习者要进行中间谈话，以此来表现项目教学的教育特征而不是单纯地做事。

第六节　引导文教学法

引导文教学法是一种教育培训方法，通过这种方法，学生借助于书面的文本"被引导着"来完成学习中的实际任务。引导文教学法是行动导向教学方法之一，它的基本原则是根据企业传授实践技能的方式不断发展演变而来的，引导文教学法是一种面向实践操作、全面整体的教学方法，通过此方法进行学习后，学生可掌握对一个复杂的工作流程进行策划和操作的能力。

一、引导文教学法的产生和内涵

（一）引导文教学法溯源

引导文教学法起源于德国，该方法是自20世纪70年代起由一些大型工业公司（如戴姆勒—奔驰、西门子、赫施等）创造的，主要用于德国"双元制"职教模式。因而引导文教学法不是在职业教育理论中发明出来的，而是在企业实践中不断开发完善出来的。世界上第一类引导文的形式出现在20世纪70年代中期德国戴姆勒—奔驰在Caggenau的工厂。那时培训师的常用指示通常被汇编成配音幻灯片。那些学员借助于一个文本独立"学习掌握"这些常用指示，其后学员完成一个小测试。小测试结果表明：学员自己到底学到了什么？还有哪些没理解？许多企业对迄今为止的四阶段教学法并不满意，这也导致了引导文教学法越来越得到人们的关注。四阶段教学法对于奉行泰勒主义的人们是合适的，而在当今技术日新月异的时代，相比四阶段教学法而言，引导文教学法对于学生职业技能的培养方面更有巨大优势。

（二）引导文教学法的内涵

关于引导文教学法，德国职业教育联邦研究所对引导文教学法给出了理论上的描述。引导文教学法的基本原理在于引导学员尽可能多地独立自主学习。引导文通常是由引导性信息来源、引导性问题、工作计划（表）、检查表等组成。德国职业教育联邦研究所对于引导文教学法的理论上的描述的核心是基于"工作中完整的行为的模型"。"完整的行为的模型"描述了专业工人如何实施一个完整的工作任务。只有当专业工人的"被希望的状态"能用"完整的行为"来描述时，其被培训的方法才能相应地合理地构造出来。一个完整的行为按照德国职业教育联邦研究所学者的普遍观点，可以划分为如下六个部分/阶段："收集资料"用来加工引导性问题；"拟定计划"用来培养制订书面工作计划的能力；通过与教师关于工作计划的专业讨论和寻求对引导性问题的正确回答"进行决策""实施"完成一个完整的工作任务；根据检查表等进行自我或外部"检查"来达到"质量控制"；通过一个进一步的专业交流来"评估"检查结果并探讨将来避免错误的可能性。正是基于以上的研究基础，随着各行各业对于"机电一体化"等新兴职业的越来越多的依赖性，近来德国职业教育研究人员不仅仅满足于引导文教学法的运用，而是从引导文教学法引向了一种据说是具有"更加全面完整性"的"学习领域"方案的研究。引导文教学法对职业教育的贡献是不言而喻的，其已经成为了新的职业教育研究的基础之一，并构成了新的职业教育教学方法的一个组成部分。

（三）引导文教学法的特征

与其他课堂教学方式相比，引导文教学法有自己的特征，综合起来有以下几点。

1）与技术工人的工作过程相似，引导文教学法将教育培训、学习中的提出任务和处理任务程序分为六个步骤：收集资料、拟定计划、进行决策、实施、检查和评估来实现学习环境和工作现场的更紧密的结合。

2）通过独立自我学习和分组学习的结合既可以满足小班化教学的需要，又可以实现大班化（人数多达 50 多人、学员水平参差不齐等）教学的需要。引导文教学法除了培养学生独立自主的学习能力外，还鼓励学生通过同学之间相互的观察和交流来学习，从而提高学生的社会能力。因此，教学环境的安排应有利于学生间的互相交流和学习，例如，将教学场地设计成若干形式，如圆形、环形或多边形，分配给每个小组（如 6 人左右），将便于小组讨论和相互观摩，使学生快速找到各自的正确方法。

3）实施引导文教学法，对教师提出了很高的要求，每个专业甚至每门课都要专门设计、有针对性地开发教学内容，把不符合现有学生接受能力和不贴切企业现有生产实际的内容删除，增加学生/学员的实践技能训练内容，或要求教师到企业中找项目作为教学内容。教师是"合适的教学内容"的规划预备者、学习过程的旁观者、学习过程的引导者、学习过程的咨询者和启发者、学习过程的共同评价者之一。教师在实施引导文教学法时，不再是"一言堂式"的知识灌输者。

4）引导文教学法允许学生针对引导性问题有不同的思维方式和结果，如采用不同的加工方法，其中有些思维结果、加工方法可能是错误的或不可行的；但如果可能出现涉及诸如生产安全问题等，指导教师必须指出并制止，除此之外，引导文教学法就是一种允许学生在犯错纠错中不断提高自身能力的教学方法。

采用引导文教学法的成本比传统教学的成本要高，除了开发新的教学内容外，在教学过程中的成本也较高。例如，学生在实施生产加工中出现报废品，就必须重新加工，这将增加教学成本。除此之外，引导文教学法在操作过程中要求设备种类齐全、数量足够多，因而初期的投资较大；当然，如果学校与企业合作办学，由企业承担部分培训费用，并承担学生的部分生活补贴，经费问题则可解决。

二、引导文教学法的教学意义和功能

对复杂工作过程能够独立制订工作计划、实施和检验是当今对合格专业技术人员的要求。引导文教学法向成长中的专业人员介绍了他们未来所需具备的技能资格并向他们展示了一个复杂工作过程中的各个步骤。引导文教学法能够激发更大的学习积极性和取得更好的学习效果。

（一）可缩短其今后在职业工作中的适应期

引导文教学法是一种基于工作过程的行动导向教学方法。不仅在教学内容上，而且通过上述六个部分/阶段在教学过程上，引导文教学法都将学习和职业工作紧密结合在一起，进一步弥补了单纯学校职业教育的缺陷，实现了学习环境和工作现场的更紧密结合，这有利于在教学过程中进一步贯彻实施理论联系实际的原则，更有利于培养出既懂专业理论又有技能的生产、服务类人才。

（二）使学习能力各异的学生取得进步

目前在我国的职业教育中，几乎所有课程，尤其是在实施大量的专业实践操作课时，由于生源的差异，学生在学习能力、兴趣、技能和目标等方面都会有很大的差异。如何才能最大限度地使学习能力各异的学生取得进步，对于教师而言是巨大的挑战。学习基础好的学生如果在课堂上得不到智力、能力上的挑战，会感到枯燥无味，而学习能力较弱的学生则可能会被课程内容难倒而失去学习的兴趣。通过独立自我学习和分组学习的结合，通过教师规划预备"合适的教学内容"，通过教师作为学习过程的旁观者、引导者、咨询者和启发者及共同评价者之一的多重角色，引导文教学法使教师从"一言堂式"的教学过程中解放出来，从而能使教师有更多的时间来针对学生的差异组织教学，最大限度地使学习能力各异的学生取得进步。

（三）对综合能力和人格培养的意义

职业教育应从传统的"学科体系"中解放出来，把科学技术实践作为职业教育的中心，通过实物、实际/实践教学，培养学生的观察事物能力、分析问题能力、精确操作能力和清晰明了地表述事物的能力，以适应工作和生活的需要。

认知心理学、教育心理学、学习动机等领域的学者提出了各种关于学习、智力发展及信息加工的模式和理论，这些研究正在改变着人们对学习过程的认识。许多德国学者认为：学习是一个前后相互关联的"主动"过程，另外，在"相互交流"中学习将会促进知识的获得和能力的提高。由此可见，学生学习应重在"主动"和"相互交流"。引导文教学法正是使学生在实践中学习和提高，是"主动"和"相互交流"完美结合的体现。引导文教学法不仅教会学生专业知识和技能，更注重培养学生的专业能力、方法能力和社会能力。引导文教学法正是培养学生综合各种"关键能力"的一种卓有成效的方法。各种"关键能力"包括：独立工作和终生自学的能力，分析和解决问题的能力，交往、管理及协调能力，严谨认真的工作态度、团队合作精神及对团队负责的意识，接受、处理新信息及思辨能力，快速和灵活地适应新环境的能力等。

三、引导文教学法的实施

引导文教学法是一种面向实践操作全面整体的教学方法，通过此方法进行学习，学生可对一个复杂的工作流程进行策划和操作。引导文教学法尤其适用于培养学生的关键能力，让学生具备独立制订工作计划、实施工作计划和检查工作过程的能力。更广泛地说，引导文教学法也是对专业能力、方法能力和社会能力的培养。

教师设计提供一个书面任务，此书面任务的形式是多种多样的，具体包括提问形式、填写空格形式、填写表格形式、选择题形式或绘制示意图形式等。学生需要借助辅助材料完成此任务。辅助材料中含有完成任务所需要的提示和必要的专业信息来源，教师提供这些提示和信息来源的目的是让学生利用提示和信息来源获取正确的答案，而不是教师直接给予学生答案。引导性问题和引导文为学生提供信息并对整个工作过程的执行提供帮助。

通过应用引导文教学法学习，学生能够承担学习和工作的责任，正确估算工作进度，独立获取信息，正确衡量自己的能力、技能、知识，然后制订自己的学习目标，制订周密的有独创性的工作规划，独立按照计划完成工作，独立解决出现的问题，加强团队工作能力，检验自己的工作结果，并对成功和失败进行评估。

教师应该在整个引导文教学法的操作过程中尽可能地只在一旁扮演咨询师角色。教师必须提前对工作任务和引导性问题进行选择，为了应用引导文教学法需要付出相对大的功夫来做准备工作，授课教师必须制订和整理学习单元材料。引导文教学法要求学生独立工作，具备针对具体问题的专业知识，从而能够借助教材（辅助材料中包括教材的来源）等的信息文本处理问题。学生必须并能够依据引导性问题完成自学。

引导文基本上由这些部分组成：教师提供的引导性信息来源、教师提供的引导性问题、工作计划表（不是必需的）、学生自我控制检查表格或教师提供的标准答案等。引导性问题是引导文的核心，它引导学生独立获取所需信息并针对布置下来的任务拟订工作计划。为使教师较好地了解学生的学习进度和可能遇到的困难，这些引导性问题应以书面形式回答。

工作计划表将由学生独立填写完成并与教师讨论。一张供学生填写的表格会在他们制订工作计划时起辅助作用，表格里可以填写该工作计划的各个步骤及必要的材料、工具和设备。学生用学生自我控制检查表格或教师提供的标准答案评定工作结果。检查表里的重要质量标准围绕给定的任务，若情况允许，质量标准将由学生独立拟订完成。教师提供的引导性信息来源包含了为解决任务所需的所有信息，引导性信息来源篇幅首先取决于任务的类型和复杂度。为新的专业内容独自拟订的信息资料来源是一个很好的学习辅助工具。即使学生可以独立开发材料，教师也要提供手册、表格、图纸和专业书籍供他们使用。

学生在课堂上通过教师的介绍，了解学习任务、操作过程和学习目标。采用引导文教学法时，切入主题应具启发性。教师可以借助头脑风暴把思想交流引向提出问题，进而唤起学生对工作和学习过程的兴趣。采用引导文教学法时，学生应根据教师提供的引导性信息来源独立获取制订计划和执行任务所需要的信息。教师提供的引导性问题、工作计划表决定了搜寻和解决问题的进程。有困难的学生在与教师的专业对话中可以详细讨论经过学生处理的引导性问题的解答和拟定的决策方案，在这一阶段教师将会检查学生是否已掌握必要的知识。学生根据工作计划以团体或分工的形式执行训练任务。学生先根据自我控制检查表格或教师提供的标准答案独立检查和评估自己的工作结果，必要情况下学生可使用自己（在计划阶段自主开发）的工具。培训中经常使用事先设计好的检验表格，这样的材料可以让学生依据工作订单里的预先规定来检查他们的工作成果，并回答一个重要问题，即"是否专业地完成了订单"。工作任务的进程也会影响最终结果的质量。为了让学生明白这层关系，如有可能，应对中期成果进行检验。最后学生将与教师一起对整个工作过程和结果进行评价。这次对话有利于教师开发和制订新的目标和任务，使教学工作再一次回到新的起点。

最后阶段的教师和学生互动式评价工作任务以对话形式进行。教师促使学生把自己的评价结果同客观的标准进行比较。教师应该在最后通过坐下来和学生交谈的方式来评价学生的学习结果。教师和学生各自都应思考整个工作任务的完成过程，回答"下一次必须在什么地方做得更好？"等问题，为下一步行动制订改进意见。

教师课前考虑引导性信息来源时，参与者的水平、外部的资源条件（如数控机床、时间安排、空间安排、软件、硬件等）事先都要加以考虑。

一般由教师准备引导性问题，但也可以和某一个班级学生在采用别的教学方法后进行考试复习时讨论而定，然后用于下一届学生的引导文教学法时的引导性问题。

引导性问题可以是问题，也可以是"画一份简单的草图"这类祈使句，也可以是选择题。

工作计划表中的有关计划的纠错是允许的，如生产安全性的问题要在计划阶段纠正。

评价中，教师主要关注学生的能力，计划阶段的纠错还要核算成本。重大的问题纠正后，可缩短教学过程；也可以出于教学成本的考虑，实施过程中有检查和经常性的反馈。

引导文教学法的实施阶段根据需要和具体的条件可以模拟性实施，如可以从理论上进行计划，也可以在企业和社会中进行具体的实践过程。

使用这种教学方法，重点和难点是"合理地提出便于理解并起引导性的问题"，问题描述要能促使学生查阅资料，分析思考后才能回答出来，问题要和主题有关并能激发学生的学习动机，同时，也需要与学生水平相当。一般疑问句不应成为引导性问题。

例如，黄瓜霜霉病的识别，告诉学生这部分学习的主要目的是掌握当地黄瓜霜霉病发生的季节，主要症状是什么，不同部位侵害症状有什么不同，需要哪些仪器，进行判断参考哪些资料等，这是可以用引导文教学法来实施的。

引导文教学法是把学生分成若干小组，每个组的问题一样，教师要做很多准备。可以所有的组做同样的内容，也可以分组做同样的主题，但不同的内容，如都是播种，可以分为番茄的播种、黄瓜的播种等。实验室布置可分为化学实验室、其他实验室的布置；也可以不区分，完全一样。

引导文教学法可以针对不同水平的学生，采用不一样的教学进度，可以适应学生的不同水平，先完成的学生可以再附加其他问题。

通过采用引导文教学法应最大限度地缓解教师重复传授知识的问题。通过采用引导文教学法使教师有时间专心了解学生的个人学习进度和学习上所遇到的困难。学生学习如何独立制订工作计划、实施和检查。教师通过合理构造教学主题来给予学生一定的工作任务，工作任务应实践性强并包含相应的理论知识。这些能让学生以行动为导向获取知识。

学生分组工作，学习一起把工作流程结构化，同步他们的工作，也就是说他们以小组为导向工作。学生应该首先自我评价他们的工作，为此需要应用适合的标准和准则，其可能是在计划阶段由学生独立拟订出来，然后才是师生共同评价工作流程及工作成果。

引导文教学法也可以看做是"一个为项目做准备的培训过程"，它也可以在一个项目里起到恰当拟订主题的作用。项目教学法可以是每个人做一个项目，任务范围可以较大，组和组之间有区别。引导文教学法是每个人做的主题相同，任务一般范围较小。教学方法可以是综合的，在项目教学法中，也可以穿插运用引导文教学法，如工艺过程的具体步骤。引导文教学法是有确定主线的，而项目教学法的每组之间主线可以不统一，如建造一栋日光温室，运用项目教学法学生可能会设计出不同结构的日光温室，即每一个组在项目教学法中可以用不同的引导文。引导文教学法可以用于一个大项目的子项目或一个构成成分，如钢架硅石结构日光温室项目，可以用引导文教学法实施子项目，如开挖基槽、垫层施工墙体的不切筑等，各个环节都可以用引导文教学法来实施。项目教学法包罗万象，可以在其中穿插很多小的方法，在项目教学法中创造性是很重要的，项目教学法要求学生有很好的创造性；若针对每一个问题，进行深入的同一个标准的理解，较少发挥学生的创造性，则用引导文教学法。引导文教学法中，师生都要对引导文教学法的过程有深刻的了解，学生要适应这种方法。

引导文教学法与"基于问题的学习（PBL）"是有关系的，二者比较接近，复杂的问题很有可能与 PBL 接近。例如，番茄虫害的诊断，采用引导文教学方法就很合适。PBL 是上位概念，案例教学法、引导文教学法和实验法等是具体的方法。

第七节　角色扮演法

一、角色扮演法的含义

角色扮演（role-playing）原本是一种心理治疗技术，其含义是使人暂时置于他人的社会位置，并按这一位置所要求的方式和态度行事，以增进对他人社会角色及自身角色的理解，从而学会更有效地履行自身角色。这一技术最初是由美国精神病学家莫雷诺（J. L.Moreno）于 20 世纪 30 年代为进行心理治疗始创的，现已广泛应用于各个领域。

将角色扮演应用于教学活动中的方法称为"角色扮演法"，它是一种使学生在模拟的环境中扮演一定的角色，从而掌握相应的知识与技能的实践性教学活动。角色扮演是一种情景模拟活动。所谓情景模拟是指：根据角色扮演者担任的角色，设计特定的情景，使角色扮演者在模拟的、逼真的情境和场景中，获得一定的心理体验，处理可能出现的各种问题。角色扮演法可提高角色扮演者在特定情境下处事和解决问题的能力。

二、角色扮演法的理论基础

角色扮演理论是以美国社会学家米德（George Herbert Mead）的角色理论和美国心理学家班杜拉（Albert Bandura）的社会学习理论为基础发展起来的。

1. 角色理论　　角色的原意是指演员根据剧本扮演某一特定人物。角色的定义十分广泛，但一般认为，角色是指个人在特定的社会或团体中占有的适当位置和被社会或团体所规定的行为模式。美国社会学家米德率先将这一概念引入社会心理学，用来说明人的社会化行为。米德认为，人的社会化过程的实质是"角色扮演"，即学会理解他人对于角色的期待，并按照这种期待从事角色行为。角色是在互动中形成的，在不同场合，人们所扮演的角色是不同的，这就要求人们根据社会环境的变化，适当地调整自己所扮演的角色。例如，一个男性教师，在一天中至少可以有三种角色，上班前、下班后在家庭中扮演着家庭角色，为父为夫为子；上班途中乘坐公交车、下班后上街购物，扮演着社会角色；在学校当教师上课教学，扮演的是职业角色。每一种角色都有其自身的行为模式，一般不能混淆和错位。显然，将家庭角色的行为模式用到社会成员关系上或职业中是不合适的，常常不能为他人所接受。

2. 社会学习理论　　在著名的"充气娃娃"实验的基础上，班杜拉提出了社会学习理论。观察学习也称为替代学习，该理论一个基本概念，就是通过观察他人（或榜样）的行为（这种行为对于观察者来说是新的行为），获得示范行为的象征性表象，并引导学习者作出与之相对应的行为的过程。班杜拉认为，靠直接经验获得的任何行为都可以通过观察榜样的行为来获得；同样，也可以不用亲自体验直接强化，通过榜样的替代反应和替代强化也能学会某种行为。班杜拉指出，学习通过观察便可发生，但学习是否转化为行为表现出来，则取决于强化引起的动机作用。

强化可以是直接强化，即通过外界因素对学习者的行为直接进行干预；也可以是替代强化，即学习者看到他人成功受到赞扬或失败受到惩罚的行为，就会增强或抑制产生同样行为的倾向；还可以是自我强化，即行为达到自己设定的标准时，以自己能支配的报酬来增强、维持自己的行为。因此，有意识地给予学习者正面、规范的行为刺激有利于其养成良好的习惯。

三、角色扮演法的教育教学功能

角色扮演通过行动来学会处理问题，角色扮演中，参与者和观察者都会卷入一个反映真实状况的问题情境之中，并都急于想由这种卷入获得结果。角色扮演的过程给人的行为提供了生动的实例，学生通过这个实例可以体验感情，培养职业情感和素养，培养解决问题的技能和态度。

在职业工作中，每个人都有其特定的工作角色。将工作角色移植到教学中来，在教学条件下，进行角色实践可以达到一定的效果。角色扮演法是在培训情景下给予受训者角色实践的机会，使受训者在类似真实的模拟情景中体验某种行为的具体实践，帮助他们了解自己，改进提高。同时，通过角色模拟还可以发现行为上存在的问题，及时对行为作出有效修正。角色扮演法适用于行为培训，如人际沟通、解决冲突、合作等，还可应用于培训某些可操作的能力素质，如推销员业务培训、谈判技巧培训等。

在职业教育培训领域引入角色扮演法，既可让学生体验未来职业岗位的情感，深化对学生职业能力的培养，又可使学生在感悟职业角色的内涵中，调动学习的内在动力，把职业知识与职业技能和职业心理有机地结合在一起学习，形成良好、规范的职业行为，从而获得良好的教育教学效果。

除了专业教学中的应用外，在一般的心理解惑中，角色扮演法也有很高的应用价值。青少年的一个很大的不足是常常以自我为中心，不能站在别人的角度来思考问题，这就难免产生对他人认识与理解上的偏差，也不易体会到他人的情感和需要。角色扮演可以促进学生对他人的理解。角色扮演技术的一个重要的特征是要求扮演者站在所扮演角色的角度认识事物，思考问题，展开行动。通过角色扮演，扮演者也能顺利地完成"将心比心"的过程。角色扮演法中，活动参与者个体在想象中扮演他人的角色，即试图把自己想象成他人，以他人的观点来看待问题，理解他人的处境和感觉，预测他人可能采取的行动及其对自己行动所作出的反应，通过这种方式，达到消解个体的心理困扰，促进其心理正常发展的目的。

四、角色扮演法的优点

角色扮演是在模拟状态下进行的一种社会性、群体性的教学活动，其应用于职业教育教学有以下优点。

1）角色扮演是一项参与性的活动，并带有娱乐性功能。在扮演过程中，学习者会抱有浓厚的兴趣，这对于改善职业学校学生厌学现象有积极的意义。为了在角色扮演中获得较高的评价，扮演者会积极表现自我，施展自己的才华，因此容易激发学生的学习积极性。

2）角色扮演是在模拟状态下进行的，因此学习者在作出决策行为时可以尽可能地按照自己的意愿完成，不必考虑在实际工作中决策或行为失误所带来损失问题。它是一种可反馈的、可反复的行为，学习者只要努力地扮演好角色，没必要为自己的行为担心，也没必要在意他人对自己的看法。

3）角色扮演过程中伴随着角色之间的配合、交流与沟通，因此通过角色扮演法可以增加角色之间的情感交流，培养学生的沟通、自我表达、相互认知等社会交往能力。

五、角色扮演法的实施步骤

在角色扮演教学活动中，可以根据教学目标和内容的要求，由教师或者学生构思一个事件，这个事件可能发生在某个工作场合，也可能是生活中会遇到的事情，然后针对这个事件的情境设身处地来处理。它要求教师与学生事先做充分的准备和计划，同时要求扮演活动具有高度的真实感。具体可以有以下步骤。

1）确定目标。角色扮演活动的学习目标必须配合整体的教学目标，根据教学内容的重点合理地开展要学习的主题。

2）构思事件情境。情境的描述应与真实情境相符合，应尽可能符合实际的职业生活。

3）决定扮演的角色。扮演的角色必须配合问题情境、表现教育的功能，应以能促进当事人各种经验的发展为原则。

4）选择扮演者。角色确定之后，由学生选择自己有兴趣或是对个人职业发展有帮助的角色。

5）准备演出。扮演的角色人选应有相当长的准备时间，先行揣摩有关角色的责任和条件。教师应将有关扮演情境的详细说明事先告知扮演者，例如，可以通过从实际职业岗位所获得的职业资料来说明角色的特点及条件等，必要时还可由学生写演出脚本。

6）布置表演场所。表演场所的布置可根据情境的需要考虑以下因素：空间、环境、道具等，模拟环境的真实性可以激发学生的表演欲望，使学生更加投入地进行角色扮演，从而达到较好的效果。

7）进行演出活动。角色扮演活动应尽可能具有真实性和自然性，使剧情顺利地发展。扮演者应尽可能自然地表达，以达到表现职业生活的真实性。

8）讨论与评价。一方面可以由扮演者表达自己演出时的想法和感受，另一方面可以由观察者表达观感。通过讨论可以扩展当事人对职业层面的认识，并对职业角色行为有新的体验。评价的内容包括：①扮演过程表达的是怎样的职业或生活情境，表达出什么样的思想和感受；②事件情境描述是否深刻，表演是否进入角色；③角色扮演的经验是否为当事人提供了真实职业生活的练习机会，哪里给你留下深刻感触。

六、角色扮演法的注意事项

角色扮演法教学的实施有一定的难度，需要仔细设计情境模拟，同时，保证角色扮演全过程的有效控制。在实施中要注意以下几个方面。

1）要进行仔细设计。其要点是模拟的情境能很好地反映职业或生活的典型事件或状态，不要偏离主题。要有真实感，能够使参加者通过角色扮演得到心理体验和技能发展。

角色扮演不是为了表演而表演，要能够通过体验获得思考促进发展。

2）选择好角色人选。参与者对角色及其定位的认识、对演出的投入等对角色扮演的效果都起着重要的作用。既要避免角色扮演人员勉强参演的情况，也要避免参演的人员漫不经心。

3）选题尽量避免可能会对学生产生负面影响的内容和情境。冲突性游戏往往会产生戏剧性效果，然而在表演结束后，必须引导学生及时退出角色。

4）教师重要的任务是帮助学生认识事件主题、帮助演员进入角色、培训观察员和评论员及教学总结。表演结束后应让表演者与观察者阐述各自的感受，教师则应从学习目的出发给予归纳性引导，深化扮演的正面效应。

第八节　案例教学法

案例研究发端于医学与法学教育领域，后在经济、管理、教育中得到广泛应用，并影响到中学教育层次。该方法当前在社会科学领域较为常见，技术领域中也有颇多相关讨论和应用。作为现实教学实践中常见的、主要的教学方法之一，案例教学法值得关注。

一、概念和内涵

案例研究最初的典型做法就是通过讲述或报告病例、法律案件，引导相关专业学习者对"案例"的信息进行分析，在案例分析的基础上理解和应用专业知识。案例教学法最显著特点就是：首先报道某个"独一无二"的事件，涉及时间、地点、情景、特定人物独特的行动表现，或者是某些特定机构或者行为人参与的某些特定的过程。报道的案例问题是否相似并不重要，重要的是，先要讲"一个"故事。因此，案例是对某一特定情境事件的报道，其中引发读者关注的是案例中呈现的过程、事件、行动和情境，它们凝聚了所有的信息，不能简单地将这一报道简化为说明某事物的例子。这一事件之所以值得报道，是因为它具有问题性，因为它的主题中蕴含着不可解决的冲突、各种困难、事务性的问题、社会和道德冲突、不得不为之决策等，激发人们的好奇心，有时会引发误解甚至会激怒大家。有时候，在叙述事件的时候，就已经向读者提出了问题。因此，故事的核心总是某些人或者机构，故事讲述的是这个人的事或者从这个人的视角讲述。案例的常见特点是以故事为出发点，按照时间发展顺序来讲述，而且为了达到研究的目的，通常保持故事结尾的开放和未知状态，以此鼓励学生为案例中介绍的问题寻找可行的解决方法，分析其可行性并解释、证明其原因。

对这些问题、猜想的处理通常需要借助其他信息，这些信息案例中大多没有，需要通过额外的渠道获得。学生只有搜寻更多对于他自身来说新的信息，或者利用现有资料获取信息，全面考虑这些信息，将其与案例紧密联系，才可能成功处理这一案例问题。而这些信息通常来自科学学科或者专家，通过特定方法获得，并非直接源于日常生活经验，而是普遍的、经过论证的命题，科学学科的"人工概念"在其中有着重要意义。

根据教学设计的不同，学习者行为的自主程度也各不相同，复杂度和问题性也不相同，可涉及认知、实践及情感等不同维度的能力与知识。案例研究是一种有弹性、涉及丰富学习维度的方法。

案例研究由个案出发，尝试探寻具有普遍性的东西，使其易于理解，即通过深入处理某个个别事件，获得某种超越个别事件的有效洞见，即普遍有效的命题，是基于归纳的学习和认知过程。

案例教学"是让学习者从选择出来的有限的例子中，主动获得一般的、可被广泛概括的知识、技能和态度，让他们获得本质的、结构性的、原则性的、典型的东西及规律性、跨学科的关系"。案例教学让学习者在特定的情境中体验分析和决策过程，从而获得基本的解决问题的经验。在此基础上，学习者能够理解并解决一些结构相同或类似的问题。

案例教学是引导学生针对特殊情境进行讨论分析的教学方法。这里，教师与学生都承担着更多的教与学的责任：教师需要选择和组织具体教学材料，而学生对教师提供的事实和原始材料进行分析讨论，在分析、交流和讨论中提高分析和解决问题的能力，同时也从教师及同学那里及时获得反馈。案例教学的宗旨不是传授"最终"的真理，而是激发学生的创造潜能。它甚至不在乎能不能得出正确的答案，而更加重视获得答案的解决问题的过程。

二、教学价值及功能

（一）沟通不同知识类型的桥梁

在职业教育中，日常知识、科学知识、专家知识、价值观等不同知识类型（图式）有着特别重要的地位。

这些不同类型的知识根据产生及应用的情境不同，有着不同的建构方式和图式结构，它们之间并没有逻辑上的直接过渡关系。一般所说的能力导向的职业教育，主要就是要求学生掌握这样一种行动能力：在变化频繁的情境中，或遇到特定情境障碍时，通过反思并借助解释性的认知方案来确认具体的行动，并采取相应行动实现目标。所谓能力，则暗指将这些不同结构类型的知识整理为有意义的、建设性的整体，能将其与当前情形进行富有意义的关联。如果希望学生获得能力，那么他们显然需要有机会获得各种类型的知识，并深化这些知识和图式，在反思的基础上将不同知识进行相互关联。从这一角度而言，案例研究法有着相当大的裨益。案例能在学习者和学习对象、事物之间架起沟通的桥梁，将不同结构、通过不同方式获得的知识类型综合到一起，将两者置于一种反思的关系中，并根据主体的价值标准进行平衡。

（二）脚本与案例教学法

人类知识中很大一部分是日常生活知识，即基于经验（观察、模仿、尝试和反思）形成的知识。除了日常概念之外，以"脚本"（script）形式存在的认知图式（schema）也很重要。所谓脚本，可理解为"典型行动和活动过程"的场景，是用场景表征独特情景下的事件序列和行动顺序。同一文化中，这些事件序列（坐电车、在超市购物）的场景顺序多少都已同化。

除了场景顺序以外，脚本还提供即将出现的人物（角色）、必要物品、开场和结尾的条件、行动者的目标等信息。因此，每个脚本都包含丰富的信息。人们可以很快回想起过去曾大量使用的脚本。这些脚本有相同之处，也会对出现的不同情况进行归类。脚本的另一个优势在于：很容易操作，被激活的知识总是也仅仅是场景中必需的知识。如到超市购物的人去找停车位，他就不会多考虑收银台的情况，尽管关于超市收银台的知识已经存在他脑子里。

脚本信息丰富、基于经验、针对具体情境，并且在应用上相当经济，对每一个事件都能提供很多合适的信息，在某些情况下会发生什么事情或者该怎么做。脚本是一种高标准的行动计划。人的习惯和常规，都以脚本为基础。脚本这类图式在人们处理日常情境时作用强大，但它们又非常排斥和抗拒科学性的信息。

案例研究往往跟脚本关系紧密。这是因为，两者都以时间为序，因而容易达成一致。案例通常有着强烈的叙事性、常以脚本为基础。甚至脚本自身也可以成为教学和案例研究的对象。

并非所有主体的脚本类行动计划都是高标准、高要求。开收据、给信封贴邮票这类职业行动情境就缺乏变化、相对简单、工作步骤较少，通过指导、演示和练习的方式就能够熟练掌握。

有些情况下，职业教育的目标并不在于让学生获得非常具体的行动计划，而只是让学生大致理解某些领域的流程和行动步骤，也称之为流程计划，或者检查步骤图。例如，在法律流程中，更多地着眼于全局的概览，而不是精准地执行具体步骤。再比如，了解某类出口业务的物流及法律结构，商品贸易中收货的行动步骤，查明违反合同的法律后果的检察步骤等，这都可能需要填写各种表格，这个层面上学生的理解和活动还远未达到先前描述的能力结构的水平。

不是所有行动计划都来自日常生活实践，也有行动方案要求很高，不仅源于日常生活知识和现存脚本，更需要科学知识和专业知识。显然，这里"培植"的并不是学生熟悉的脚本。要建构这样的能力，就要求将不同领域的认知概念进行理智的相互联系。案例研究能够为发展这种能力提供源源不断的支持。

（三）科学知识、专家知识、价值观与案例教学法

1. 科学知识 设立学校的本质是为了让学生学习科学知识，即一些并未在日常思考中独立出现、在日常生活中无从学习的知识。科学知识通过特别的方法产生，使用特别的概念术语表述之前未知事物之间的联系。科学知识由很多观点组成，由这些观点能够推导出结论，实现具体的应用（产品、技术、通信、预测和分析等）。在这个意义上，所谓的"现代化"都是基于科学知识的发展和应用。

科学知识不是在大街上就能随随便便学到，而文化的传承是人类必为之事，因此在学校里获取科学知识非常重要。但是学校教育也带来独特的学习问题，学生很难将在学校里学到的知识跟日常生活情境联系，即运用所学。人们也不能简单地从科学知识得出行动计划，因为科学知识与其他知识类型（尤其是脚本）之间根本就没有"逻辑上的必然过渡"，人们能做的是尽可能富有创造性地将各种类型的知识以相互"培植"的形式进行联系。而案例研究正好可以很好地做到这一点。

在学校里学习科学知识的另一个问题是：学校里教授的科学知识通常不完整，是

"教学简化"后的二手信息。使学生从根本上理解科学知识变得异常困难，而常见的是通过记忆进行学习。然而，如果人们认为学习并非仅仅接受简化了的知识，而是秉承建构主义的观点，继续发展主体已有的认知结构，案例研究就为大量获取科学知识提供了可能性。

2. 专家知识 这是一个特殊的混合体，由脚本、科学知识与反思组成。其中的脚本是在特定的职业情境里获得，受到科学知识的很大影响。此外，这些脚本因很多情境变量和成功的反思加工而变得非常细致丰富。从形式上说，是非常个人化的知识，因为其应用领域的关系，以及在创建和应用这些知识时显著突出的、非科学性的反思特点，它既不属于日常知识，也不属于科学知识。这种认知结构虽然不能由案例研究产生，但是案例研究可以辅助对它的理解，并将其与个人的知识建立联系。

3. 态度与价值观 它是与行动关系重大的一些主体结构。个体很早就已从生活中获得部分理念，它广泛渗透于主体的实践活动之中，后来的（教育意义上的）改变尝试很难奏效，而且主体结构的成功改变常常不能直接"转化"为实际的行动。

案例研究则提供了大量实现这种转化的机会，但是案例提供的情况要特别注重叙事性，日常情境、脚本和特殊的事件、行动者及他们的关系、道德困境、可行的问题解决角度等可以通过叙述非常直观地出现。因此，近年来在哲学领域，出现"叙事伦理"这一研究领域并非偶然。

想一想处理、思考复杂的、变异的情境时，需要满足那么多的前提条件，就可以明白这些不同类型知识的重要性，以及将其进行相互关联的必要性。

三、案例教学法的设计

（一）两个学习阶段及其特点

案例研究是从单个事件获取普遍的洞见。首先，案例研究中提及的事件只是个体性的问题。但是对个别问题的解决并不意味着自动获得更大的、更广泛的洞见。

从形式上而言，可以将案例研究教学法的学习划分为两个阶段：基于案例的学习阶段和抽象为一般认识的拓展阶段。第一阶段中，学生可以了解特定情形和问题，了解与情境相关的内容与规范，将不同结构的认知图示进行相互联系，发现并理解特定的问题解决方案，将解决方案与主体的行动计划进行相互联系。这一系列的洞见，与案例事件的特点有着直接关联。一般而言，课堂教学中对第二阶段的认识关注得太少。

案例研究追求的是超越案例本身的、普遍的命题，就内在关联、实践和设计的可能提供一些有意义的信息。同样，对观点、立场、行为方式和事物间的联系进行深化，使其可以适应更广的情境，提升主体的态度。在处理初始案例故事中的问题之时、之后，做推广和深化，特别需要有意识地反思、研究和检测，而且方法上可以检验。确认关键的内容或者专业上的相互关联，尤其要将解决方案与主体的行动计划相互联系。

运用场景、确定问题、借助更多信息处理问题、找到解决方案、确定普遍性认识，总结一下对案例的处理，就自然会发现课堂教学中的应用案例研究教学法的一套演进程序。案例教学法中的演进程序通常如下：①引入案例；②对案例进行讨论（集中讨论）、提出问题、工作计划（主要是集中的形式展开）、对材料进行处理、了解结果和问题（展示、交流）；③确定任务、处理方式、形式；④审视、搜寻、评价信息；⑤开发并深入处理各种解决方案；⑥展示并讨论各种解决方案、总结性的、基于解决方案的讨论更深入的问题（以集中形式展开）；⑦评价结果，并将结果推广至普遍性认识、处理别的材料、了解结果及问题（集中形式、对重要的认识达成理解、联系主体的生活情境）。

当然，针对具体的学生对象，这一演进过程也会发生一些变化。引发变动的原因可能是案例本身有某些特别之处，课堂教学的框架条件、学生的学习经验有差别等。其中影响最大的，莫过于案例总体上如何围绕情境性展开。

课堂教学中如果关注学生的参与、自主合作学习，关注学习任务的开放性，对每个演进阶段的设计及意义肯定不同于"牵着学生走"的课堂教学过程。

（二）案例教学的设计维度

案例的设计有多种方案，以下维度在设计时需要重点考虑。

1. 叙事性与信息经济性　　能够创建叙事的学习情境是案例教学法的显著特征，可以帮助学生贴近生活情境，集中注意力，并融入前面学过的知识。叙事性给学生的自主学习传递了细节饱满的情境，介绍了多样的问题和处理方法，允许有不同的解决方案，为学生的自主学习提供了基础。

但是，叙事这种特征与一些教师的教学观念有冲突。有些教师认为，叙事性与科学性偏离较远，而且费时，所以很多案例选择用逻辑性更强的实情报告来代替讲述，极端情况下还会给出关键词、非常精简的、符合专业习惯的数据描述，只是假装反映日常生活世界。与之相应的则是封闭的工作任务和学习策略，这种学习策略更强调记忆而不是理解。

2. 问题性与复杂性　　案例中包含的问题很广泛：从非常棘手的专业问题到简单的工作任务都有。因此，原则上可以很好地根据学生、学习对象、要求和框架条件调整案例中问题的难易程度。案例的复杂度也因此可以有很多变化：可以调整相关元素的类型和数量及这些元素之间的联系。基本上，复杂度与问题性两者紧密相关。如果能够将学生原有的知识与案例中的信息进行很好的整合，案例的复杂度就会进一步增加，因为其中蕴含更多的相互连接。但同时，把握这一复杂问题也显得更容易，因为很多内容"都可以经由前经验得以洞察"。

3. 虚构性与真实性　　案例研究以真实的事件为基础，但是案例报告中也有虚构的成分。出于教学目的对该故事进行了"教学处理"，也是因为要把真实故事理清楚太费事。完整地记录某一偶然事件几乎没有可能，总是会掺杂个人观点。

很多情况下教师会采用完全虚构的故事。趋势是叙述越简洁，虚构性越大。但是虚假的故事很容易让人觉得没意思，因为学生知道，故事自身并没有价值，只是教学设计的需要或者只是作为学习任务的包装出现。

4. 学习环境的开放性与封闭性　　学习环境的封闭性是指案例中已经给出处理问题所需的全部相关信息。开放性则是指学生也可以根据需要（通过互联网、企业或者其他渠道）引入、筛选相关信息。开放的学习环境非常符合学生在日常生活中解决问题的真实情境。如果其他几个重要维度都采取了开放性设计，并且要求学生自主学习的程度较高，那就必然需要采取开放的学习环境。

对案例文本的阅读与理解是读者与文本之间的一个互动过程，读者和他的前知识在其中扮演着重要的角色：他从自己的生平经历出发，发现那些对他来说重要的、他关心的关系和问题，建构自己对故事的理解。不同的读者对同一个案例可能会有不同的理解。如果想要激发学生参与案例研究，并在学习过程中对很多信息进行精细化处理，就要让学生参与问题的定义及处理方法的确定。于是，在案例研究的一开始，就要集体讨论这个案例中蕴含的问题，并就主题和工作方式进行协调商讨。

如果要鼓励学生尝试并使用不同的学习策略［精细化和深入处理的认知策略，元认知策略、情感（动机、兴趣、注意力等），资源管理］，就必须设计开放性的任务。随着复杂性和现实性的增强，必然会出现多样化的解决途径和解决方案。这反过来也促进了学习策略图式的多样化，也符合人们日常的生活情境。

长期以来，人们一直在讨论自主学习对学生和学习内容的意义，这里不再深入讨论。此处只想指出一点：对学生自主学习程度强弱的期望在案例的设计及案例研究的实施中都取决于教师的决策，是影响案例教学法的重要特点。

第九节 模拟教学法

目前，职业院校常常由于缺乏实训设备、场地、材料和资金，或者无法安排大量学生到企业实际工作环境中实习，使学生很难得到在真实工作岗位上学习和实践的体验。模拟教学法以"假"代"真"，结合专业背景与行业特色给学生创设一种模拟仿真的工作情境，让学生根据实际工作程序和方式方法操作，使学生能够在生产组织、工艺程序、现场技术等方面得到训练，在模拟操作过程中学习、巩固并扩大专业知识，培养职业技能。模拟教学法作为一种能够有效培养学生职业技能的行动导向教学方法在职业教育与培训中正得到越来越广泛的应用。

一、模拟教学法的概念及类型

（一）模拟教学法的概念

模拟教学法（simulations method）是指在一种人为的仿真情境或环境里学习某种职业所需的知识、技能和能力。技术类职业教学通常在模拟工厂中进行，经济类职业教学通常在模拟公司中进行。模拟训练给人一种身临其境的感觉，学生在其中可经历全部实践与操作过程，了解和弄清其中各环节之间的联系，更重要的是提供了许多重复的机会和随时进行过程评价的可能性，且成本较低，而又不必承担任何风险。

（二）模拟教学法的类型

模拟教学可分为模拟设备教学与模拟情境教学两大类。

模拟设备教学主要是靠模拟设备作为教学的支撑，如模拟汽车故障诊断和维修、模拟数控机床操作、模拟汽车驾驶等。模拟设备教学采用仿真模型（模拟器）来取代真实的原型，仿真模型（模拟器）被有目的地简化，并按照时间发展顺序复制出原型的基本功能特征和功能关系。学生在仿真模型（模拟器）上按照实际工作程序和方式方法进行操作训练，培养职业技能。

模拟教学法借助于仿真模型（模拟器）按照时间顺序来复制事件、流程（过程）的逻辑顺序及它们之间相互关系和相互作用，模拟器与原型相比可做一定的简化。

模拟器可以是具体的功能模型或者抽象的功能模型。

具体的功能模型：可以是与原型大小一致的，如按1∶1的比例仿制的飞机模拟器、汽车驾驶模拟器；或者是缩小版的，如铁轨模型、机器人模型。

抽象的功能模型：如利用纸和笔手工推导演绎的纸/笔模型（paper-pencil-model）；或者是计算机仿真软件模型，如表格计算、计算机仿真的机器设备和仿真实验。

模拟器的时间变化可以是连续的或者离散的，可以按照原型的实际速度变化，也可以根据教学需要比原型的实际速度加快或者减慢。模拟器时间的控制可以由学生独立手动（步进方式）进行，或者按照设定的时间参数自动进行。

仿真模型（模拟器）在教学中可应用于：①过程的演示。模拟演示事件的过程及现象，供学生观察和学习。②训练行动和决策。学生借助模拟器反复练习操作流程（步骤、顺序），并作出决策，这种练习也可以在变化的条件下反复进行，以检验行动和决策是否符合目标、成功率或者所需时间。③系统与控制仿真实验。有针对性地修改模拟器的参数、结构、控制逻辑，以检验目标值的改善情况及改进决策的作用。

模拟情境教学主要是模拟职业活动中的某些场景，如模拟法庭、模拟餐厅、模拟仓库等。在这些场景中具有与实际职业活动相同的功能及工作过程，让学生在接近现实的情况下扮演相应的角色，与其中的人与事产生互动，从而对自己未来的职业岗位有一个比较具体的、综合性的全面理解，有利于学生职业素质的全面提高。这种教学法又称为"角色扮演法"。

虚拟现实（virtual reality，VR）是现代信息技术在模拟教学法中的最新应用形式。虚拟现实又称为灵境技术，是以沉浸性、交互性和构想性为基本特征的计算机高级人机界面。它综合利用了计算机图形学、仿真技术、多媒体技术、人工智能技术、计算机网络技术、并行处理技术和多传感器技术，模拟人的视觉、听觉、触觉等感觉器官功能，使人能够沉浸在计算机生成的虚拟境界中，并能够通过语言、手势等自然的方式与之进行实时交互，创建了一种适人化的多维信息空间。使用者不仅能够通过虚拟现实系统感受到在客观物理世界中所经历的"身临其境"的逼真性，而且能够突破空间、时间及其他客观限制，感受到真实世界中无法亲身经历的体验。

虚拟现实系统的核心设备仍然是计算机，它的一个主要功能是生成虚拟境界的图形。图像显示设备是用于产生立体视觉效果的关键外设，目前常见的产品包括光阀眼镜、三维投影仪和头盔显示器等。其他外设主要用于实现与虚拟现实的交互功能，包括数据手套、三维鼠标、运动跟踪器、力反馈装置、语音识别与合成系统等。

虚拟现实技术的应用前景十分广阔，但由于其硬件和软件成本较高，目前多用于军事训练、医学实习、仿真试验、体育训练、特殊教育等领域。但随着经济和技术条件的发展，虚拟现实技术将是教育技术的主要发展趋势之一。

虚拟实验有沉浸式和计算机仿真式两种模式。沉浸式实验是通过增加一些头盔显示器、数据手套之类的传感设备，使学生在几乎真实的虚拟环境中进行实验操作，但由于这种方式的硬件和软件的费用昂贵，目前在职业教育领域中的应用还不普及。计算机仿真实验是目前大多数职业学校采用的方式，学生通过键盘、鼠标和触摸屏的操作来进行虚拟实验，在显示器上观察自己的操作过程和实验现象的实时变化。

用虚拟现实技术进行教学模拟，能够表现某些系统的结构和动态变化过程，为学生提供一种可供他们体验和观测的情境。例如，在虚拟的电路实验中，学生可以按照自己的设想，从虚拟的元器件库中选用各种元器件并连成电路，进行虚拟的实验，计算机能够显示出虚拟实验的结果。通过这种探索式的学习，学生能够发现、掌握知识和规律，有利于学生创新能力的培养。

二、模拟教学法的功能和作用

（一）模拟教学法的教学功能

使用模拟教学法时学生面对着一个贴近实际情况、动态变化的问题，学生能够积极主动并自己组织安排以下学习行为：①训练并掌握技能；②尝试应用知识，作出决策，解决问题；③在时间约束下进行工作；④搜集并总结经验；⑤有目的地进行实验。

使用模拟教学法时教师要预先准备如下工作：①确定学习目标；②创设模拟的工作情境；③提供仿真模型（模拟器）及其他辅助学习材料。

使用模拟教学法时单个的学生或者学生小组可以独立处理学习问题，并要求学生能用系统化的工作方法来解决复杂问题。教师在此时扮演咨询者和帮助者的角色，学生自主地完成如下工作：①计划解决问题的方法和途径；②利用仿真模型作为辅助设备；③启动、结束和监测模拟的过程；④对模拟结果进行收集、评估和存档；⑤修改仿真模型及其相关参数，重复进行模拟试验；⑥对所获得的知识进行反思。

（二）模拟教学法的作用

1. 可以模拟昂贵的实训设备和环境 有些实训设备价格昂贵，一般职业学校无法大量配置，模拟教学法采用虚拟仿真技术减少了设备投资，却可以达到和真实实训设备相似的教学效果，如仿真数控机床实训、仿真汽车维修等。

2. 可以避免设备损坏和人身危险 对于有些实训，如果学生操作不当，极易造成设备损坏或人身伤害事故，如汽车驾驶训练、带危险品的化学实验等。模拟教学法采用虚拟实验的方法就能免除可能的危害，又可以获得相似的实验效果。

3. 可以进行各种技能训练 职业教育强调学生各种职业技能的培养，模拟教学法利用虚拟现实技术可以进行各种技能训练，如机床操作技能、汽车维修技能、医学护理技能等。这些虚拟的训练系统无任何危险，学生可以反复练习，直至掌握操作技能为止。

4. 有助于学生对复杂动态系统和过程及其相互关系的理解 模拟教学法采用仿真模型或模拟器，可以放大或缩小、加快或减慢现实世界中实际原型的动态变化过程，并且可以反复呈现这种变化过程，学生可以通过反复观察和实验来加深对动态系统和过程中复杂的相互关系及作用的理解，如模拟天体运行、半导体中的载流子运动等。

5. 可以检测所做决策和采取的解决方案的效果及个人的能力和技能　通过模拟操作或模拟实验，学生可以根据模拟实施的结果检验自己的决策和方案及操作方法是否正确和有效，检验个人的能力和技能水平，并不断加以改进和提高，有助于学生今后更快地适应实际工作岗位的要求。

6. 可以实现探究性的学习及团队合作工作　模拟教学法让学习者置身于错综复杂、近似实际的环境中，需灵活地进行决策、分析问题、处理问题，这有利于激发学生的积极性和好奇心，激发学生的创新思维。有些模拟的工作情境需要团队的相互配合和合作，由此可以培养学生良好的沟通交流能力及团队合作精神。

由此可见，模拟教学法可以弥补实践教学环节的不足，在强调实践性的职业教育中起着十分重要和特殊的作用，因而在职业教育教学和培训中得到了日益广泛的应用。

当然，也应该清楚地看到，模拟仿真与实际现实之间毕竟还存在着差异，再高级的仿真技术也不能模拟出完全一样的实际对象和过程。因此，模拟教学并不能完全取代实践教学环节，而只能作为一种有效的补充。随着仿真技术的不断发展，如虚拟现实技术的运用，相信模拟教学法今后在职业教育教学中将发挥越来越大的作用。

三、模拟教学法的设计和实施

模拟教学法的应用一般分为准备、计划、实施、评价和反馈五个阶段（图5-4）。

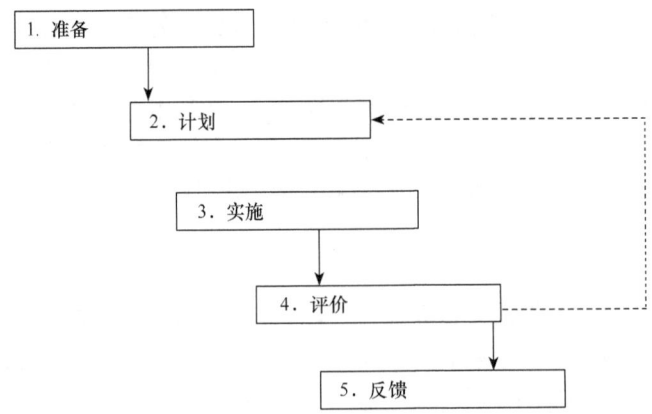

图5-4　模拟教学法的应用步骤

下面对教师和学生在模拟教学法应用的各个阶段中所要完成的工作分别加以说明。

（一）教师的工作

1. 准备和计划阶段　教师在模拟教学法的准备和计划阶段需要完成如下工作。

1) 确定学习目标。

2) 明确模拟教学法应用的类型（演示、训练、功能测试或者仿真实验）。

3) 制订出学习材料A。该材料用于描述现实的问题情境，介绍解决问题所需的知识和提出学生需弄明白的问题。

4) 按照以下步骤开发（或利用）真实系统的仿真模型（模拟器）：①弄清原型与模型的相似关系；②选择"模型材料"；③明确学生在模拟教学中要承担的任务；④确定模

拟的时间流程和控制方式；⑤明确在模拟过程中要做的记录和需要搜集的信息；⑥建造仿真模型（模拟器）；⑦功能测试和有效确认。

5) 制订出学习材料 B。该材料用于描述仿真模型（模拟器）的工作原理和使用方法。

6) 在正式实施模拟教学前，先让测试者使用学习材料 A 和 B 及模拟器来尝试解决问题，以确定模拟所需的改进措施和所需的时间。

2．实施阶段 教师在模拟教学法的实施阶段需要完成如下工作。

1) 预测验。在进行模拟教学之前，需要预先测验一下学生自学相关的学习材料后掌握知识的情况。

2) 指导学生独立操作模拟器。

3) 回答学生提出的问题，必要时提供帮助。

4) 观察工作进程。

5) 搜集反复出现的问题和操作上的错误。

3．评价和反馈阶段 教师在模拟教学法的评价和反馈阶段需要完成如下工作。

1) 在以下方面辅导学生对模拟教学进行评价：①比较性的结果展示；②得出结论；③对方法的总结展示。

2) 通过以下方式听取学生的汇报并讨论结果：①教师（向学生）提问；②组织其他模拟小组的同学进行提问和一起讨论。

3) 评价学生的书面反馈信息，评价学生认知水平的提高应涉及：①预期和非预期的结果；②对工作方式和方法的掌握。

4) 对学生作出最终评价，学生最终成绩可以由以下几个部分组成：①对模拟器的实际运用；②结果的展示（演讲报告）；③书面总结报告。

（二）学生的工作

1．准备阶段 学生在模拟教学法的准备阶段需要完成如下任务：①了解现实的问题情境和解决问题所需的知识，并能弄清楚教师预测验；②熟悉真实系统的仿真模型（模拟器）；③明确工作目标，以及了解估计值、观察值和测量值之间的关系。

2．计划阶段 学生在模拟教学法的计划阶段需要完成如下任务：①对预计取得的结果、相互关系及发展提出假设；②计划安排模拟实验和流程，如模拟实验的次数与时间长度；③明确每次实验的假设条件，如输入值、初始条件和测试条件等。

3．实施阶段 学生在模拟教学法的实施阶段需要完成如下任务：①设置初始状态；②启动、观察并结束模拟过程；③执行必要的行动，作出决策；④保存模拟结果和模拟过程的信息。

4．评价（汇报展示）阶段 学生在模拟教学法的评价阶段需要完成如下任务：①评价收集到的信息，对模拟结果进行归纳；②对系列实验的结果进行比较；③对下一步的实验作出决策；④得出结论，将结果存档；⑤汇报展示结果。

5．反馈阶段 学生在模拟教学法的反馈阶段需要完成如下任务：①将结果与开始提出的假设进行比较；②对个人学习收获的总结和反思，主要包括对象事物及其相互关系、解决问题的方式方法、所需的时间和时间计划。

上述反馈的内容一般要求学生在模拟教学法实施之后的一周内以书面报告的形式提

交给教师。

第十节 情境教学法

情境教学理论自20世纪80年代末以来在国际教学领域产生了很大影响。在情境教学理论的支持下发展起来的"认知学徒制"教学模式也被称为教学中的革命。在职业教育中,情境教育也有很高的应用价值。

一、情境教学法的产生及其理论基础

从起源上来看,一般认为情境教学起源于20世纪80年代的建构主义理论,其强调用情节真实复杂的故事在课堂中来呈现问题、营造问题解决的情境,以帮助学生在解决问题的过程中内化知识。1989年,布朗、柯林斯和杜吉德在一篇名为《情境认知与学习文化》的论文中明确提出了情境教学的理念。他们研究发现,从学徒做起的从未接受过正规学校教育和专业训练的手艺人,如屠夫、木匠、面包师傅等,不仅可以顺利地完成工作,而且能如同专家一样解决工作上遇到的问题。究其原因,发现这些人都是在真实的工作环境中进行学习,并根据工作生活中的经验积累拥有了解决一定问题的能力。这一现象揭示了知识的习得是通过学习者与情境互动,受一定环境中活动的影响,以及与旧有知识重新组织并建构而成的。他们还认为知识只有在它所产生及应用的活动与情境中去解释,才能产生意义。学习知识最好的方法,是通过在专业领域中以"认知学徒(cognitive apprenticeship)"的形式来进行的"同化(encuhuration)"。

认知理论认为,学习的实质就是获得符号性的表征或结构,并应用这些表征或结构的过程。因此,认知理论强调从个体内部认知结构及其形成的角度来研究学习。情境理论则认为,学习的实质是个体参与实践,与他人、环境等相互作用的过程,是形成参与实践活动的能力、提高社会化水平的过程。学习是发生在社会环境中的一种活动。情境理论更关注学习活动系统,关注由个体、团体及环境资源等构成的系统的特征、关注系统中各个成分之间的相互作用。

情境认知与情境学习认为,认识学习者的生活经验及在新知识的获得与运用中利用这一生活经验对于知识的获取和应用是十分重要的。对于以行动为目的的知识来说,既跟真实的职业实践情境相整合,又能十分贴切地模拟实践需求的学习机会是必要的,因此,在发展与从业者相关的技能的全部课程中,都必须提供基于真实情境学习的机会。此外,学习中结合情境的假设和反思也很重要,因为在此基础上可以形成专业实践活动中的问题发现与问题解决。

人的认知过程是智力因素与非智力因素的统一。情境教学法使学生身临其境或如临其境,也就是通过给学生展示鲜明具体的形象(包括直接和间接形象),一则使学生从形象的感知达到抽象的理性的顿悟,二则激发学生的学习情绪和学习兴趣,使学习活动成为学生主动的、自觉的活动。情境教学法的一个本质特征是激发学生的情感,以此推动学生认知活动的进行。在教学活动中,情感起动力作用,承担着知识的定向、维持和调节的任务。积极的、健康的情感对认知活动有发动和促进作用,能调动学生学习的主体

性、能动性，能引起学生积极的知识迁移、编码、记忆。

二、情境教学法的意义和功能

（一）传统教学的错误假设

传统的教学，总是依循一些错误的教学假设。贝里曼（Berryman）指出了以下几个假设：①人能以预定方式将学习从一种情境迁移至另一种情境；②学习者是智慧的被动接受者，即是灌输知识的容器；③学习是强化巩固刺激与正确反应之间的联结；④学习者是一块可以记录知识的白板；⑤需转移至新情境的技能与知识的获得应独立于它们的动用背景。

学校教育的最终目的是帮助学生做好在非学校场合工作的准备。上述的第一个假设认为，如果人们已经学会了基本的技能和概念，他们就会很容易地把学习从一种情境迁移到另一种情境。然而，研究表明并非如此，例如，在职业教育中，学科中心知识系统的基本知识、概念、技能对学生的职业能力培养并非高效。

第二个假设认为，学习者就是"接收器"，他们接收来自书本、专家和教师通过语言传递为主要渠道的知识。这一假设否认了学生作为教学有效发生的主体因素，认为教师是学习过程的控制者，鼓励"教师讲、学生听"的教学模式，学习的控制权掌握在教师的手中。长此以往，学生的学习能动性受到打击，对自己的学习能力缺乏信心，形成被动消极学习。

第三个假设基于以动物实验为基础的行为主义学习理论。机械化的概念定义强记和操作技能训练替代了生活和职业工作中不完整的、结构缺陷问题解决的能力。这种脱离背景的教学无法充分调动人最重要的特性——判断能力与解决问题能力的发展，学习因此而成为机械的操作。例如，对于职业教育中的技能训练来说，基本操作技能熟练化固然是一个方面，对专业问题的识别、判断和解决也是不可或缺的内容。

第四个假设认为，学习者是一张张准备被知识填写的白纸，可以记录教师教学灌输的知识。然而现实情况是，学生并非空着头脑进入教室，在以往的学习和生活中，他们已经形成了广泛而丰富的经验和背景知识。现代教学理论认为，学习过程并不是简单的信息输入、存储和提取，而是新旧经验之间的双向的相互作用过程。学生并非全盘照收教师给予的知识，他们获得知识的意义也并不完全是教师主观想传达的。

第五个假设依据的是传统的迁移观，即认为需转移至新情境的技能与知识的获得应独立于它们的动用背景，即使是脱离实际的应用情境，技能和知识也能被很好地掌握，因而技能与知识可以"去情境地"获得。然而，情境认知的研究表明，背景对于理解和学习是十分重要的，事实上正是背景赋予学习以意义。人的认知具有情境性的本质，如果脱离具体的实践环境，认知能力一方面难以真正形成；另一方面即使形成也没有用武之地。只有将"知道"和"去做"联系起来才是教育和学习的根本目的，而情境在这其中是不可或缺的。

（二）情境教学法的特点

情境教学法具有以下三个比较显著的特点。

1. 情感性特点　　首先情境教学法的核心在于激发学生的情感。激发学习的兴趣、情绪与情感是运用情境教学法的目的。个体的情感对认知活动至少有动力、强化、调节三方面的功能，情境教学法围绕情感创造学习环境，在教学过程中引起学生积极的、健康的情感体验，直接提高学生对学习的积极性，使学习活动成为学生主动进行的、快乐的事情。

2. 形象性特点　　情境教学总是凭借一定的手段展现给学生生动、具体的形象及形象为主体构成的情境，最终达到激发学习积极性的目的，而情境教学法使学生身临其境或如临其境，就是通过给学生展示鲜明具体的形象，一则使学生从形象的感知达到抽象的理性的顿悟；二则激发学生的学习情绪和学习兴趣，使学习活动成为学生主动的、自觉的活动。

3. 启迪性特点　　情境教学创设的特定情境，能提供调动人的原有认知结构的某些线索，经过思维的内部整合作用，产生新的认知结构。情境教学通过生动形象的课内课外活动寓教学内容于情景交融的情境之中，使学生积累经验、潜移默化、由此及彼、举一反三。

（三）情境教学法在职业教育教学中的作用

由于目前职业学校教学大多基于前述错误假设，所以学校中发生的学习很多是低效的。脱离一定的生活和职业情境，即使已理解的知识和流程也无法顺利迁移至新的情境，在课堂书本上学到的学科系统知识很难高效地在职业实践中运用。由此可以看出，情境在知识的获得中具有重要意义。学习和认知基本上是情境性的，知识不能是抽象地、去情境地获得。

没有情境，就没有知识的意义，更没有知识的应用。情境通过活动与合作产出知识，要使活动与情境、认知与学习以合适的方式整合起来，把学习镶嵌在活动之中，使教学活动反映做事活动或职业工作活动的逻辑，使学习内容及其对生活和职业意义在教学活动的情境中清晰地表达出来，将学得的知识转化为做事的能力。情境赋予了抽象概念的实际意义，也为学做结合、能力培养构建了平台。

传统的学徒制培训具有强烈的情境意义。在学徒培训中，学习是和生产联系在一起的，学徒在师傅的指导下进行生产劳动，学习的重点是亲自动手操作，在做中学习。例如，制作一把镰刀，从坯件到成品，其中经过多次加热锻打。虽然奥氏体、铁碳合金相图等金属材料和热处理术语不会出现，但学徒能在学习（即生产）过程中，在师傅的指点下通过观察感受坯件的颜色、坯件的温度、坯件的延展、刃磨产生的火花等方式，体验学习内容的直接意义，即料是否选择恰当，加工得是否好，最后是一把好镰刀吗，材料选择、工具运用、工艺过程的制订等都在生产一定产品的目的下实施，并就性能是否达到要求而获得评估。学习内容在铁匠铺里不是抽象的，是和生产情境结合在一起的，"火候"两字所包含的经验、知识、技能在这个生产过程中得到传承。此外，对于学徒来说，学习的动机主要不是为了一步步达到一个象征性的目标如获得一个成绩，而是为了出色完成工作，能够逐渐制造复杂的产品，创造越来越高的价值，因而学习有意义而不乏味。在学徒制的学习中，教通常是无形的，学徒获得的有关行动的提示主要是来自于对师傅和同门师兄弟如何从事同一工作的观察。师傅作为"教师"始终参与同一实践活动，他们的实际操作为学徒构建了标准。学徒制教学模式给了教学研究者以启发，从情境认知和情境学习理论出发，柯林斯等提出的"认知学徒制"正是希望"认知"遵循"学徒模式"。

情境教学有助于改善目前职业学校教学中学习和学生的兴趣相分离、知识与知识的产生和应用的情境相分离、"学什么"和"如何学""如何用"相分离的状况。情境化的教学可以产生以下一些作用。

1）学到自己的知识。情境帮助学生理解知识的意义，而不死记硬背。更有利于解决结构不良问题，在职业工作中举一反三。

2）学做合一。学习镶嵌于活动中，在活动中体现事物的情境特征和做事目的，将学习和做事结合起来。

3）强化情感，提升非智力因素。帮助学生产生学习动机、提高学习自主性和积极性。

4）通过交流完善认识。通过学生的合作互助提高他们对重要学习内容的掌握和理解，弥补学生自主学习中个体知识结构不完整的问题。

5）社会合作与交往能力。通过教学活动合作学习，发展学生社会交往、合作竞争的能力。

6）创造和思维。情境教学通过在一定情境下的问题发现、判断和解决来发展学生的创造性思维能力，获得做事和解决问题的能力。

三、情境教学法的实施步骤

目前大多数支持情境教学理念者坚信：知识来自于相关的情境脉络（context），无法从情境中单独地隔离出来；知识间的关联性也必须依靠适当的情境来联结整合。学习者所学的知识不能与其所在的实际情境割离，学习的情境应是自然化的，而不是以人为方式刻意塑造出来的。

认知学徒制，分析和借鉴了传统学徒制的特征，使其适应于现代学校教学。在传统的学徒制培训中，学徒在师傅的带教和师兄弟的帮助下，通过亲手做、观察和求教讨论等方式逐渐完成从新手到熟手再到专家的学习过程。由师傅和师兄弟组成的专家实践共同体及镶嵌于真实的生产劳动环境中的学习，是传统学徒制的基本要素。虽然现代社会所需要的许多技能并不像手工业时期的手工技能那样直观，如基于计算机的处理等，但传统学徒制的学习对现代学校学习仍有意义。

认知学徒制将传统学徒制的核心要素与学校教育相结合，学习者通过参与专家实践共同体的活动和社会交互，进行某一领域的学习，从而培养学生以问题求解和处理复杂任务为指向的认知技能。由柯林斯等提出的认知学徒教学模式包括四个组成部分：内容、方法、序列和社会性。

（一）内容

通常的概念、事实和程序等陈述性知识的学习强调在不同的问题情境中通过运用完成任务来获得和加深理解。此外更加注重程序性知识的学习，包括专家从经验中精选出的问题解决策略；认知管理策略，包括目标的设定、策略的制订、监控评价和修正；学习策略，包括新领域的探索、原有知识的重组。

（二）方法

教学方法应给予学生在一定的背景中进行观察、参与、发明或发现的机会，激励学生进行探索和独立活动的方法。搭建"脚手架"以支持学生学习如何执行任务，然后逐渐将其对学习的控制权移交给学生，并通过反思形成学习成果。可以有以下步骤。

1. 建模 展现专家（教师、师傅）完成某个任务的过程，并解释理由。建构专家认知过程的心智模型，将其内在的认知过程和活动外显出来。

2. 指导 在学生执行任务时，教师观察指导，提供反馈，使学生的学习绩效向专家方式接近。

3. 脚手架 在学生完成任务的初期，教师提供支撑，如建议、帮助等；后期随着学生能力的增强，逐渐减弱对学生的支撑，去除脚手架。

4. 表达 学生描述他们的思维过程，通过讨论、示范、陈述和学习作品交流等方式将他们的知识、推理或问题求解过程清晰地表述出来。

5. 反思 使学生将自己的思维和问题求解过程与专家和其他学生的内在认知模式进行比较。通过反思，学生可以建构关于特定问题求解过程的模型，以修正自己的问题求解和任务完成过程。

6. 探究 学生运用与专家问题求解相似的程序或步骤来检验所提出的假设、方法和策略。在获得一些完成任务的基本技能之后，学生根据自己兴趣去完成某些任务，投入到新的更加复杂的任务中去。

（三）序列

学习是分阶段进行的，通过从简到繁、从易到难不断变化的问题解决情境序列，逐步构建专家在实际操作中所必需的多项技能并发现技能应用的条件。此外序列还包括全局和局部顺序，在教学过程中，最重要的策略就是帮助学生在关注细节之前，先构建关于全局任务的概念地图。

（四）社会性

一方面，学习环境应该再现运用所学知识的真实世界的特征，执行任务和解决问题中知识多样性运用的环境，使知识和技能摆脱特定情境的束缚，有利于知识和技能向新的问题领域的迁移；另一方面，学习者处于一种"实践的共同体之中"，教学和学习发生在专家与新手的交互之中，学生在利用知识和技能进行问题求解的过程中，通过社会化逐渐迈向共同的目标。学生通过与他人一起工作，逐渐进入熟手乃至专家的角色。此外，情景化的学习形成的内部动机激发及学习过程中的合作与竞争也是社会化的功能。

总结情境教学和认知学徒制教学模式的特征：①提供真实与逼真的境域以反映知识在真实生活中的应用方式；②提供真实与逼真的活动，为理解与经验的互动创造机会；③提供接近专家及对其工作过程进行观察与模拟的机会；④在学习中为学习者扮演多重角色、产出多重观点提供可能；⑤构建学习共同体和实践共同体支撑知识的社会协作性建构，在学习的关键时刻应为学习者提供必要的指导与搭建脚手架；⑥促进对学习过程与结果的反思以便从中汲取经验，扩大默会知识；⑦促进清晰表述以便使缄默知识转变为明确知识；⑧提供对学习的真实性、整合性评价。

主要参考文献

《工作过程导向的高职课程开发探索与实践》编写组. 2009. 工作过程导向的高职课程开发探索与实践［M］. 北京：高等教育出版社.

陈丹辉. 2004. 职业学校学生学习准备特点研究［M］. 北京：气象出版社.

陈丹辉. 2006. 职业学校学生学习特点研究［M］. 北京：气象出版社.

陈向明. 2003a. 在参与中学习与行动（下）［M］. 北京：教育科学出版社.

陈向明. 2003b. 在参与中学习与行动（下）［M］. 北京：教育科学出版社.

陈永芳. 2007. 职业技术教育专业教学论［M］. 北京：清华大学出版社.

戴士弘. 2007. 高职教改课程教学设计案例集［M］. 北京：清华大学出版社.

德国联邦职业教育研究所. 2014. 学习任务设计指导手册［M］. 北京：机械工业出版社.

邓泽民. 2006. 职业教育教学设计［M］. 北京：中国铁道出版社.

邓泽民. 2008. 职业教育实训设计［M］. 北京：中国铁道出版社.

邓泽民. 2011. 职业教育教学论［M］. 北京：中国铁道出版社.

杜惠洁. 2008. 德国教学设计研究［M］. 北京：中国科学技术出版社.

郭建康，程刚. 2005. 高工专院校实践教学改革探索［J］. 职业技术教育（教科版），31（26）：43-45.

郭友. 1993. 教师教学技能［M］. 北京：首都师范大学出版社：99-101.

海伦·瑞恩博德. 2011. 情境中的工作场所学习［M］. 北京：外语教学与研究出版社.

杭州市交通职业高级中学. 2007. 团队式技能学习——职校技能教学的组织形式、教学实践和实施效果（课题报告）［R］.

黄艳芳. 2013. 职业教育课程与教学论［M］. 北京：北京师范大学出版社.

姜大源. 2007. 职业教育学研究新论［M］. 北京：教育科学出版社.

姜大源. 2008. 当代德国职业教育主流教学思想研究［M］. 北京：清华大学出版社.

科学技术部中国农村技术开发中心组. 2006. 设施农业在中国［M］. 北京：中国农业科学技术出版社.

林毅夫. 2010. 制度、技术与中国农业发展［M］. 上海：上海人民出版社.

刘春生. 1992. 农村职业技术教育学［M］. 北京：高等教育出版社.

刘春生. 2000. 跨入新世纪的中国高等职业技术师范教育［M］. 北京：高等教育出版社.

刘春生. 2006. 职业教育学［M］. 北京：教育科学出版社.

刘舒生. 1991. 教学法大全［M］. 北京：经济日报出版社.

柳燕君. 2014. 现代职业教育教学模式［M］. 北京：机械工业出版社.

楼建儿. 2009. 职业学校尝试教学设计［M］. 北京：教育科学出版社.

罗峦. 2012. 农村经济管理专业教学法［M］. 北京：中国铁道出版社.

孟庆国. 2009. 现代职业教育教学论［M］. 北京：北京师范大学出版社.

潘菊素，傅琼. 2006. 高职教育实践教学体系研究［J］. 职业技术教育，27（7）：33-35.

皮连生. 2003. 学与教的心理学［M］. 上海：华东师范大学出版社.

乔亚科. 2012. 种植专业教学法［M］. 北京：高等教育出版社.

上海市南湖职业学校第二分校. 2008. "汽车专业教学课程整合模式的理论与实践"研究成果述评［J］. 当代教育论坛，（14）：5-8.

上海信息技术学校. 2013. 职业教育教学方法研究与实践［M］. 北京：化学工业出版社.

上海信息技术学校组织. 2013. 职业教育教学方法研究与实践［M］. 北京：化学工业出版社.

石伟平. 2006. 职业教育课程开发技术［M］. 上海：上海教育出版社.

孙琳，苏敏. 2008. 中等职业教育培养目标和学制研究［J］. 中国职业技术教育，20：9-12.

孙爽. 2009. 现代职业教育机械类专业教学法［M］. 北京：北京师范大学出版社.

孙秀斌. 2005. 教师课堂教学技能及其训练模式［J］. 中国冶金教育，（1）：61-63.

王爱芬. 2008. 浅谈教师如何提高课堂教学技能［J］. 教育理论与实践，（S1）：40-42.

王平安. 2009. 职业教育实践教学概论［M］. 南京：南京大学出版社.

王前新. 2003. 高等职业教育教学论［M］. 汕头：汕头大学出版社.

王晞. 2008. 课堂教学技能［M］. 福州：福建教育出版社.

魏书敏. 2009. 教师职业技能训练［M］. 北京：中国人民大学出版社：133.

徐国庆. 2013. 职业教育项目课程开发指南［M］. 上海：华东师范大学出版社.

徐琳. 2009. 德国职业学校专业教学法研究［D］. 天津：天津大学硕士学位论文.

徐朔. 2008. 专业教学论：职教师资的职业科学［J］. 职教论坛，（12）：7-9.

徐朔. 2012. 职业教育教学法［M］. 北京：高等教育出版社.

徐勇. 2013. 农民改变中国［M］. 北京：中国社会科学出版社.

严中华. 2013. 职业教育课程开发与实施［M］. 北京：清华大学出版社.

杨文明. 2008. 高职项目教学理论与行动研究［M］. 北京：科学出版社.

俞启定. 2012. 中国职业教育发展史［M］. 北京：高等教育出版社.

张骥祥. 2009. 现代职业教育电类专业教学法［M］. 北京：北京师范大学出版社.

张建荣. 2012. 工业与民用建筑专业教学法［M］. 北京：中国建筑工业出版社.

张雪妮，徐挺. 2006. 高职毕业综合实践教学模式的探索［J］. 职业技术教育，（10）：27-29.

赵志群. 2009. 职业教育工学结合一体化课程开发指南［M］. 北京：清华大学出版社.

赵志群. 2010. 典型工作任务分析与学习任务设计［M］. 北京：清华大学出版社.

赵志群. 2014. 职业教育教师教学手册［M］. 北京：北京师范大学出版社.

郑昌江. 2012. 烹饪专业教学法［M］. 南京：江苏教育出版社.

周国烛. 2009. 高职教学论［M］. 北京：中国轻工业出版社.

附录 1　以学生为本位的学习策略

附表 1-1　以学生为本位的学习策略

序号	名称	描述	执行流程
1	思考—配对—分享	教师向学生提出一个问题，学生将与其同伴分析观点，得出一致的解决方案或想法 此策略可在任何课堂讨论期间使用，或在引入新概念之前使用，能鼓励学生温习先前知识，提供机会与他人分享观点	① 学生两人配成一对 ② 教师向学生提出问题，给他们时间来反思、组织表达自己的思想（无论是在脑海里或写在纸上的） ③ 让学生与搭档分享观点，得出一致的解决方案或想法 ④ 让部分/全体与全班分享他的搭档的观点，或者让每对搭档与另一对搭档分享观点
2	3-2-1	教师提出一系列问题，总结学生的学习体验。此策略让学生消化总结学习所得，从而促进关联性，帮助学生由表及里，解除疑惑	① 使用一份工作表，教师可以提出三个性质相同的问题，再提出另外两个问题，最后提出一个问题，让学生回答 ② 例如，"三件最让您感兴趣的事，两件您想了解的事，一种您将采取的方式"；或者"三件与我的学习经验相协调的事情，两个我依然在思考的问题，一个对我而言崭新的学习内容或与我所学知识不一致的内容" ③ 学生完成解答 ④ 教师调查答案，如有必要则解答疑惑或进行阐述
3	P-M-I P 为 plus"加"点； M 为 minus"负"点； I 为 interesting "有趣"点	学生独立思考，亦可结对或分组，列出并分享他们认为正确或错误的内容，或关于教师提出的想法、概念、观点或产品的兴趣点 PMI（正确、错误、兴趣点）可用在谈论关于一堂课、一个概念或一个问题的正确、错误，以及有趣/兴趣点	① 教师向学生提出想法、概念、观点或产品 ② 让学生单独、结对或分组，在下方三列中写出观点 | 正确（P） | 错误（M） | 兴趣点（I） | | --- | --- | --- | | | | | ③ 让学生展示和/或分享其观点
4	K-W-L know "我懂"； want to know "我想知道"； learned "我学到"	教师让学生表达对于一个课题的想法，希望学到的内容，以及所学到的内容 此策略让学生回顾、反思先备知识，表明学习期望，总结所学内容。此策略用于传授新概念开始阶段（K、W 部分），以及学习结束阶段（L 部分）	① 展示新课题之前，教师先向学生提供他们对该课题所了解的内容的信息（填下 K 部分） ② 与学生讨论他们想从该课题中学到的内容 ③ 要求学生写出他们对此比较关心的具体问题（填下 W 部分） ④ 学完该课题之后，要求学生写出他们所学到的内容（填下 L 部分） ⑤ 要求学生检查在"想学到的内容"步骤中所写下的问题
5	退场纸片（exit slip）	教师要求学生写出对教师在课程结束时所提问题的回答 "退场纸片"能帮助学生严谨地思考，表达他们对所学新信息的看法，还能反思出他们所学内容	① 课程结束时，教师提出一个问题让学生回答 ② 教师派发卡片、便利贴或活页纸，让学生写下答案 ③ 学生离开教室时将退场纸片交给教师 ④ 教师检查退场纸片，判断是否需要更改教学方法以更好地满足学生需求

续表

序号	名称	描述	执行流程
6	入场纸片	此策略让教师检查学生的先备知识，更好地调整课题，符合学生的入门水平	① 在课题开始阶段，教师向学生提出有关新课题的问题 ② 教师为学生分发卡片、便利贴或活页纸，让其写下答案 ③ 教师检查入场纸片，判断如何最佳地基于学生已知知识来传授课题
7	搭档互查	此评估方法是对自己和对方的作业进行批判性审阅的过程，共同学习，共同进步。此策略让学习者培养出批判性自我评估的能力，让他们在合作学方法中运用自身知识	① 学生两两组队 ② 每组执行教师给出的任务或作业 ③ 结束时交换作业，或互相审查作品 ④ 彼此给出或接收反馈 ⑤ 教师审核按照分类层面进行评论与反馈，并总结关键学习要点
8	不完整的练习作业	不完整的练习作业可帮助学生在上课时思考，并集中注意力，因为学生不希望错过课堂上教导的重要知识	① 给学生分发不完整的练习作业 ② 教师教授内容时，向学生提出问题，让学生思考并讨论，完成作业
9	投票	类似表明立场策略，学生对某个问题或某些内容作出决定和选择 这个策略有助于知道学生作出不同的选择的比例。学生不能抄袭别人的答案，用以检测学生对某问题的理解程度	① 教师提出一个问题，该问题需有不同的答案或选择 ② 在限定时间内，学生自行思考并把答案写在纸上，不能让其他同学知道 ③ 在教师的指示下，所有的学生高举自己的答案 ④ 教师能对所有的答案一目了然 ⑤ 教师可要求学生对自己的选择进行解释辩护
10	知识图	将学生分成小组，每组指定一位记录员以记录小组各成员的观点或提议。教师将提出一个问题，每个组员均需给出自己的观点、提议或答案，每组轮流提出各小组自己的观点、提议或答案 在此策略中，所有学生均有机会提出自己的观点或看法，而在教师要求他们仔细聆听他人观点或看法时亦可锻炼自己的倾听能力。此策略可用于在小组中集思广益	① 将学生分为4~5人一组，每组自行指定一人担任记录员 ② 教师将提出一个问题，并示意各小组在指定的时间内开始讨论。所有组员依次各抒己见，并由记录员在纸上记录 ③ 在指定的时间结束时，示意学生停止讨论 ④ 教师将要求各组依次读出一个自己的答案，答案相同的小组将在各自的答案中删除该答案 ⑤ 当所有小组都把商讨过的答案读完或预先安排的时间已结束时，终止活动
11	教学卡片	学生将针对教师提出的问题进行小组合作，选择并给出正确的答题卡 此策略有助于温习已有知识，通过互相竞争的方式，可激发学生阅读教师分发的笔记的兴趣	① 向各小组分发一套答题卡 ② 在课堂提问 ③ 分组讨论，选出正确答案，在课堂上高举答题卡，向教师出示答案 ④ 最先出示正确答案的小组获胜 ⑤ 继续提问

续表

序号	名称	描述	执行流程
12	意见线	学生沿一条虚拟线站成一列，以表明立场，站在两端的学生表示强烈的对立观点，代表"是"或"否"。学生可在听到他人答案后更改自己站位 此策略有助于互相尊重并认识到不同的人有不同观点。有助于学生在即使其他同学反对的情况下坚持自己的观点。能帮助学生关注问题并确定他们本人的真实想法。此策略是认识到同一问题可能存在不同观点的好方法，学生应选择自己的立场并坚持己见，陈述原因	① 提出一个问题，答案可从极端的"强烈同意"到"强烈反对" ② 学生将在课堂上沿一条虚拟线站成一列，两端分别对立 ③ 向两端选择强烈同意和反对的同学询问选择该端的原因 ④ 两位学生作答后，列中所有成员（包括选择最极端答案的学生）均可更改站位 ⑤ 向学生询问站在该点的缘由，直到所有成员均认可自己位置，并不再更改站位
13	圆桌会议	向学生提出疑问或问题，期待收到各组不尽相同的答案 此策略可用于集思广益，针对某个问题或一系列问题汇集各种应对方法。尽管是一种简单的合作性学习结构，但它涵盖的内容十分广博，既能激发团队精神，亦可锻炼书写	① 教师提出一个有多种答案的问题 ② 各组第一名学生在纸上写下答案，然后沿逆时针或顺时针方向将纸传递给下一名学生 ③ 上述流程重复进行，直到该组完成所有答案 ④ 交出正确答案数量最多的小组可获得某种奖励
14	循环赛	此策略可用来表达想法、观点及故事创作。这是一种行之有效的团队建设工具，成员之间可以互相了解 此策略与圆桌会议极为相似，主要区别在于循环赛中，有一名学生为小组中的全体成员进行全程记录	① 教师提出一个有多种可能答案的问题，学生在既定时间内思考答案 ② "思考"时间过后，小组成员按照循环赛的方式彼此分享答案 ③ 记录员写下小组成员的所有答案
15	轮流分享	学生两人一组，互相交流方法或观点 此策略能让学生大脑思维更活跃，增强社交互动，并加强记忆	① 教师提出一个不仅限于一种答案或解决方案的问题 ② 学生两人一组，轮流解释应对方法与解决方案 ③ 当 1 名学生在陈述时，另一人则记录下对方的方法或解决方案 ④ 以小组为单位编写解决方案/应对方法 ⑤ 教师将在黑板上总结归纳所有解决方案/应对方法 ⑥ 教师在课堂上组织讨论
16	摊牌	学生写出每个问题的答案，之后对比答案，达成共识 本策略鼓励学生积极参与，让每个学生均有机会回答教师提出的问题。小组成员彼此及时反馈答案	① 将学生分成 4~5 人的一组，每组指定一名组长 ② 向全班提出一个问题 ③ 每位学生各自在一张纸上写出答案，不得相互咨询 ④ 当小组成员书写完毕时，组长说"摊牌" ⑤ 小组中的所有学生在桌上摆出答案，小组对比答案，力求达成一致 ⑥ 班级一同讨论答案 ⑦ 组长轮替，进行下一个问题

续表

序号	名称	描述	执行流程
17	互惠学习	此策略以"学生在向他人授课时，学习效果更好"的理念为基础 此策略允许学生互帮互助，不仅能融会贯通地掌握所学内容，亦可对先前教师授课内容开展自我实践。有时，此策略也被称为"同侪教学"，可用于课程修改/审核	① 将学生分为两人一组，一人扮演"学生"，另一人扮演"教练"或"教师"角色 ② 向"学生"角色提问或分配任务，给"教练"角色提供正确答案或流程，并附上简要说明 ③ "学生"角色将回答问题或执行任务，"教练"角色则仔细聆听或认真观察，并给予适当回馈或提示 ④ 让学生角色互换，进行新一轮答题或任务
18	表明立场	学生对教师提出的问题、观点或概念表态，然后向其他人解释自己立场 此策略帮助学生了解所有人的观点并非千篇一律，让学生换位评价并决定	① 教师提出一个问题、观点、概念或意见 ② 让学生表态（如同意或不同意，喜欢或不喜欢），可通过站在教师两侧的方式表决 ③ 抽查学生向全班解释自己选择这个立场的原因，让学生自行辩论 ④ 其中允许学生转换立场
19	写纸片	此策略鼓励合作学习。本策略将展示出每个小组作品，从而增强自信，让学生为自己的作品感到骄傲 此策略适合用于汇集新理念	① 将学生分成4人或5人一组 ② 教师提出1个问题 ③ 小组中的每个成员在便利贴上写下答案，一张便利贴写1个答案 ④ 当所有成员都写好答案后，将所有便利贴放在桌子中间 ⑤ 集体对答案进行分类，归入不同的类目 ⑥ 整理的答案可以写在挂图上，在班上展示 ⑦ 教师总结答案
20	配对互查	学生配对，两对组成一组。学生通过此策略互帮互助来执行任务，从而掌握须学习的内容 此策略有助于实践技能，是一种通过有结构的双人配合来掌握作业的好办法	① 在工作表（作业纸）内，以两个问题为一组的形式列出问题 ② 各组中第一名成员解答第一个问题，另一人则担任教练 ③ 解完第一个问题后，在4人小组内与另一对互换检查作业
21	3个角落	学生根据阅读材料自行选择并前往教室相应的角落，每一个角落代表一种选择。他们将开展讨论以确定自己是否位于正确的角落 此策略将帮助学生认识到每一个人的观点可能不尽相同。通过互相表达思想，学生协商听课内容（材料）与自身观点	① 分发阅读材料（相同或不同均可）给学生 ② 选定教室中的3个角落作为3种选择 ③ 学生根据分发的阅读材料进行选择，然后前往各指定角落 ④ 已在该角落的学生可共享阅读材料，并互相帮助，从而确定每个人是否处在正确的角落

续表

序号	名称	描述	执行流程
22	画廊漫步	组织学生分组讨论。各小组陈述的要点写在活动挂图上。各组来回走动，观看并评估各个小组完成的活动挂图。教师将审阅回馈并总结学习要点 此策略能够促进合作学习并仔细查看对各自工作的评价。在此策略下各组的学习成果将进行公示，通过完成各自的作品，增强信心与自豪感。此策略可在分组讨论、设备组装或安装、集思广益或同侪教学策略之后应用	① 将学生4～5人分为一组 ② 各组公开讨论，集思广益并在活动挂图中写出陈述要点，并/或安装设备 ③ 漫步前，各组站在另一组的活动挂图前 ④ 教师发出讯号，各小组查看并评估其他小组的作答，用不同颜色的笔在其他组的活动挂图上写下评语，如打勾代表同意，打叉代表不赞同，问号代表不明白 ⑤ 当教师在发出讯号，所有小组同时移动到下一个活动挂图前，重复第4步骤 ⑥ 重复第4、5步骤至各小组完成所有的挂图 ⑦ 教师促进讨论，让各组有机会澄清疑点，回馈并总结学习要点
23	拼图	将学生分组（根据需要讨论的课题数目确定小组数量），各组（原始小组）成员各有一个编号，同编号成员则组成专家小组。教师将向每个专家小组分发不同的课题。每个专家小组成员将回到原始小组中，轮流向其他组员教授该课题 此策略中，需要学习的内容被划分为几部分。每位组员在分别学习不同的信息后将自己的信息与其他成员共享。在此方式下，组员得以共享学习内容并能互帮互助，从而掌握所有必要信息	① 将学生分组，根据需要学习的信息量确定小组数量 ② 小组中各成员依次编号（此为原始小组） ③ 编号相同的组员集合在一起组成专家小组 ④ 向各个专家小组分发不同的课题。各专家小组成员通过互帮互助，讨论已掌握所有学习资料（由教师或从互联网/图书馆获得小组资源提供），确定中心思想，并准备授课 ⑤ 组员返回各自的原始小组 ⑥ 组员依次将各自的资料传授给其他组员
24	编号集思	将学生分组，各组组员分配一个编号。教师在课堂提问。各组将有一定时间来确定正确答案，并确保各成员能解释该答案。教师随机呼叫任何编号，小组中持有对应编号的组员回答提问 此策略与小组讨论大同小异，但事先无法知道谁是回答问题者。此策略是检查学生以往所学课程状况的理想之选	① 将学生分成4～5人一组 ② 向各组成员从1～5依次分配编号 ③ 在教室各个角落挂上活动挂图 ④ 提出问题，给各组一定时间讨论，从而让他们确定正确答案 ⑤ 各组需确定全体组员均一致认可该答案 ⑥ 教师呼叫一个编号，小组中持有对应编号的组员在指定的地点写下答案，其他成员不能帮他 ⑦ 教师继续提问，注意时常更改所呼叫的编号
25	发送问题	学生分成各小组，各组研究一个问题	① 写出一个问题列表（或者让学生自行思考问题） ② 将每一个问题写在或粘贴在一个信封或一个文件夹中

续表

序号	名称	描述	执行流程
25	发送问题	学生在纸上写下解决方案，传给下一个组。此过程一直持续，直到问题得到解决。教师将宣读解决方案 此策略鼓励学生讨论并回顾之前所学材料，或对问题的可能解决方案集思广益	③ 将学生分成4~5人一组 ④ 为每个小组分发一个问题 ⑤ 每个小组将研究该问题，讨论解决方案，并写在一张纸上，把纸放在信封里 ⑥ 示意小组将信封传给下一组 ⑦ 下一组随后讨论问题，但是不能查看信封里的解决方案 ⑧ 同样的，每个小组在一张纸上写下自己的答案，放在相同的信封，然后收到信号转给另一组 ⑨ 此过程一直持续，直到每个小组讨论完所有问题 ⑩ 活动最后，教师宣读问题的解决方案（或者让每组代表来宣读）
26	独立思考—两两组队—解决问题	学生将按两人一组解决问题，一名学生将担任解答者，口述他或她的思考过程，而另一名学生作为观察者，在需要时给出提示 此策略可用于让学生配对解决问题。TAPPS通过向听众用言语表达一个人解决问题的思路来培养解决问题的技能。TAPPS的理念在于出声表达问题解决过程，提升分析与推理技能	① 教师向学生提出一个问题 ② 学生组队解决问题，一名成员担任问题解决者角色，另一名成员作为听众（与观察者） ③ 解答者将口述他解决问题的思维过程，而听众鼓励他的搭档，并在必要时提出建议与提示 ④ 角色转换，解决下一个问题

注：资料来源于2014年新加坡工艺教育局培训导师教学法培训课程

附录 2 实习实训基地条件要求

附表 2-1 实习实训基地条件要求

序号	实训室（实训基地）名称	主要设备与设施简介	承担的主要实训项目	同时容纳学生数量/人	备注
1	植物实训室	面积 162m²，主要教学设备有生物显微镜、体视显微镜、电热鼓风干燥箱、自动恒温培养箱、塑封机、多媒体教学设备等，有各种植物标本和种子标本近千份	① 植物内部形态结构观察 ② 植物外部形态解剖观察 ③ 植物细胞、组织、器官切片的制作和观察 ④ 植物标本的制作及保存 ⑤ 常见植物种子识别 ⑥ 常见植物种类识别	40	
2	植物保护实训室	面积 160m²，主要教学设备有病虫害调查统计器、智能虫情测报灯、生物显微镜、体视显微镜、电热干燥箱、恒温培养箱、高压灭菌锅、多媒体教学设备等，有各种病虫害标本 1000 多种	① 植物病害的诊断 ② 植物病害病原的分离、培养与鉴定 ③ 植物害虫形态特征的观察 ④ 常见农业害虫的危害症状与种类识别 ⑤ 常见植物病害症状的观察 ⑥ 常用农药性状观察与配制 ⑦ 植物病虫害田间调查与统计	40	
3	植物生长环境实训室	面积 160m²，主要教学设备有土壤养分测定仪、便携式露点温湿度仪、CO_2 测定仪、土壤水分测定仪、农药残毒速测仪、紫外线分光光度计、多媒体教学设备等	① 土壤环境测试 ② 营养环境测试 ③ 气候环境测试 ④ 作物缺素症状外形诊断 ⑤ 氨态肥在土壤中挥发模拟实验 ⑥ 水溶性磷肥在土壤中固定模拟实验 ⑦ 无机肥料识别与鉴定	40	
4	植物组织培养实训室	面积 126m²，主要教学设备有超净工作台、恒温恒湿培养箱、纯水机、人工气候箱、高压灭菌器等	① 园艺植物脱毒苗培养 ② 植物体快速繁殖 ③ 种质资源保存 ④ 新品种选育	30	
5	规划设计实训室	面积 440m²，有智能温室模型、北方寒地示范园沙盘、各种设施建筑材料样品、绘图桌、测量仪器等	① 温室基本构造观察 ② 简易温室模型制作 ③ 农业设施的规划设计 ④ 园林制图与识图 ⑤ 园林绿地规划设计 ⑥ 园林工程预决算	80	

续表

序号	实训室（实训基地）名称	主要设备与设施简介	承担的主要实训项目	同时容纳学生数量/人	备注
6	绿色食品检测实训室	面积168m^2，主要教学设备有农残毒速测仪、硝酸盐检测仪、培养箱、高压灭菌锅、离心机等多种设备。该实训室还设有学习角，为学生提供网络信息平台和多种专业相关图书、杂志、音像等相关资料	① 制订农产品质量安全检测计划 ② 构建农产品质量安全检测体系 ③ 农产品市场准入检验 ④ 农产品质量安全评价鉴定检验 ⑤ 农业投入品、农业环境检测	40	
7	北方寒地设施农业示范园	面积120 000m^2，建有智能温室2 300m^2，节能日光温室4栋共1 600m^2，塑料大棚5栋共30 000m^2，试验区4 000m^2	① 棚室建造、使用与维护实训 ② 智能温室环境控制实训 ③ 设施蔬菜、花卉、果树、食用菌生产实训 ④ 农业园区管理实训 ⑤ 园艺产品营销实训	300	

注：因各地条件不同可适当调整，本表仅供参考